UNSER KREIS 2008

Jahrbuch für den Kreis Steinfurt

Jahresthema
Mit den Tieren

KREIS STEINFURT

Kreisheimatbund Steinfurt

Titelbild: Mit den Tieren beschäftigen sich einige Beiträge im Jahresthema dieses Buches. Mit dem Storch verbinden sich die Hoffnungen vieler Menschen auf reichen Kindersegen.

Foto aus dem NaturZoo in Rheine von Achim Johann

Zwischentitel zum Jahresthema auf Seite 103: Mit den Tieren glaubt der Mensch – oft sehr zu Unrecht – negative Eigenschaften belegen zu können, wenn er z.B. „dreckig wie ein Schwein", „neugierig wie eine Ziege", „blöd wie eine Kuh" oder „dumm wie eine Gans" sagt. Auch die These, dass ein Frosch der Inbegriff aller Hässlichkeit sei, wird durch dieses Prachtexemplar widerlegt.

Foto: Dorothea Böing

Herausgeber: *Kreis Steinfurt und Kreisheimatbund Steinfurt*
Beratende Mitwirkung: *Arbeitskreis Jahrbuch*
Redaktion: *Heinz Hölscher, Willi Kamp, Heinz Thofern*
Konzeption: *Wilhelm Busch (†), Heinz Thofern*
Herstellung: *Druckhaus Tecklenborg, Steinfurt*
Hardcover: *ISBN 3-926619-79-1*

Alle Rechte, auch des auszugsweisen Nachdrucks von Bild und Text, liegen bei den jeweiligen Autorinnen und Autoren.
Für den Inhalt der Textbeiträge sind die Verfasser/innen verantwortlich.

Themenverzeichnis

I. Rückblick

Klarsicht in der Bilderflut 8
Günter Benning

Zum Tode von Fritz Pölking 251
Willi Rolfes

II. Jahresthema

Über die große Bedeutung kleiner
Tiere im Kreislauf der Natur 104
Horst Michaelis

Alles Glück dieser Erde liegt auf
dem Rücken der Pferde 111
Hanna Schmedt

Mit den Tieren und den Menschen
im NaturZoo in Rheine 122
Achim Johann

Grubenpferde im Buchholzer
Steinkohlenbergbau 129
Robert Herkenhoff

Polizeihunde haben feine Näschen
für nicht so feine Leute 135
Josef Brinker

Unheimliche Käuze, gefräßige Uhus
Artenschutz bei Steinkauz und
Schleiereule 141
Otto Kimmel

Sam, der Klassenhund
hat viele Fans in der
Raphael-Schule in Steinbeck 145
Claudia Cichosz

Ein Herz für Weltmeister, den Nachwuchs
und die Pferde 148
Michael Meenen

Artenschutz durch Vielfalt
im Kreis Steinfurt 153
Peter Schwartze

Eine faszinierende Begegnung
mit der Wunderwelt der Bienen 160
Heinrich Wilmer

Leben in Balance mit Pferden 166
Manuela Petzel

Ein Tag im Reitstall des
St. Josefhauses in Wettringen 168
Herbert Göcke

Was hat der Mensch
mit den Tieren gemacht? 171
Friedrich Wilhelm Spelsberg

III. Ortsgeschichte

Eine Brücke zwischen Bürgern in
Niedersachsen und
Nordrhein-Westfalen 11
Thomas Niemeyer

Der Schöppinger Berg bei Horstmar
als Baustoff-Lieferant 16
Anton Janßen

Den Bevergernschen Kreis gab es
nur als Interimslösung 35
Klaus Offenberg

Die Wiederentdeckung
der Stadtgeschichte: Führungen und
Nachtwächtergang in Ibbenbüren . . . 53
Günter Benning

Das Colonat Weßeling und die
Neuenkirchener Stadtmauer 60
Carl Ross und Sebastian Kreyenschulte

Verlagerung einer Militärbesatzung von
Rheine nach Warendorf anno 1761 . . 71
Lothar Kurz

Hundert Jahre Freiwillige
Feuerwehr Hopsten 94
Christa Tepe

Drei Schatzungsregister aus der
Saerbecker Ortsgeschichte 100
Franz Lüttmann

Ein kleines Haus in Burgsteinfurt mit
stadtgeschichtlicher Bedeutung 174
Gottfried Bercks und Günther Hilgemann

Marie Torhorst aus Ledde war die
erste Ministerin in Deutschland 186
Horst Wermeyer

Die alte Friseurstube von Lindermanns
Heini in Langenhorst 190
Irmgard Tappe

Schwierige Zeiten für Arbeiterschaft und
Bürgertum in Rheine 196
Hartmut Klein

Dr. Wilhelm Debbert aus Borghorst war
ein Menschenfreund,
der durch die Hölle ging 212
Dieter Huge sive Huwe

Überlegungen zur frühmittelalterlichen
Siedlungsgeschichte
am Beispiel Ladbergens 223
Christof Spannhoff

IV. Kunst und Kultur

Erbauung und Erholung im
Skulpturenpark in Lengerich 30
Barbara Rübartsch

Der Industriearchitekt P.J. Manz
hat in Greven
bedeutende Spuren hinterlassen 49
Volker Innemann

Ehrenmale und Gedenkstätten
in Westerkappeln 76
Heinz Schröer

Carl Pröbsting –
ein Grevener Mundartdichter 177
Paul Baumann

Die verborgene Welt der Elfen,
Feen und Kobolde 215
Thomas M. Hartmann

Eva Maaser –
Kulturpreisträgerin 2006 227
Elisabeth Roters-Ullrich

Zur Verleihung
des Wanderpreises 2006 235
Christof Spannhoff

Literarischer Zirkel in Metelen um 1800
mit Familie Dankelmann und
Pfarrer Wernekink 245
Reinhard Brahm

V. Junge Autoren

Entstehung und Werdegang einer
plattdeutschen Theatergruppe 55
Marina Dölling

Kartierung des Flechtenvorkommens
in ausgewählten Arealen
der Gemeinde Recke 202
Linda Robbe

Viktor Lutze –
Mitläufer oder aktiver Mittäter 219
Catharina Sophia Offenberg

Der Militärflugplatz Hopsten-Dreierwalde
Vergangenheit und Zukunft 238
Frederik Vos

VI. Kirche und Religion

Aus Nordwalde auf den Bischofsstuhl:
Zum Leben und Sterben
Franziskus Demanns 22
Hermann Queckenstedt

Die evangelische Kirche Recke im
Spiegel der Gemeinde-Geschichte .. 41
Kay-Uwe Kopton

Pastor August Siemsen und eine
Erweckungsbewegung in Leeden ... 64
Manfred Rosenthal

Sechzig Jahre evangelische
Gemeinde in Laer 86
Norbert Niehues und Gerhard Schröer

Heinrich Terfloth ist der einzige
geistliche Ehrenbürger in Altenberge 98
Karl-Heinz Stening

Die Stiftskammer Ss. Cornelius und
Cyprianus in Metelen 179
Bernward Gaßmann

Die St. Kalixtus Pfarrkirche
Riesenbeck ist eine architektonische
Besonderheit 231
Francis Kroll und Werner Paetzke

Sage um den Kirchturmbau von
Sankt Lamberti in Ochtrup 242
Ludger Ernschneider

VII. Natur und Umwelt

Der Emsdettener Mühlenbach ist wieder
naturnah mit der Ems verbunden ... 38
Heinz Rinsche

Das Forstamt Steinfurt ist Dienstleister
für den Wald im Münsterland 82
Heinz-Peter Hochhäuser und Klaus Offenberg

Die Entwicklung einer geologischen
Sammlung am Comenius-Kolleg
in Mettingen 192
Pater Donat Kestel

VIII. Plattdeutsche Beiträge

Glücksiälgs Niejaohr! 15
Theo Weischer

Teggen Joahre Heimatvöein Li'e 37
Horst Zemella

Et grust mi 40
Theo Weischer

Omas Schüörten 57
Hedwig Reckert

Vuegelhuusballade 70
Willi Kamp

Hahns 120
Hedwig Reckert

De Maikrabatz 120
Georg Reinermann

Wildgaise 121
Georg Reinermann

De Spree 121
Herbert Schürmann

De Gaitling 157
Herbert Schürmann

De Zegenmelker 173
Rita Harbecke

Huussiägen 209
Paul Baumann

Sunnendage 230
Coleta Spaning

Aobendgebäd 241
Helene Diekel

De Kraniche treckt 244
Willi Kamp

IX. Literarische Beiträge

Verantwortung 58
Barbara Gaux

Dasselbe und das Gleiche 58
Barbara Gaux

Geschafft ? 58
Barbara Gaux

Wunschkinder 58
Barbara Gaux

Da ist noch etwas 58
Barbara Gaux

Türen zum Unsichtbaren
Webteppiche – Gedichte – Musik . . . 80
Bernhard Volkenhoff

Pfingsten 80
Hans-Jörg Modlmayr

die Sonne 81
Hans-Jörg Modlmayr

Gestirn 81
Hans-Jörg Modlmayr

Sehnsucht nach Laer 158
Aleksandra Bielachowicz-Holtzmer

Wie die Schwalben 158
Aleksandra Bielachowicz-Holtzmer

Küken 158
Aleksandra Bielachowicz-Holtzmer

In schwarz 158
Aleksandra Bielachowicz-Holtzmer

Schwäne 159
Aleksandra Bielachowicz-Holtzmer

Die Invasion 184
Angelika Scho

Auf den Menschen gekommen 184
Angelika Scho

Groß 184
Angelika Scho

Warten im Winter 184
Angelika Scho

Alte Kirche neuer Blick 184
Angelika Scho

Stellvertretend 185
Angelika Scho

9/11 210
Ralph Jenders

Orangenmond 210
Ralph Jenders

Eule 211
Karlheinz Seibert

Fische 211
Karlheinz Seibert

Spatz 211
Karlheinz Seibert

X. Autorenverzeichnis 255

XI. Herausgeber/Redaktion . 256

Die katholische Kirche St. Georg in Hopsten,
einmal mehr Zufluchtsstätte in einem Dorf, das zusammen mit seinem
Nachbarort Steinbeck durch einen tragischen Busunfall am 18. Juni 2007
in der Nähe von Dresden 13 Frauen und Männer, Eltern und Großeltern,
Nachbarn, Freunde, Verwandte und Bekannte verloren hat.

© Annett Grumblat

Klarsicht in der Bilderflut

Von Günter Benning

Komischerweise musste ich an Neil Armstrong denken, als wir Heiligabend 2006 den Laptop aufs Klavier stellten, Skype starteten und im Videofenster meinen Sohn Tilman sahen. Er war Austauschschüler. Er winkte in Navegantes, im Norden Brasiliens. Wir winkten in Ibbenbüren.

Neil Armstrong war der erste Mann auf dem Mond. Als er am 21. Juli 1969 um 3.56 Uhr MEZ auf dem Löwe-Opta-Bildschirm unseres Wohnzimmers den Mond betrat, gab es Skype nicht. Aus dem Lautsprecher krächzte: „Dies ist ein kleiner Schritt für einen Menschen und ein Sprung für die Menschheit." 500 Millionen Zuschauer – nie zuvor hatten Bilder so viele Menschen gleichzeitig bewegt.

Später „entlarvte" ein gewisser William C. Kaysing, die Mondlandung als Fälschung, US-Propaganda. Bis heute glauben manche dieser Verschwörungstheorie. Ich hoffe, sie ist falsch. Ich bin nicht sicher, ich habe es nur im Fernsehen gesehen. Das ist die übliche Art, wie man heute die Welt sieht: Zweidimensional, tiefenlos, im Glauben an die Wahrheit der Bilder.

Schauen Sie den Storch auf dem Einband dieses Buches an! Ein Storch im Frühling, der zu früh zu warm war. Ein Bild vom Klimawandel. Der Storch aus dem Rheiner Zoo symbolisiert ein weltweites Phänomen, über das 2500 Forscher im Februar 400 Klimasimulationen und Hunderte weitere Untersuchungen vorgelegt haben. Die Erwärmung der Welt, hieß es im Weltklimabericht, sei menschengemacht. Das war nicht originell. Schon seit den siebziger Jahren hatten Umweltschützer vor den ökologischen Gefahren wirtschaftlicher Hyper-Expansion gewarnt.

Die meisten Medien wehrten dies als grüne Ideologie ab. Es fehlten Bilder, die lokalen Bezüge. Am 18. Januar waren sie da, Kyrills Folgen sieht jeder in seinem Garten und Waldbauern-Sprecher Philipp Freiherr Heereman in den Forsten des Kreises, wo die Schäden in die Millionen gehen.

Bilder überzeugen mehr als tausend Worte. Kein Wunder, dass Al Gore, der Klimawandel-Apostel aus den USA, das wichtigste Thema dieses Jahres per Diashow, Kinofilm und multimedialem Rockspektakel auf die Weltagenda gesetzt hat.

Glauben Sie nicht, dass ich an Mondlandungen oder Klimawandel zweifele, so wenig wie an dem wunderbaren Internetprogramm Skype, das die Ent-Fernung der Menschen in der Welt lindert. Je mehr ich aber im Internet arbeite, je mehr Filme ich sehe – und mache – je mehr wird mir eine einfache Wahrheit bewusst: Bilder sind nur eine Haut der Zwiebel Wirklichkeit. Es führt zu Komplikationen, zu glauben, sie seien echt wie Fleisch und Blut.

Erschrocken hat uns am 20. November 2006 der 18-jährige Sebastian B. aus Emsdetten, der in der Geschwister-Scholl-Realschule Amok lief, Menschen verletzte und sich selbst tötete. Einige Monate später erschoss der psychisch kranke Student Cho Seung-Hui an der Virginia Tech in Blacksburg, 32 Menschen und sich selbst. In beiden Fällen hinterließen die Täter Bilder oder Filme im Internet. Die Tiraden des Massenmörders Cho Seung-Hui gehörten zu den meistgesehenen Videos der Internetseite Youtube.com, die meine Kinder oft besuchen, und die heute zu Google gehört.

Beide Täter gaben ihren Hass vor Kameras und in Chats preis. Cho Seung-Hui wirft den Menschen im Angesicht seiner Webcam vor: „Ihr habt mich in eine Ecke gedrängt." „Ich verabscheue Menschen", schrieb der Emsdettener Sebastian B. im Internet und drohte mit den Worten: „Ich bin der Virus, der diese Programme zerstören will."

Zweifellos gibt es bei beiden Taten eine Vermischung von virtueller Welt und Alltagswelt. Die Täter posieren wie Helden von Kampf-Programmen. Sie imitieren, was sie aus Bildern schon kennen. Sie lebten in einer falschen Welt.

Am Aufbau dieser falschen Welt arbeiten viele. Bruce Willies Hollywood-Blockbuster „Die Hard 4" lockte im Sommer mit abstumpfender Rasanz brutaler Szenen Millionen ins Kino. Jeder Gedanke daran, dass Menschen brennen, wo es explodiert, verdirbt nur den Spaß. Computer-animierte Bilder-Tsunamis überspülen den Verstand der jungen Generation. „Das Kino ist tot", bemerkte beim Filmfestival in Cannes der kanadische Regisseur David Cronenberg, „die Jugend ist hyperelektronisiert."

Sie finden, ich übertreibe? Hoffentlich. Ein guter Freund, der durch die ganze Welt reist, verteidigt mir gegenüber sein Recht, nach harter Arbeit, eine gute Reportage bei Arte zu sehen und das Internet als Schatzkammer seltenster Informationen zu nutzen. Wer einmal mit Google-Earth dreidimensional über den Hermannsweg gesurft ist, weiß um die Faszination dieser neuen Sichtweisen.

Grenzen schwinden, Fremdes naht, Toleranz wird zum Schmieröl weltweiter Geschäfte. Ein spanischer Ingenieur, den ich bei einer Geburtstagsparty mit seiner kirgisischen Freundin traf, berichtete von seinen Kollegen in Shanghai, die man bei den Wochenkonferenzen auf Englisch so schwer verstehen könne. Eine schöne neue Welt ist das, undenkbar ohne Internet, Bildtelefonie, Highspeed-Datenkabel und die Menschen, die sich damit auskennen.

Aber gleichzeitig wächst eine Generation heran, die in dieser Daten- und Bilderwelt nicht nur zu Hause, sondern vergraben ist: In Chats, Videobörsen, Online-Läden und auf ominösen Kontaktseiten. Stundenlang, bei manchen Spielen tagelang. Man kann im „Second Life" seine erste Lebenszeit verplempern, anspruchsvolle Lesemedien verlieren derweil die „Generation Internet".

In dieser Flut der Bilder muss man den Verstand retten. Gerade, weil ihr Schein unsere Sinne gefangen nimmt. Kein Chat ersetzt eine Berührung. Kein Kampfspiel vermittelt, was Angst, Schmerz, Tod bedeuten. Kein Tagesschau-Film von 40 Sekunden erklärt wirklich, warum die Gesundheitsreform dieses Jahr wieder nicht gelingen konnte.

Doch die Gefangennahme des Individuums durch die Bildermedien schreitet voran. Eine der interessantesten Nachrichten war für mich, dass das Internet-Imperium Google die Firma Adscape gekauft hat. Sie analysiert Internet-Spieler und versucht, online passend Werbung zu platzieren. Sind Sie Draufgänger, Zögerling, Angeber oder Aufgeber? Psycho-Profile machen Werbung zielgenau.

Erinnern Sie sich an Neil Armstrong? Vielleicht gab es nach der Mondlandung Coca-Cola-Reklame in den USA. Das war Massenkommunikation. Niemand zwang Sie, Cola zu trinken. Ich erwarte, dass demnächst beim Chat mit meinem Sohn in Brasilien kleine Clips über medienkritische Buchneuerscheinungen eingeblendet werden, oder Angebote für Studienkredite meiner Hausbank. In der Bilderwelt der Zukunft wird der Betrachter selbst durchleuchtet.

Als der holländische TV-Gigant Endemol im Juni 2007 eine Sendung ankündigte, in der eine Todkranke ihre Niere verschenkte, erhob sich europaweit Protest. Auf dem Höhepunkt der Sendung erklärte die Nierenspenderin, sie sei Schauspielerin. Urplötzlich hatte das Eingeständnis einer Fernseh-Lüge den Bewertungskontext umgekrempelt. Drei Worte und die Bösen wurden zu Robin Hoods im Medizinalwald. Ohne Erklärung hätte man das nie gesehen. Denken Sie deshalb an all die Inszenierungen, bei denen niemand aufklärt: Quote statt Moral, Emotion statt Information, das Individuum als durchleuchtetes Objekt der Marktbegierde – das sind Gefahren, die uns Vollverkabelten heute mehr drohen als je zuvor.

Der belgische Maler René Magritte hat einmal seine berühmte Pfeife gemalt, unter der geschrieben steht: „Ceci n'est pas une pipe – Dies ist keine Pfeife". Für mich eine bleibende Warnung: Was wir auch sehen, es erspart uns leider nicht das Denken.

Eine Brücke zwischen Bürgern in Niedersachsen und Nordrhein-Westfalen

Von Thomas Niemeyer

Die Hase ist ein durch und durch niedersächsischer Fluss. Sie entspringt östlich von Osnabrück bei Wellingholzhausen im Teutoburger Wald und mündet nahe Meppen in die Ems. Lediglich auf einem rund acht Kilometer langen Teilstück von der nordwestlichen Stadtgrenze Osnabrücks bis zum nordöstlichsten Punkt des Kreises Steinfurt, dem Haler Feld (dort schlugen 783, 1181 und 1308 Karl der Große und möglicherweise Herzog Widukind, Heinrich der Löwe und Friedrich Barbarossa, die Bischöfe Ludwig von Osnabrück und Konrad von Münster sowie die Grafen Simon und Otto von Tecklenburg historisch bedeutsame Schlachten); wird die Hase eine halbe Westfälin. Denn dort ist sie Grenzfluss, nicht nur zwischen dem Kreis Steinfurt beziehungsweise der Gemeinde Lotte und der Stadt Osnabrück beziehungsweise der Gemeinde Wallenhorst, sondern auch zwischen den Bundesländern Nordrhein-Westfalen und Niedersachsen.

Fünf Brückenbauwerke höchst unterschiedlicher Art führen in diesem Bereich über das sich – vor allem durch den Zufluss der Düte – von neun auf dreizehn Meter verbreiternde Fließgewässer. Das größte ist die Autobahnbrücke der A1, die den parallel zur Hase verlaufenden Zweigkanal Osnabrück zum Mittellandkanal und die gesamte Hase-Aue gleich mit überwindet. Mit dem Auto passierbar sind zudem eine einspurige Brücke, gerade noch im Osnabrücker Stadtteil Eversburg gelegen, und eine reguläre gut fünf Kilometer weiter nördlich, die bei Halen die Steinfurter Kreisstraße 23 mit der niedersächsischen Landesstraße 109 verbindet. Noch weiter im Norden, am historischen Schlachtfeld, findet sich eine Querungshilfe für landwirtschaftliche Fahrzeuge.

All diese Brücken sind für den nachbarschaftlichen Kontakt zwischen den Bürgern der Lotter Ortsteile Büren und Wersen am einen und des Stadtteils Pye am anderen Hase-Ufer relativ wertlos. Aber da gibt es noch eine Holzbrücke für Fußgänger und Radfahrer. Sie schafft eine kurze Verbindung zwischen den recht stark besiedelten Bereichen. Sie hat auch einen Namen: Bürgerbrücke – und das mit gutem Grund: Zum einen dient sie eben den Bürgern, zum anderen wurde sie zweifach kreiert und weitgehend finanziert vom Bürgerverein Wersen, der sie auch regelmäßig pflegt.

Der Bürgerverein Wersen wurde nach Angaben langjähriger Mitglieder im Sommer 1962 als loser Zusammenschluss gegründet. Erst sieben Jahre später gab er sich unter seinem Gründungsvorsitzenden Wilhelm Tüchter eine Satzung, erwarb sich durch Eintragung ins Vereinsregister des Amtsgerichtes Tecklenburg den Zusatz „e.V." und veranstaltete seine erste „Jahreshauptversammlung". Über die Aktivitäten der ersten Jahre ist wenig bekannt. Immerhin waren die Ansprüche hoch wie die Titel der fünf Arbeitsausschüsse belegen:

1. Gemeindepolitik, Verwaltung und Organisation; 2. Presse und Information; 3. Erziehungs-, Bildungs- und Gesundheitswesen, 4. Finanzen, Rechts- und Steuerwesen; 5. Bau-, Wasser- und Landwirtschaft, Verkehr.

Richtig Leben kam aber offenbar erst Mitte der 1970er Jahre in den Verein, verbunden mit dem Namen seines neuen Vorsitzenden, Walter Körber, sowie seines Stellvertreters und Nachfolgers, Dirk Grawenhoff. Unmittelbar nach seinem Amtsantritt 1975 schloss der neue Vorstand für den Brückenbau einen Gestattungsvertrag mit der niedersächsischen Hafen- und Schifffahrtsverwaltung und beauftragte den Bürener Ingenieur Bernd Pieper, selbst Vereinsmitglied, mit der Konstruktion der Brücke. 1,50 Meter breit und 20 Meter lang wurde die Holzbrücke 1977 auf zwei Stahlträger gesetzt.

Den Sinn des Ganzen erklärte damals ein Schild in plattdeutscher Sprache: Die von den „flietigen Kärls van den Bürgerverein" gebaute Brücke sei eine „gode Verbinnung ton Wannern und Snaken tüsken Westfalen und Niedersachsen".

18.000 D-Mark brachte der Verein damals an Spenden, Zuschüssen und Eigenleistungen für den Brückenbau zusammen. Ein Weg, das Geld einzuwerben, war offenbar die Veranstaltung eines Herrenabends, der 1976 erstmals stattfand. In der Elly-Heuss-Tagesstätte in Büren begrüßte Vorsitzender Walter Körber eine noch vergleichsweise überschaubare Männerschar, die Lottes Gemeindedirektor Johann Scholten bei Schweinshaxe, Kartoffelpüree und vor allem Sauerkraut zu ihrem ersten Krautkönig kürte. Diese Wahl nach Vorbild der Kür des Osnabrücker Grünkohlkönigs belegt, dass der Herrenabend von Anfang an nicht als einmaliges Ereignis geplant war. Ein Jahr später bereits folgte Scholtens Westerkappelner Amtskollege Horst Wermeyer als Krautkönig, nunmehr im Restaurant am grenznahen Attersee. 1980 wurde mit Constantin Freiherr von Heereman, dem Präsidenten des Deutschen Bauernverbandes, erstmals überregionale Prominenz an die Spitze des Wersener Krautvolkes gewählt.

Nach mittlerweile 32 Auflagen hat der Herrenabend, was die Prominenz seiner Majestäten betrifft, längst der Osnabrücker Mahlzeit den Rang abgelaufen. Die Liste der Krautkönige seit 1988 liest sich wie ein „Who is who" aus Politik, Sport und Verwaltung: Bundesbildungsminister Jürgen W. Möllemann, der Präsident der Bundesanstalt für Arbeit Heinrich Franke, Niedersachsens Wissenschaftsminister Johann-Tönjes Cassens, der SPD-Fraktionschef im nordrhein-westfälischen Landtag Friedhelm Farthmann, Dressur-Olympiasieger Reiner Klimke, Bremens Werder-Manager Willi Lemke, Niedersachsens Ex-Kultusminister Werner Remmers, Niedersachsens Landwirtschaftsminister Karl-

In die Jahre gekommen und nicht mehr zu versetzen war die alte Bürgerbrücke bereits Mitte der neunziger Jahre, als die Erweiterung des Zweigkanals erstmals Thema war.   *Foto: Jörn Martens*

Heinz Funke, Osnabrücks Oberbürgermeister Hans-Jürgen Fip, Dortmunds Borussen-Präsident Gerd Niebaum, Niedersachsens aktueller Ministerpräsident Christian Wulff, sein NRW-Amtskollege Jürgen Rüttgers, der FDP-Bundesvorsitzende Guido Westerwelle, NRW-Wirtschaftsminister Ernst Schwanhold, Landtagspräsident Helmut Linssen aus Düsseldorf, Helmut Kohls einstiger Presseamtschef Friedhelm Ost, Landrat Thomas Kubendorff aus Steinfurt, der CDU-Landtagsfraktionschef in Hannover David McAllister, sein FDP-Pendant Philipp Rösler sowie FDP-Generalsekretär Dirk Niebel.

Auch diese Entwicklung ist mit einer Person im Vorstand des Bürgervereins eng verbunden: Wilfried Freier aus Büren wurde 1983 zum Kassenwart gewählt und übernahm die Organisation des Herrenabends, der seitdem immer ausverkauft war.

1987 holte er die Veranstaltung heim nach Wersen in die Ratsstuben. Dort finden zwar „nur" knapp 360 Männer Platz – leicht könnte der Verein doppelt so viele Karten absetzen –, dafür wahrt die Veranstaltung aber ihren intimen Charakter, passend zum dichten Programm aus launigen Reden und Showeinlagen.

Eine goldene Morgensonne und der Bürgervereinsvorsitzende Wilfried Freier begrüßten am 18. Dezember die neue Bürgerbrücke am neu verschwenkten Teilstück der Hase.   *Foto: Egmont Seiler*

Der Bürgerverein Wersen kann sich angesichts der Einnahmen aus dem Herrenabend einen Jahresbeitrag von nur acht Euro leisten. Damit finanziert er seine Aufgaben, die von der Teilnahme am Ferienspaßprogramm der Gemeinde Lotte über die Organisation politischer Diskussionsabende bis zur Ausrichtung einer adventlichen Kunsthandwerksausstellung reichen. Die Zahl der Mitglieder ist inzwischen auf knapp 600 gestiegen, von denen nur gut die Hälfte aus Westfalen, die kleinere Hälfte aus Niedersachsen kommt. Wie die Herkunft der 32 Krautkönige dokumentiert sich auch darin die Brückenfunktion des Vereins, dessen Vorsitzender seit 1993 Wilfried Freier ist, der seitdem auch den Herrenabend moderiert.

Und damit zurück zur Bürgerbrücke, die auch im Verein nicht in Vergessenheit geraten ist. Ihr Konstrukteur Bernd Pieper und seine Mitstreiter pflegen sie seit nunmehr 30 Jahren, allerdings seit vier Jahren in einer neuen Version. Und das kam so:

Um den nahen Zweigkanal für die größer werdenden Binnenschiffe nutzbar zu halten, wird der in dem gesamten Abschnitt verbreitert. Dies wiederum machte es notwendig, das Bett der Hase zwischen Büren und Pye auf 400 Metern um durchschnittlich 20 Meter zu verschieben. Mitten darin querte sie die Bürgerbrücke. Die aber war nach 26 Jahren zu alt, um mit dem Fluss gemeinsam verlegt zu werden. Also musste eine neue her.

Angesichts eines Kostenvolumens von rund 50.000 Euro für Abriss und Neubau war der Bürgerverein nicht in der Lage, die Brücke erneut allein zu finanzieren. Seine Zusage jedoch, 20.000 Euro zu übernehmen, sorgte bei der Wasser- und Schifffahrtsverwaltung für die Bereitschaft, den Rest den Gesamtkosten ihres Kanalprojektes zuzuschlagen. Im Dezember 2003 setzte ein Kran die neue, drei Meter längere Bürgerbrücke aus Lärchenholz über den frisch verschwenkten neuen Flusslauf. Im Mai 2004 eröffnete sie der amtierende Krautkönig, Landrat Thomas Kubendorff

Dass die Brücke für einige Zeit – juristisch betrachtet – nicht mehr Westfalen und Niedersachsen miteinander verbindet, weil in diesem Abschnitt die Hase nicht mehr Grenzfluss ist, stört den eher pragmatisch ausgerichteten Bürgerverein Wersen wenig. Zumal ein Staatsvertrag zwischen beiden Bundesländern diesen Zustand in absehbarer Zeit beenden soll. Er soll die 0,8 Hektar zwischen altem und neuem Hase-Bett von Nordrhein-Westfalen auf Niedersachsen beziehungsweise vom Kreis Steinfurt auf die Stadt Osnabrück übertragen – eine friedliche Landnahme, die dem Ansinnen des Vereins entspricht:

„Gode Verbinnung ton Wannern und Snaken tüsken Westfalen und Niedersachsen."

Glücksiälgs Niejaohr!

Von Theo Weischer

Twiälw lütt de Klockslagg,
vörbie is Jaohr un Dagg –
Glücksiälg's Niejaohr!

Un dusend Böllers kracht.
Hell wätt de düstre Nacht –
Glücksiälg's Niejaohr!

De Lüde ropt sick to
un doot so hellske froh:
Glücksiälg's Niejaohr!

Un alle fraogt un denkt,
wat üöhr dat Jaohr wull brengt?
Glücksiälg's Niejaohr?

Här, laot us guett gewährn,
gieww Moot un Ruh un Friän.
Siängt nieë Jaohr!

Der Schöppinger Berg bei Horstmar als Baustoff-Lieferant

Von Anton Janßen

Der Schöppinger Berg ist geologisch gesehen der nördlichste Höhenzug der Baumberge, der sich zwischen Horstmar und Schöppingen von Südsüdost nach Nordnordwest erstreckt und im Bereich der Horstmarer Antonius-Kapelle mit 158 m seinen höchsten Punkt hat. Er besteht aus verschiedenen fast waagerecht angeordneten Schichten unterschiedlicher Härte und Dichte, die sich in der erdgeschichtlichen Epoche des Campans (Oberkreide) gebildet haben. Den oberen Bereich bilden so genannte Coesfelder Schichten des Obercampans, die vorwiegend aus Kalksandsteinen und Kalkmergelsteinen in klüftiger Anordnung bestehen. Darunter befinden sich die mergeligen Schichten des Untercampans, die Osterwicker Schichten, die sehr dicht und wasserundurchlässig sind.

Die Grenze zwischen beiden Schichten verläuft in etwa 85 bis 90 m über NN. Im obersten Bereich ist der Stein zu Mergel verwittert, ein nicht unerheblicher Teil im Laufe der Jahrtausende gen Osten verweht und dort um die Kuppe herum von Nordosten bis Südosten abgelagert. – Unterhalb der Mergelschicht befinden sich verschiedene Sandsteinschichten, die zum einen als „Bruchstein" und zum anderen als „Sandstein" bezeichnet werden. Während der Sandstein aus regelmäßig übereinander angeordneten Schichten besteht, weist der Bruchstein unregelmäßige Spaltflächen auf. Daher ist der Bruchstein kaum als Baustein zu verwenden, denn beim Zerschlagen entstehen unregelmäßig geformte Stücke, so genannte Plätters oder Kippsteine, die als Schotter zur Wegebefestigung oder als Unterbau von gepflasterten Straßen verwendet wurden. Der als Sandstein bezeichnete Kalksandstein lässt sich dagegen gut zu regelmäßig geformten Stücken herausbrechen, die zudem sich noch hervorragend behauen lassen. Daher wurden sie schon im Mittelalter als Baumaterial gewonnen. So sind etwa die Kirchen von Horstmar, Metelen und Schöppingen aus solchen Kalksandsteinen der Coesfelder Schicht errichtet worden.

Später, vor allem im 19. Jahrhundert, wurden sie auch zum Hausbau eingesetzt und verdrängten den preiswerteren Fachwerkbau. Vor allem in den Schöppinger Bauerschaften, aber auch in Schöppingen selbst, finden wir zahlreiche eindrucksvolle Beispiele großer Gebäude ganz aus Sandstein. Im Horstmarer Bereich sind sie seltener, hier wurden die im

Arbeiter im Steinbruch Uhlenbrock 1927

19. Jh. neu errichteten Gebäude meist aus Ziegelstein erbaut, eventuell in den Ecken mit Sandstein dekorativ abgesetzt. Zudem diente der Sandstein wegen seiner leichten Bearbeitbarkeit Bildhauern als Material – weil das Material aber leicht verwitterte, sind die meisten der Werke allerdings inzwischen stark verwittert oder gar nicht mehr erhalten. Ein typisches Beispiel dafür ist der neogotische Kreuzweg in Horstmar-Leer, geschaffen ab etwa 1870 vom Bildhauer Bernhard Engelbert Rothmann genannt Baving (17. 7. 1854 – 6. 2. 1915) aus Leer-Haltern.

Allein im Horstmarer Bereich in der Nähe der Antonius-Kapelle wurden zum Teil noch zwischen den beiden Weltkriegen fünf Steinbrüche von der Familie Uhlenbrock und vom Horstmarer Straßenbau-Unternehmen Langkamp betrieben, dazu noch an der Darfelder Straße – heute Eppings Busch – sowie am Westrand in Schöppingen und am Nordrand des Schöppinger Berges in Leer. Während am steilen Nord- und Westrand vor allem Steine für den Hausbau gewonnen wurden – zahlreiche Höfe in Schöppingen künden davon – diente der größere Teil der im Horstmarer Bereich gebrochenen Steine zum Wegebau und als Packlage für Straßen; als Pflastermaterial wurden sie wegen nicht ausreichender Härte seltener verwandt. Steinbrucharbeiter waren im Bereich des Straßenbaus ein eigener Beruf, der für die Zulieferung des Baumaterials zuständig war.

Da die Verwitterungsprodukte der obersten Schicht des Schöppinger Berges im Laufe der Jahrtausende vor allem gen Osten verweht und dort um die Kuppe herum von Nordosten bis Südosten abgelagert worden sind, haben sich dort in der zweiten Hälfte des 19. Jahrhunderts immerhin acht Ziegeleien angesiedelt. Die meisten von ihnen gaben allerdings die Ziegelproduktion schon vor dem Ersten Weltkrieg wieder auf, da die Lehm- und Tonvorkommen nicht sehr ergiebig waren. – Als erstes gründeten 1854 der aus Weinberg/Lippe stammende Ziegler Simon Nolte in Leer auf einem vom Zeller Hüsing angekauften Grundstück an der Straße nach Burgsteinfurt (Ostendorf 42) und der Ziegelbrenner Bernard Heinrich Issing aus Darfeld in Schagern (heute Jessing) auf einem vom Chausseegeldgeber Adolph Börger angekauften Grundstück je eine Ziegelei. Beide beachteten beim Bau ihres Brennofens nicht die Vorgaben der genehmigen Zeichnungen, so dass die Königliche Regierung in Münster die Stilllegung und den Abbruch verfügte. Die danach von Issing (Ihsing) errichteten beiden kleineren Flammziegelöfen wurden schließlich im Mai 1856 in Betrieb genommen, der neue Ziegelofen von Nolte im Juli 1856 zur Inbetriebnahme freigegeben. Simon Nolte hat seinen Betrieb, in dem Mauersteine und Dachziegel gebrannt wurden, wohl schon vor 1895 wieder stillgelegt. Die Issingsche Ziegelei, die Mauersteine, Dachziegel und Drainageröhren produzierte, ist wohl 1916 stillgelegt worden.

Schon kurz darauf entstanden – wiederum fast gleichzeitig – zwei weitere Ziegeleiunternehmen. Der Besitzer des einen Betriebes war der Ziegelbrenner Caspar Roß aus Ochtrup, der in der dortigen Westerbauerschaft bereits eine Ziegelei besaß und im April des Jahres 1857

Die Ziegelei Gescher in Horstmar um 1960

Die Ziegelei Le Claire um 1910   Fotos: Archiv des Heimatvereins Horstmar

die Anlage eines weiteren Unternehmens in Ostendorf beantragte. Dazu hatte er von dem Zeller Hartming einen Morgen Land als Ziegeleigelände angepachtet, aus dem er auch den zur Ziegelherstellung erforderlichen Ton und Sand gewann. Am 12. April 1858 erhielt er die Erlaubnis zur Inbetriebsetzung seines Kasseler Flammziegelofens zur Produktion von Mauersteinen, Dachziegel und Drainageröhren. – Und im August 1857 beantragten die Gebrüder Schräder, die ebenfalls aus Ochtrup stammten und dort eine Ziegelei betrieben, den Bau eines einfachen Deutschen Ofens mit Gewölbe auf einem in der Nähe der Roßschen Ziegelei gelegenen Grundstück, das sie von dem Zeller Leugermann erworben hatten. Im Mai 1858 wurde er in Betrieb genommen. Doch schon 1873 gaben die Gebrüder Schräder ihr Ziegeleigewerbe, in dem Mauersteine und Drainröhren hergestellt wurden, wieder auf.

Im Jahre 1874 wurde vom Kaufmann Matthias Gescher ein weiteres Ziegeleiunternehmen gegründet auf einem von ihm vom Schankwirt H. Blanke erworbenen Acker-Grundstück in der Nähe der Stadt rechts der von Horstmar nach Laer führenden Kreischaussee. Der doppelte Kasseler Flammziegelofen wurde am 20. April konzessioniert und bald darauf in Betrieb gesetzt. Bald nach 1900 ersetzte Gescher ihn durch einen modernen Parallel-Ringofen, in dem bis Ende der 1950er Jahre hinein Ziegelsteine gebrannt wurden. 1963 wurde die Ziegelei abgerissen.

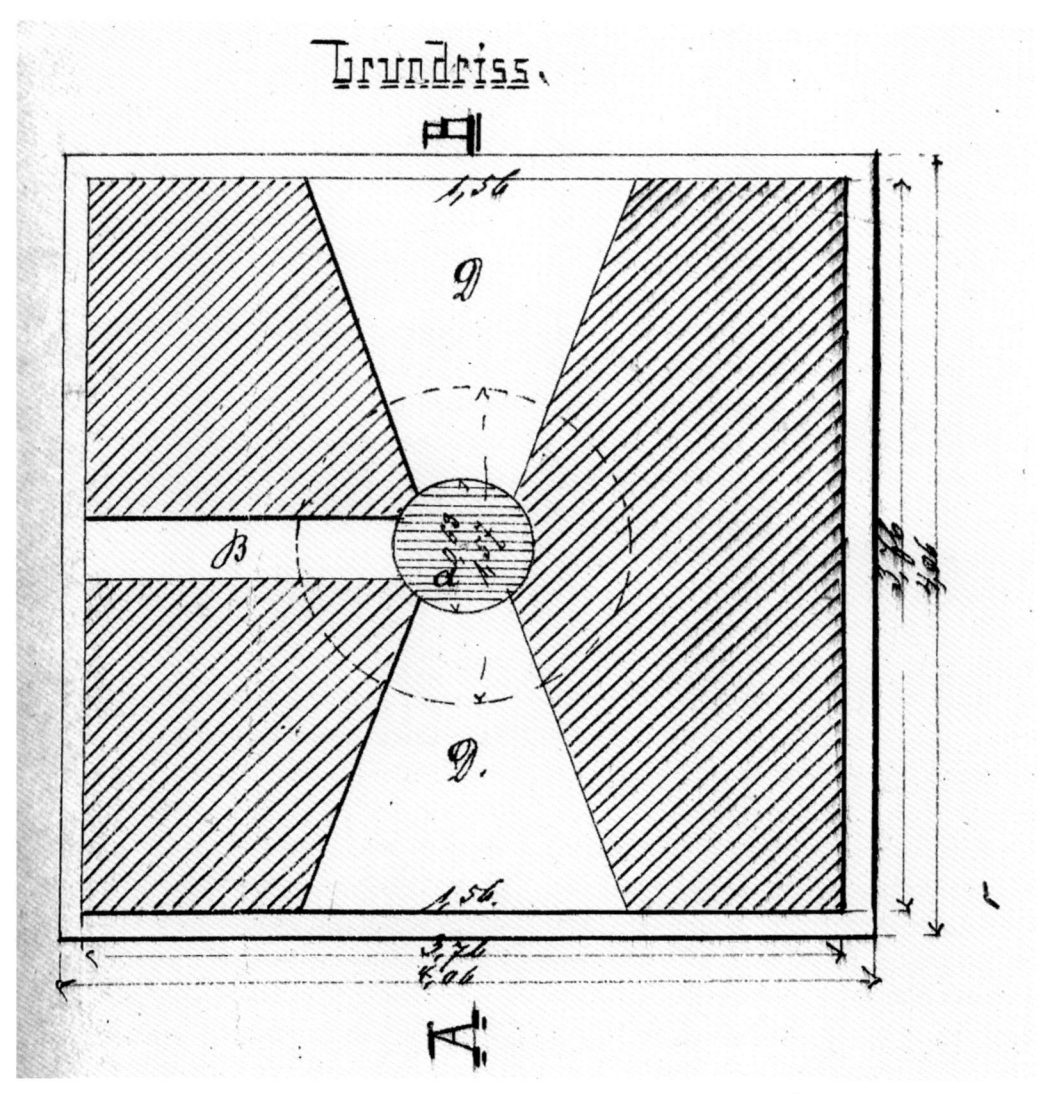

Aus einem Bauantrag: Der Ofen ist 3,76 m im Quadrat groß mit einer konischen Öffnung, welche mit Kalksteinen angefüllt unter 0,63 m und oben 1,57 m im Durchmesser hat und zur Höhe von 3,60 m aufgeführt. Als Brennmaterial werden Steinkohlen benutzt, dient der Kanal B zur Beförderung und Regulierung des Brandes behuf beliebiger Zuführung atmosphärischer Luft, welche durch den Rost C dem Feuer mitgeteilt wird. Ebenso sind die überwölbten Öffnungen D zu gleichen Zwecken, besonders aber zum Ausnehmen des fertigen Kalkes bestimmt.
Quelle: Stadtarchiv Horstmar

1878 gründete Joseph Hötker in der Bauerschaft Alst eine weitere Ziegelei. In dem von dem Horstmarer Maurermeister Vossenberg aufgeführten Flammziegelofen wurden bis 1915 Mauersteine und Dachziegel hergestellt. Nach Beendigung des Ersten Weltkrieges führte Hötker anstelle der Ziegelei eine Kohlen- und Kunstdüngerhandlung. Auch über diesen Betrieb sind weitere Angaben nicht bekannt.

Die letzte Horstmarer Ziegelei wurde gegen Ende des Jahres 1898 errichtet. Zu der Anlage berichtete der Burgsteinfurter Amtmann am 29.9.1898: „Der Kaufmann G. Hüsing beabsichtigt in Gemeinschaft mit einem Herrn Le Claire aus Münster am sog. Erdbeeren-Hügel bei Horstmar eine große Ringofen-Ziegelei anzulegen." Drei Monate später war zu erfahren, dass der Ringofen, zu dem die Baugenehmigung am 12. November 1898 erteilt worden war, „seiner Vollendung entgegen geht", und im Juli 1899 wurde schließlich angemerkt, „dass die im Monat April in der Gemeinde Leer, Bauerschaft Ostendorf, errichtete Dampfziegelei der Firma Hüsing & Le Claire aus Burgsteinfurt in Betrieb gesetzt wurde. Dieselbe beschäftigt gegen 30 Arbeiter." Die Anlage bestand im Wesentlichen aus einem Parallel-Ringofen, der durch ein Fachwerkgebäude vollständig umschlossen war. Der Raum über dem Ofen wurde zur Aufstellung der frischen Formlinge genutzt. Die aufsteigende Abwärme des Ofens trocknete die Steine. Damit wurde die Freilufttrocknung in großen Trockenschuppen weitgehend überflüssig. Mit der hier – im Kreisgebiet wohl erstmalig angewendeten – Methode der künstlichen Trocknung entfielen die langen Transportwege von bzw. zu den Trockenschuppen und der damit verbundene Zeitaufwand ebenso wie die Abhängigkeit von der Witterung, die die Ziegelproduktion lange Zeit auf den saisonalen Betrieb beschränkte. Auf der Ringofenziegelei von Hüsing & Le Claire wurden sowohl rote als auch gelbe Verblend- und Profilsteine und Drainröhren hergestellt. 1903 betrug die Gesamtproduktion drei Millionen Steine.

Wegen des zum Teil hohen Kalkgehaltes konnte Steinmaterial des Schöppinger Berges zu Kalk gebrannt werden, der dann mit Sand vermischt als Mörtel beim Bau verwandt wurde. Den ersten Kalkofen errichteten A. Schleutker und A. Brunstering 1856 auf einem vom Grafen Schmiesing Kerssenbrock gepachteten Grundstück an dem früheren Fußwege von Horstmar nach Darfeld.

1880 wurden dann noch zwei Kalköfen im Bereich von Leer errichtet, und zwar einer vom Kalkbrenner Gerard Vollmer in Leer-Ostendorf auf einem vom Kötter Jürgens angepachteten Grundstück 120 m von der Straße von Horstmar nach Steinfurt und 22 m vom Kommunalweg, der von dieser Straße nach Leer führt, zum ununterbrochenen Brande, wie es im Bauantrag heißt; Brennmaterial Steinkohlen. Der Ofen war 3,60 m im Quadrat groß mit einer konischen Öffnung, welche mit Kalksteinen angefüllt unten 0,62 m und oben 1,60 m im Durchmesser hatte und zur Höhe von 3,90 m aufgeführt und aus Bruchsteinen mit einer 1-Stein-Ziegelverblendung und einer Überdachung des Ofens mit Dachziegeln errichtet worden ist.

Und der Schankwirt Gerhard Mais legte im selben Jahr auf einem vom Kötter Jüditz angekauften Grundstück in der Alst (40 m) 75 m von der von Horstmar nach Burgsteinfurt führenden Kreisstraße und (20 m) 38 m vom Kommunalweg von Leer nach Borghorst entfernt einen Kalkofen an, der fast die gleiche Größe hatte. Die in Klammern stehenden Zahlen zeigen, dass der Ofen ursprünglich dichter an den Straßen errichtet werden sollte, dann aber weiter abgerückt werden musste.

Aus Nordwalde auf den Bischofsstuhl
Zum Leben und Sterben Franziskus Demanns

Von Hermann Queckenstedt

Demütig und offen, asketisch und freigiebig, von großer Geisteskraft und schwacher Gesundheit: So werden die Nordwalder ihren Mitbürger Franziskus Demann erlebt haben, der von 1933 bis 1950 rund 17 Jahre im Franziskus-Haus auf dem Pröbstinghof lebte. Er betreute die Theologiestudenten aus den Bistümern Osnabrück und Hildesheim an der Universität Münster und half an seinem Wohnort auch in der Pfarrseelsorge aus.

Ältere Einwohner erinnern sich noch heute an den freundlichen Seelsorger, dem sie im Ort häufig mit seinem Schäferhund begegneten. Was damals wohl niemand vermutete: In diesem bescheidenen Zeitgenossen stand ihnen der künftige Bischof von Osnabrück gegenüber. Über die Grenzen Nordwaldes und Osnabrücks hinaus wurde Franziskus Demann jedoch vor allem durch seinen dramatischen Tod bekannt: Er erlitt am 27. März 1957 einen tödlichen Herzinfarkt, als er – direkt nach seiner Bischofsweihe – den Menschen vor dem Osnabrücker Dom seinen ersten bischöflichen Segen spendete.

Im Oktober 1900 in Freren im Emsland geboren, hatte er 1921 am Lingener Gymnasium Georgianum sein Abitur abgelegt und anschließend in Münster und Rom Philosophie und Theologie studiert. Nach der Priesterweihe 1927 und der Doktorprüfung an der päpstlichen Universität Gregoriana 1928 wirkte er zunächst in Haren an der Ems und anschließend seit 1931 im ostfriesischen Leer als Vikar und Religionslehrer.

Hier begann seine bedrückende gesundheitliche Leidensgeschichte, die ihn schließlich nach Nordwalde verschlug: Von Magen- bzw. Darmgeschwüren erholte sich der junge Vikar 1933 im Franziskus-Hospital in Münster nur so schleppend, dass der Osnabrücker Bischof Wilhelm Berning ihm eine berufliche Auszeit in Form eines Lehramtsstudiums in Münster vorschlug. Dabei sollte er seinen Arbeitseifer an seinem Gesundheitszustand ausrichten und sich körperlich nicht überfordern.

Gleichzeitig boten die für die Krankenpflege im Franziskus-Hospital zuständigen Mauritzer Franziskanerinnen Franziskus Demann an, sich in ihrem Erholungsheim in Nordwalde zu regenerieren und dort für die Dauer seines Studiums als Hausgeistlicher zu wirken. In einem Brief an seinen Bischof zeigte sich Demann hoch erfreut über diese Perspektive und bat darum, den

Franziskus Demann kurz nach seiner Bischofsweihe und nur wenige Minuten vor seinem Tode vor dem Osnabrücker Dom am 27. März 1957

Vorschlag zu erlauben und mit Franz Meis, dem Kapitularvikar und Generalvikar des Bistums Münster, abzustimmen: „Das hiesige [Münsteraner] Mutterhaus hat in Nordwalde – zwei Bahnstationen von Münster entfernt – ein Erholungsheim für Schwestern, in wunderbar schöner und ruhiger Lage. Hier kann ich meine Erholung verbringen, ja sogar mich vorbereiten auf mein Examen, bei freier Station und Verpflegung. [...] Das Haus in Nordwalde ist erst einige Jahre fertig, und in dieser Zeit waren nur erholungsbedürftige Geistliche dort, keine Examenskandidaten."

Am 21. Juni 1933 zog der Vikar nach Nordwalde, wo er die geistliche Betreuung der Franziskanerinnen übernahm und – für ihn selbstverständlich – auch bisweilen in der Pfarrei St. Dionysius in der Seelsorge und bei Gottesdiensten aushalf. Wenn etwa beim Levitenamt ein dritter Priester benötigt wurde, sprang er ebenso ein, wie bei der Fronleichnamsprozession oder der seelsorgerischen Begleitung einzelner Familien. Mit den Schwestern im Franziskus-Haus feierte er regelmäßig die Messen, hörte ihre Beichte und hielt ab und zu Vorträge: so etwa 1933 über „Güte und Freude", 1934 – auch im Blick auf das klösterliche Leben – „über das Stillschweigen" und 1935 über die Gottesmutter Maria, mit der er sich zudem in einer nicht datierten, im Ordensarchiv überlieferten Predigt beschäftigte.

Bereits im Juli 1933 schien sich sein Gesundheitszustand zu bessern. In einem

Brief an Bischof Berning heißt es: „Vier Wochen bin ich nun hier in Nordwalde, und ich muß sagen, die idyllische Ruhe tut einem wohl, seelisch und körperlich. [... Der Arzt] war recht erfreut über die Besserung meines Gesundheitszustandes. [...] Die Schwestern sind hier so besorgt, mir fehlt es an nichts. In den vier Wochen habe ich an Gewicht wieder etwas zugenommen."

Parallel konkretisierte sich auch die Fächerkombination für das Lehramtsstudium: Der Bischof schlug Hebräisch und Latein vor und veranschlagte dafür ein Jahr. Allerdings brachte eine eitrige Mandelentzündung mit anschließender Operation im Oktober einen erneuten gesundheitlichen Rückschlag und nach Ansicht der Professoren erforderte das Lateinstudium mindestens drei Semester.

Die erste Euphorie Demanns wurde zusehends durch Bedenken getrübt: „Bei meinem heutigen Gesundheitszustand würde es mir wirklich schwer fallen, ich möchte sagen eine Überanstrengung sein, innerhalb Jahresfrist, also bis zum nächsten Herbst, das ganze Studium zu beenden. [...] Das Hebräische wird viel Mühe und Zeit verlangen, da ich einerseits dieser Sprache ganz entfremdet bin, und andererseits Prof. Engelkemper ein gefürchteter Examinator ist." Am 2. November 1933 startete Franziskus Demann ins Lehrerstudium und übermittelte dem Bischof auch sonst positive Nachrichten: „Gesundheitlich geht es mir, Gott sei dank, nach glücklich überstandener Mandeloperation gut. Hoffentlich hält diese Besserung an, da man doch in den eitrigen Mandeln einen Hauptherd für die Erkrankung der Nieren und Blase gefunden zu haben glaubt."

Allerdings währte dieser Auftrieb nur kurze Zeit: Schon im Winter wurde Franz Demann mit einer – im weiteren Verlauf der Krankheit – lebensbedrohlichen Entzündung der Gallenblase wieder nach Münster ins Franziskus-Hospital eingewiesen und erhielt dort nach gut einer Woche die „Hl. Ölung": „Der liebe Gott ist mir gnädig gewesen und hat mir das Leben erhalten. Wie der Arzt diese Tage noch sagte, habe er sich sehr viel Sorge gemacht, da ich in höchster Lebensgefahr schwebte. Nun ist, Gott dank, die Krise überstanden und wird die Genesung wohl voranschreiten. Diese Tage habe ich die ersten Geh-Versuche gemacht, um bald, wenn die Kräfte es erlauben, wieder zelebrieren zu kön-

Franz Demann, wie ihn in Nordwalde jeder kannte

nen. An der Operation bin ich vorläufig vorbeigekommen."

Demann betont in diesem und weiteren Briefen an den Bischof, dass die neuerliche Erkrankung ihm „doch außerordentlich zugesetzt und einen schweren Rückschlag gebracht" habe. Nach dem Ende der Akutbehandlung in Münster werde er nach Nordwalde zurückkehren, wo er „in dem dortigen Erholungsheim [...] ebenso schnell wieder zu Kräften kommen [werde] wie hier im Krankenhause."

Angesichts „der schweren Heimsuchung" bekundete der Bischof seine innige Anteilnahme. Zugleich ermahnte er den Vikar aber, sich nur auf das Staatsexamen zu konzentrieren. Doch auch in der Folge erkrankte Franziskus Demann wieder an Entzündungen der Blase, der Galle, der Nieren sowie der Bauchspeicheldrüse und musste sich Operationen am Zeigefinger und am Fuß unterziehen. Sein Zustand war bereits 1935 wieder so kritisch, dass man ihm erneut das „Sterbesakrament" spendete und ihn im Winter 1935/36 nach einem Herzstillstand reanimieren musste.

Das Lehramtsexamen bestand Demann nach der letzten Prüfung am 13. Februar 1937 in allen Fächern mit Auszeichnung, wozu ihm der Bischof einen Tag später handschriftlich gratulierte. Auch in Nordwalde verfolgte man seinen Werdegang aufmerksam, wie aus der Pfarrchronik hervorgeht: „Mitte Februar machte Herr Dr. Franz Demann sein Examen mit Auszeichnung. ‚Der Herr vom Hofe' ist einer unserer 14 Nothelfer, der immer einspringt, wenn es nottut. Nach dem Examen war er der 1. Eigenständige Hausgeistliche des Franziskus-Hauses."

Sein Leben war geprägt von einer bedrückenden gesundheitlichen Leidensgeschichte

Vom Wintersemester 1937/38 an betreute Franziskus Demann die angehenden Priester der Diözesen Osnabrück und Hildesheim an der Universität in Münster. Zusätzlich lehrte er seit 1939 Dogmatik und Predigtlehre am Osnabrücker Priesterseminar. Nach wie vor wohnte er in Nordwalde und fuhr mit der Bahn und später mit einem Motorrad zu seinen Lehrverpflichtungen. Das motorisierte Zweirad überließ ihm samt zugehörigem Lederanzug der Nordwalder Kaufmannssohn Josef Bövingloh, als dieser zum Kriegsdienst eingezogen wurde. Seit dem Tod seiner Mutter Gertrud im Jahre 1938 hatte Demann die Familie und insbesondere den Vater Hubert Bövingloh zunächst seelsorglich begleitet. Zudem spielte „der Herr vom Hofe" im Hause Bövingloh jahrelang mit dem Nordwalder Pastor August Jansen, dem Hausherrn sowie weiteren Bekannten Doppelkopf, gestärkt durch manchen guten Tropfen Wein.

Seit Beginn der vierziger Jahre unterrichtete Franziskus Demann auf Vermittlung von Pfarrer Jansen mehrere Gymnasiasten im Fach Religion, das im Lehrplan der höheren Schulen in Münster nicht mehr enthalten war. Die Pennäler trafen sich dazu am Hintereingang des Franziskus-Hauses in der Nähe der Wohnung Demanns, die dessen Schäferhund Lord gut bewachte. Am großen, zwei Meter langen Tisch saß der Theologe seinen jeweils zwei bis drei Schülern gegenüber, die seine Ausführungen als ausgesprochen anspruchsvoll erlebten. Die Lektionen begannen mit dem Gebet „Komm Heiliger Geist, erfülle die Herzen deiner Gläubigen" und dem Abhören der Inhalte der vorauf gegangenen Stunde nach dem Motto „repetitio est mater studioso – Die Wiederholung ist die Mutter des Studenten". Besonders gern griff Franziskus Demann in seinen Stunden auf das Johannes-Evangelium zurück, wie sich Ludwig Kalhoff, Schüler am Münsteraner Schlaun-Gymnasium, erinnerte.[1] Bernhard Voss, Schüler des Paulinums, hat den Unterricht in den Jahren 1941/42 im Gegensatz zu Ludwig Kalhoff eher als lockeres Gespräch über Religion erlebt. Im Verlauf der Stunden habe Franziskus Demann zudem eine Aversion gegen das NS-Regime durchblicken lassen.

Darüber hinaus erteilte der Theologe auch Religionsunterricht am katholischen Internat Loburg in Ostbevern, das er mit dem Motorrad bequem erreichen konnte. Auf diesen Fahrten legte er häufig vor Greven einen Zwischenstop in der Gaststätte Blomberg ein, von wo aus er – weil dies hier preisgünstiger war – mit einem befreundeten Priester in Gimbte telefonierte.

Alfred Laubrock gehörte zwischen 1945 und 1950 zum Kreis jener Messdiener, die Franziskus Demann bei den täglichen Messfeiern im Franziskus-Haus einsetzte. Er beschreibt den späteren Bischof als frommen, freundlichen Mann, der sehr großen Wert auf die würdige und korrekte Haltung der Jungen während der Messe legte: „Wenn wir die Hände nicht gerade gefaltet hatten, beanstandete Dr. Demann dies." Zu Weihnachten habe die Feier etwa zweieinhalb Stunden gedauert und auch in den gewöhnlichen Messen habe er als Zelebrant nie die Predigt „heruntergerasselt". Weihnachten dienen zu dürfen sei einer Auszeichnung gleichgekommen, zumal die Schwestern die Jungen anschließend mit Kuchen und Spekulatius versorgten – in der kargen Nachkriegszeit ein besonderes Privileg.

Frühmesse

Auch bei den täglichen Frühmessen um sechs Uhr dienten Alfred Laubrock, Heiner Munsch und ihre Mitstreiter im Franziskus-Haus. Eine Ausnahme machten Tage, an denen Franziskus Demann dienstlich in Münster oder Osnabrück zu tun hatte. Dann zelebrierte er bereits um fünf Uhr – unterstützt von den Ordensschwestern. Deren Kapelle war bei den Nordwaldern als Ort für Hochzeiten geschätzt, wie sich Toni Bövinglo geb. Blomberg erinnert. Sie selbst hatte Franziskus Demann in ihrem Elternhaus kennengelernt, wo dieser regelmäßig auf dem Weg nach Ostbevern zu seinen Telefonaten einkehrte. Im Motorradkombi ihres späteren Ehemannes sei der Gast jedoch nicht als Priester erkennbar gewesen, so dass die Mutter sie auf dessen würdevolles Amt erst habe hinweisen müssen. Anders als erhofft habe Franziskus Demann ihren Mann Josef Bövingloh und sie jedoch nicht im Franziskus-Haus trauen können.

Franziskus Demann genoss „seine" Nordwalder „Idylle" wohl nicht zuletzt wegen der reichen Tierwelt. Insbesondere die Enten und Schwäne auf der Gräfte scheinen ihn fasziniert zu haben, denn er fotografierte sie immer wieder zu allen Jahreszeiten. Das Gewässer eignete sich zudem vorzüglich zum Angeln, wobei Demann – wegen der negativen Folgen für die Fische – im Winter das Schlittschuhlaufen der Dorfjugend auf dem Gewässer mit Unmut betrachtete. Zur wärmeren Jahreszeit paddelte er – stets in seiner priesterlichen Soutane – hier zudem gern mit einem der Kanus „Grüß Gott" und „Hiob", wobei er durchaus auch Gäste zur Bootstour einlud. Guten Auslauf bot das weiträumige Parkgelände der Franziskanerinnen schließlich seinem treuen Schäferhund, den er bisweilen auch vor einen Bollerwagen spannte und Lasten ziehen ließ.

Aus Nordwalde sandte der Geistliche Tausende von Briefen und Päckchen an Priester und Theologiestudenten im Krieg sowie in Kriegsgefangenschaft, was ihm das besondere Vertrauen der gesamten Priesterschaft des Bistums Osnabrück erbrachte und ihn – angesichts dieser intensiven Kontaktpflege – später als Anwärter auf den Bischofsstuhl qualifizierte.

Paddeltour auf der Gräfte am Bispinghof in Nordwalde

Ludwig Kalhoff und die übrigen Religionsschüler passierten in Demanns Wohnung in der Vorweihnachtszeit eine Vielzahl von Kartons, die – angefüllt mit Büchern als geistiger Nahrung und Würsten aus der Metzgerei seiner Schwester in Meppen – die Adressaten erreichten. Als er 1944 zur Wehrmacht eingezogen worden war und mit verschiedenen Erkrankungen vier Monate im Lazarett lag, erhielt auch Ludwig Kalhoff im August und Dezember 1944 Kartengrüße von Franziskus Demann, die er heute noch als Kostbarkeit aufbewahrt. Den Gruß vom 24. August 1944 hatte der Geistliche zudem von Kalhoffs ehemaligen „Mitschülern" Rudi Altrogge und Bernhard Fraling unterschreiben lassen; ein Zeichen dafür, wie wichtig ihm persönliche

Netzwerke waren. Angesichts der umfangreichen Korrespondenz hatte Franziskus Demann eigene Feldpost-Briefumschläge mit seiner Nordwalder Adresse drucken lassen, und allein für einen Theologiestudenten aus Ankum im Landkreis Osnabrück sind in wenigen Jahren über 47 Briefe und Postkarten erhalten. Um Kosten zu sparen, beschränkte sich Demann indes nicht nur auf den Postweg: die Spruchkarte vom 31. Dezember 1944 ließ er Ludwig Kalhoff über dessen Eltern zukommen.

Immer wieder gesundheitliche Probleme

Zwar sind für die vierziger Jahre in den Quellen nur vereinzelte Hinweise auf den Gesundheitszustand Franziskus Demanns zu finden, dieser scheint aber nach wie vor sehr angespannt gewesen zu sein. So notierte der Leiter des Osnabrücker Priesterseminars und spätere Bischof von Münster, Michael Keller, im April 1945, er habe Franziskus Demann in Nordwalde besucht, das von Kriegshandlungen „völlig unversehrt" geblieben sei: „Dr. Demann selbst sah sehr schlecht aus." Als Keller zwei Jahre später – nach dem Tod Kardinal Clemens August von Galens – Bischof von Münster wurde, sollte Franziskus Demann das Osnabrücker Priesterseminar als sein Nachfolger leiten. Mit Hinweis auf seine aktuellen Erkrankungen lehnte er jedoch ab.

Das Franziskus-Haus blieb für Demann Kraft- und Erholungsquelle. Die lästigen Fahrten mit der Bahn oder dem Motorrad wurden durch die Oase der Ruhe und die Fürsorge der Schwestern mehr als aufgewogen. Zudem betrachtete er seinen Wohnsitz auch im Blick auf seine angeschlagene Gesundheit als wichtigen Rückzugsort. Dies wird besonders deutlich, weil er – so in einem Brief an seinen Bischof – aus Scham mit seinen Geschwistern nicht offen über die diversen Erkrankungen und deren Folgen sprechen mochte.

1949 wurde er Professor und Bischöflicher Beauftragter für die Ordnung am Priesterseminar und zog im folgenden Jahr endgültig nach Osnabrück. 1953 berief ihn der greise Bischof als Domkapitular und Geistlichen Rat in die Bistumsleitung. Nach dem Tod Wilhelm Bernings am 23. November 1955 galt Franziskus Demann – neben dem Münsteraner Bischof Keller – als Wunschkandidat des Domkapitels für die Bischofswahl, die im April 1956 auf den Osnabrücker Domkapitular fiel.

Franziskus Demann als Brückenbauer und Hoffnungsträger

Angesichts seiner labilen Gesundheit auf den ersten Blick widersinnig, war diese Entscheidung wohl begründet: Am Ende der 41-jährigen Amtszeit Wilhelm Bernings hatte sich das Verhältnis der Priester der Diözese zum Bischof und seinem Generalvikar merklich abgekühlt. In dieser Situation galt Franziskus Demann wegen seines großen Vertrauensvorschusses in der Priesterschaft als Brückenbauer und Hoffnungsträger und ließ sich als solcher auch in die Pflicht nehmen. Nicht nur im Bistum Osnabrück, sondern auch in Nordwalde sorgte die Ernennung des neuen Bischofs durch den Papst im Mai 1956 für große Freude. „Unser Dr. Demann ist Bi-

Freundschaften pflegte Demann, (stehend, 3. von links) auch in der Studentenverbindung „Unitas Frisia", hier an einem Bootshaus in Münster.   *Fotos: Familienarchiv Alois Demann / Bistumsarchiv Osnabrück*

schof geworden", frohlockte damals nicht nur sein ehemaliger Religionsschüler Bernhard Voss.

Diese Freunde wurde indes bald getrübt: Vier Tage vor der ursprünglich für den 14. September 1956 geplanten Bischofsweihe erlitt Franziskus Demann bei der geistlichen Einstimmung im Benediktinerkloster Gerleve bei Coesfeld einen Herzinfarkt, von dem er sich nur langsam erholte. Sein beharrendes „Ja" zur Bischofsweihe in den folgenden Monaten sollte sich später als „Todesurteil" erweisen.

Wie so oft seit den frühen 30er Jahren überschritt er ohne Rücksicht auf das eigene Wohl am 27. März 1957 ein letztes Mal die Grenzen seiner gesundheitlichen Belastbarkeit – und dies ohne jegliche Furcht vor dem Tod, wie er seinem Freund Michael Keller und seinen Verwandten versicherte. Sein bischöflicher Wahlspruch „O Crux Ave, Spes Unica – Oh Kreuz, du unsere einzige Hoffnung, sei gegrüßt" fasst in der Rückschau das Leben und Sterben dieses Bischofs aus Nordwalde in einem einzigen Satz zusammen.

[1] Weitere Schüler Demanns in diesen Tagen waren Rudolf Altrogge, der Theologe Prof. Dr. Bernhard Fraling, August Hentschel, Werner Essmann und Bernhard Voss.

Erbauung und Erholung im Skulpturenpark Lengerich

Von Barbara Rübartsch

Der ALVA-Skulpturenpark in Lengerich hat sich seit seiner Eröffnung im Sommer 2001 zu einem attraktiven Ausflugsziel und Naherholungsgebiet entwickelt. Und das liegt an seinen vielfältigen Qualitäten, die ihn von anderen „Kunstmeilen" unterscheiden. Egal, ob kunstinteressiert oder nicht, jeder Besucher genießt zunächst einmal die sanft hügelige, idyllische Lage am Südhang des Teutoburger Waldes mit weitem Blick ins Münsterland. Er fühlt sich wohl inmitten der stillen, bäuerlichen Kulturlandschaft. Vielleicht wird er selber still bei einem Gang über den schattigen alten Friedhof, der überleitet in den Park der LWL-Klinik Lengerich (LWL= Landschaftsverband Westfalen Lippe).

In diesem unvergleichlichen Areal laden inzwischen etliche Skulpturen zum Innehalten ein - direkt vor der Haustür der Lengericher bzw. den Toren der Krankenhäuser. Auswärtige Gäste orientieren sich an den Hinweisschildern zu den Kliniken.

Die Entstehung dieses Parks geht auf die Initiative des Stadtmarketing-Vereins „Offensive Lengerich" zurück. Er setzte sich erfolgreich für die Teilhabe der Stadt an der „Skulptur Biennale Münsterland 2001" ein – und in diesem Zusammenhang für die erste bedeutende Arbeit des geplanten Projekts. Gemeinsam mit der Stadtverwaltung beschaffte er die nötigen Eigenmittel.

Der Landschaftsverband Westfalen Lippe stellte das Gelände zur Verfügung. Ein Rollstuhl gerechter Weg wurde mit viel praktischem und finanziellem Engagement von Einzelpersonen, Institutionen und Spendern ausgebaut. Er verbindet das Krankenhaus Lengerich mit der LWL-Klinik Lengerich und prägt den Verlauf des Skulpturenparks.

Seit dem Jahr 1998 engagiert sich die ALVA-Projektgruppe innerhalb der „Offensive Lengerich" ehrenamtlich für dessen (Weiter-)Entwicklung. Sie besteht aus Vorstandsmitgliedern des Stadtmarketingvereins, Vertretern der Wirtschaft, den Verwaltungen der Stadt Lengerich, des Krankenhauses Lengerich und der LWL-Klinik Lengerich. In ihre Zuständigkeit fallen die Konzeptentwicklung und die Realisierung neuer Vorhaben sowie die nachhaltige Betreuung der Anlage. Jahr für Jahr füllt die Gruppe sie mit Leben, organisiert vielbesuchte, thematisch passende Veranstaltungen wie z.B. die Lengericher Gartentage oder das Jazz-Picknick, bietet Führungen an und ermöglicht den Erwerb neuer Skulpturen.

Der Jones-Garten mit dem markanten Treppenturm wurde im Rahmen der Skulptur-Biennale Münsterland im Jahre 2001 vom amerikanischen Künstler Ronald Jones geschaffen.

All dem liegt die Idee zu Grunde, das Image Lengerichs auf dem Sektor Kunst zu stärken, eine sinnfällige Verbindung zwischen Kunst und Natur herzustellen und damit dem Wohle der Menschen und der Stadt zu dienen.

„Um dem Skulpturenpark ein unverwechselbares Profil zu verleihen, soll neben der hohen künstlerischen Qualität der Arbeiten, die Dynamik des Ortes, seine Aura, der Genius loci eine besondere Bedeutung erfahren. Den Materialien der Region wird dabei eine bedeutsame Rolle zufallen." So schreibt der Maler, Grafiker und Bildhauer Peer Christian Stuwe.

Auch der Name „ALVA" ist Programm. Er leitet sich aus einer Inschrift an der Universität Königsberg ab: „Ars Longa, Vita Aeterna" (Die Kunst währt lang, das Leben ewig) – die christliche Abwandlung eines Spruches von Seneca.

Man könnte auch sagen, die Kunst und das irdische Leben sind vergänglich, aber darüber hinaus existiert ein ewiges Leben.

Mit dem Motto „ALVA" wird vieldeutig Bezug zum religiösen Denken genommen sowie zum historischen, zeitgeschichtlichen, politischen und gesellschaftlichen Kontext, in dem der Skulpturenpark steht. Folgende Beispiele mögen das belegen:

– Der Standort zwischen dem Kran-Kernhaus und der LWL-Klinik Lengerich wurde bewusst gewählt. Dort werden Geburt und Tod, Leid und Genesung unmittelbar erfahren. Patienten und Angehörige können den Park zur Erholung nutzen.

– Der Weg verläuft durch ein Landschaftsschutzgebiet – ein besonders schönes, aber auch gefährdetes Fleckchen Erde, wenn man es nicht vor der exzessiven Nutzung bewahrt.

– Nicht von ungefähr liegt in der Mitte des Parks der alte Friedhof. Grabmale erinnern sowohl an verstorbene PatientInnen und MitarbeiterInnen der ehemaligen Provinzial Heil- und Pflegeanstalt, als auch an Menschen, die durch das NS-Regime in Lengerich umgekommen sind.

– Die dazugehörige kleine Kapelle ist denkmalgeschützt und wurde nach Zerfall und Vandalismus von der „Offensive Lengerich" und dem Heimatverein liebevoll restauriert. Seitdem wird sie regelmäßig gepflegt und ist sonntags als Raum der Stille zugänglich.

– Die Architektur der ursprünglichen, im Jahre 1863 erstmals belegten und im Jahre 1867 offiziell eröffneten „Provinzial Heil- und Pflegeanstalt" und Reste des damals großzügig angelegten Parks verweisen auf kunsthistorisch wie medizingeschichtlich interessante Aspekte.

Bei der Planung der Anstalt war man noch von der Notwendigkeit von Mauern ausgegangen. Diese fielen nach dem Ersten und Zweiten Weltkrieg. Heute ist die Klinik ein modernes in die Stadt integriertes psychiatrisches und neurologisches Fachkrankenhaus.

Die Integrationsbemühungen in beide Richtungen dauern an. So soll der Skulpturenpark mit seinen großen Veranstaltungen im Innenhof der Klinik dazu beitragen, dass immer mehr Menschen aus der Umgebung den Weg in dieses Gelände finden und ihre Berührungsängste verlieren, auf der anderen Seite fühlen sich die heutigen PatientInnen dadurch in das öffentliche Leben besser eingebunden.

Der Skulpturenpark ist weiter im Werden. Er begann also mit der „Skulptur Biennale Münsterland 2001". In deren Verlauf realisierte der international tätige amerikanische Künstler Ronald Jones das „Lengerich-Garden-Project". In einem demokratischen Prozess erarbeitete er mit einer Gruppe aus PatientInnen der LWL-Klinik Lengerich und BürgerInnen der Stadt den Plan dazu und setzte diesen auch konkret um. Theoretische Ausflüge in die Geschichte der Gartenkunst, die Sammlung persönlicher Vorstellungen jedes Teilnehmers vom Paradiesgarten, in Gruppen erarbeitete Modelle für einen möglichen Entwurf gehörten zu den Vorbereitungen. Und so, wie sich die Pläne durch die Mitwirkenden und die Gegebenheiten vor Ort immer wieder veränderten und dann eine zunächst gültige Gestalt fanden, so ist der heutige Garten durch die Wachstums- und Wetterbedingungen, die Wildschäden, die Pflege … in einer steten Veränderung begriffen. Der Künstler nimmt bewusst keinen Einfluss darauf.

Weitere Arbeiten folgten:

Vier Stelen aus Anröchter Dolomit von Mandir Tix variieren als Wegmarken das Thema ALVA und begleiten seit 2001 den Verlauf des Parks.

Auf dem Platz vor der Pforte der LWL-Klinik Lengerich ist der Bildhauer, Designer und Arzt Winfried Totzek mit zwei Skulpturen vertreten. Die aus Edelstahl gefertigten „Fliegenden Fische" ironisieren die Vergänglichkeit im „unvergänglichen" Material, das Fressen und gefressen Werden, die Bewegung in der Erstarrung, die Frage nach dem eigenen Element …

Seine „Drei mobilen Grazien" aus rot lackierten Abflussrohren lassen eine ähnliche Spannung spüren. Sie liegt u.a. im Gegensatz von profanem Material und „göttlichen Gestalten"; zwischen geradlinig technischem Gerät und der Illusion von lebendiger Grazie. So bewegen sich die drei schlanken Gebilde etwas asymmetrisch aber leicht und elegant im Wind.

Ein Labyrinth – Symbol des Lebensweges, des Weges zur eigenen Mitte und/oder zu Gott – bauten engagierte BürgerInnen während der Gartentage 2004.

Das begehbare Bild in einer Wiese fordert dazu auf, die eingeschlagene Spazierstrecke zu verlassen und sich für kurze Zeit einem neuen Ziel zuzuwenden. Wer sich beim Durchschreiten ruhig den vorgegebenen, oft überraschend verlaufenden Windungen überlässt, muss sich über interessante Assoziationen nicht wundern.

Die „Drei mobilen Grazien" von Winfried Totzek stehen im Gelände der LWL-Klinik

Im Frühjahr 2006 stellte Jupp Ernst die imposante Arbeit „Vanitas Vanitatis" auf (frei übersetzt etwa: leerer Schein, Nichtigkeit, Eitelkeit – nach mittelalterlichem Verständnis die Vergeblichkeit allen irdischen Strebens). Sie besteht aus einem in Eisen gelegten großen, regelmäßig geschnittenen Kalksteinquader aus Lengerich, der schon jetzt plangemäß zu zerfallen beginnt. Der Rahmen wird die ursprüngliche Form noch eine Weile bewahren aber auch er vergeht langsam ... In relativ kurzer Zeit ist der unaufhaltsame Veränderungsprozess beobachtbar.

Heinrich von den Driesch übergab im Juni 2007 eine neue Skulptur. Sein riesiges „Kartenhaus" besteht aus ineinander verkeilten, gravierten, farbigen Eichenbohlen. Es zieht sich 25 m tief in ein Wäldchen hinein und signalisiert gleichzeitig Fragilität und Stabilität, Schutz und ausgeliefert Sein, Spiel und Gefahr: Das eine Element stützt das andere, fällt das eine, fallen alle?

Damit ist die vorerst letzte Skulptur an ihrem Platz und die Planung für die Nächste steht an.

Auf das Erreichte können der Stadtmarketingverein „Offensive Lengerich" und alle Beteiligten zu Recht stolz sein. Gleichzeitig stellen der Erhalt und die Fortentwicklung des Skulpturenparks eine große Herausforderung für die wenigen Ehrenamtlichen dar. Um diese Aufgabe zu meistern, bedarf es ständiger Anstrengungen: Denn ein Skulpturenpark, der „fertig" ist, wird schnell uninteressant.

Heinrich von den Driesch „Kartenhaus" von 2007   *Fotos: Detlev Dowidat*

Den Bevergernschen Kreis gab es nur als Interimslösung

Von Klaus Offenberg

Nach 200 Jahren kommt es einem als historische Anekdote vor: Bevergern war mal Kreisstadt. In den offiziellen Geschichtsbüchern, selbst in Standardwerken zur Westfälischen Geschichte ist nichts zu finden, so dass das Stadtarchiv Bevergern und die Gesetzesblätter die beste Informationsquelle sind. Der fehlende Verwaltungsbeamte und die Kürze der Existenz des Kreises, sicher auch die geringe Größe sowie die Zeit des Umbruchs in Mitteleuropa ließen das Kuriosum der westfälischen Geschichte in Vergessenheit geraten.

Am 1. Juni 1806 entstanden der Müntersche, der Beckumsche, der Warendorfsche und der Bevergernsche Kreis, letzterer mit den Kirchspielen beziehungsweise Bauerschaften Bevergern, Riesenbeck, Saerbeck, Hopsten, Dreierwalde, Venhaus, Listrup, Moorlage, Hesselte, Helschen, Gleesen, Bexten, Darme, Holsten, Altenrheine, Eschendorff, Gellendorf, Rodde, Elte, Veltrup und Isendorf.

11.457 Einwohner lebten in diesem Kreis. Mit dem Dekret über die Einteilung des Großherzogtum Berg am 14. November 1808 wurde die Beendigung dieser Kreiseinteilung angeordnet. Offiziell löste sich der Bevergernsche Kreis am 1. Mai 1809 auf.

Begonnen hatten die großen politischen Veränderungen Anfang des 19. Jahrhunderts mit der Übernahme des Hochstiftes Münster durch die Preußen. Das Amt Rheine-Bevergern wurde aufgelöst, in Rheine links der Ems zog am 31. Januar 1803 einer der so genannten „Moorgrafen", Herzog Wilhelm Josef von Loos-Corswarem unter Kanonendonner ein. Doch wie anders war die Reaktion der Münsterländer, als schon am 3. August 1802 General von Blücher in Münster oder am selben Tag General von L´Estocq in Paderborn einzogen. Türen blieben geschlossen und es herrschte Totenstille in den beiden Städten.

Für Bevergern bedeutete die verwaltungsmäßige Ausrichtung anfangs weiterhin nach Münster, aber die nächste staatliche Stelle, das alte Amt in Rheine, entfiel. Bis 1806 gehörte Bevergern zum Kreis Münster. Danach entstand der Bevergernsche Kreis, der die „aus der bisherigen, durch das Publicandum vom 23sten December 1803 (Nr. 48 d. S.) bekannt gemachten Kreis-Eintheilung entstandenen, Unbequemlichkeiten und Nachtheile" abhelfen sollte.

Trotzdem blieb der Kreis Bevergern ohne eigentlichen Verwaltungsbeamten. Das war der Geheime Kriegs- und Domänenrat Philipp Carl Mauve mit Sitz in Lingen. Friedensrichter in Bevergern war Eilermann mit einem Gehalt von 800 Franc. Ihm zur Seite standen die Herren Veerhoff und Reckers. 1808 kam die kleine Stadt dann zum französischen Großherzogtum Berg, 1810 zum Königreich Frankreich. Die Franzosen teilten das Großherzogtum Berg in Departements, Bezirke, Kantons und Mairien auf. Während die Mairien Bevergern und Riesenbeck zum Kanton Tecklenburg kamen, ging Dreierwalde zum Kanton Rheine.

Mit den Befreiungskriegen kam dann die Wende und Bevergern wurde am 21. Juni 1815 wieder preußisch. Im Folgejahr 1816 entstanden im Regierungsbezirk Münster die neuen Kreise. Bevergern kam zum Kreis Tecklenburg. 1975 bei der Gebietsreform entstand der Kreis Steinfurt.

Bevergerner Kreis aus Acta (über) die Wieder Besitznahme der hiesigen Landen… 1813 – 1814, Stadtarchiv Bevergern Nr. A315

„Der Bevergernsche Kreiß

Nach der Kreißeintheilung in gefolg Publicandi vom 11 ten April 1806.

	Name der Communen	Population	Namen der Mairien	Name der Burgemeister	deren Wohnort
01	Stadt Bevergern	790	Bevergern	Borggreve	
02	Kirchspiel Rheine	1.957	Rheine	Borggreve	Stadt Bevergern
03	Dreyerwalde [K. Salzb.]	486	Salzbergen	Borggreve	
04	Holsten K. Salzbergen	228	Salzbergen	Borggreve	
05	Riesenbeck	2.819	Riesenbeck	Jessel (?)	Riesenbeck
06	Saerbeck	1.903	Saerbeck	Schlamann	Saerbeck
07	Veltrup Kirchsp: Emsdetten	123	Saerbeck	Schlamann	
08	Hopsten	2.221	Hopsten	Veerkamp	Hopsten
09	abspliß Emsburen	776	Emsburen	Veerkamp	
10	adliche Haus Venhaus	160	Venhaus	Hustenreuter (?)	Bramsche
11	Darme Bauerschaft Kirchsp: Schepsdorff	178	Lingen	Thesing	Lingen

Bevergern, 7 December 1813
Der Burgemeister
B.[orggreve]"

Teggen Joahre Heimatvöein Li'e

Von Horst Zemella

In use Duorp in Li'e, dat is män schöön un klein,
doa gif et Gott si dank ein gueten Heimatvöein.
Nu sint et teggen Joahre hiär, de Tid löpp oll'män wieder.
Wi kuemt tohaupe dann un wann un singet Heimatlieder.
Wi klönt un küert van düt un dat, doa wed sau vull vötellt,
wu fröüher use Liäwen wör un wat passeert up düsse Welt.
Wi wahrt se up, un hault se hauge, de guete aule Tradition.
All dat willt wi dann widergieven an use naiste Gen'ration.
Wi goht an use Grenzen, üm Snaudsteine to setten.
Un wi bemöüht us buterdem, dat Tiäkenbuorger Platt to retten.

Wi Kuorwmakers driäped us ton Schnitzen un ton Flechten.
Denn Küörwe un auk Wännekes, de brukt man allewächten.
Doa wed dann küert van düt un dat, man weit ja altiet wat.
Mannig Döönkes ut de aule Tid vertällt man sick up Platt.
Wenn wi wat uppe Hande hät, dann sint wi guet tofried,
un Mat'rial, wat wi sau brukt, wässt auk bi us in Li'e.
Wi doht us giegensitig praulen, wenn wi ut Wienstaken
un Hiäselnot un Ziegenrigge de schönsten Küörwe maket.

De Frueslü'e willt auk wat douhn, de kuemet dann tohaupe
ton Spinnen un ton Haspeln, de Wulle van de Schaupe.
Se maket Spitzen un no mehr düör Hiäkeln un düör Wiäwen,
doa sit se mannig Stunne dran, doa kann man nich van liäwen.
Ut Linnen, Siede, Baumwulle un änn'red Material
wärd Diäken, Söcke, Hansken un Löchtenschirm un Schal.
Dann nägget se un stricket se wat warmes vör de kaule Tid.
Dat is auk nöidig, denn wi wiët't, de naigste Winter is nich wied.

Un dann de Gruppe „Aule Kunst", de halt sik aule Deile,
de sind oll röst'rig un verruot, de maket se dann heile.
Dann hüöwelt un dann schlieped se, de Schweit löpp eihr van'n Kopp,
se giewet auk nich eher up, bis ollet schüssig löpp.
Of Wiäwstouhl, Spinnrad, Botterfatt, dat wed dann repareert.
Kümp Üölge dran, dann löpp et well; vullstännig restaureert.
Un auk de Bänke hier in Duorpe, de stellt se för us up,
ein haug un hillig Dank doafüör, wi sett' us gärne drup.

Der Emsdettener Mühlenbach ist wieder naturnah mit der Ems verbunden

Von Heinz Rinsche

„Er schäumte vor Freude, als er wieder in sein altes Bett zurückkehrte." So war es in der Emsdettener Volkszeitung am 16. 12. 06 zu lesen. Man spürt in dem ausführlichen Bericht deutlich, dass auch der Verfasser diesen Tag herbei gesehnt hatte.

Endlich – nach langen, zähen Verhandlungen war es gelungen, aus der kanalartigen Rinne des letzten Stücks Mühlenbach einen Bach zu machen, der diesen Namen auch verdient: Krumm und somit deutlich länger schlängelt er sich durch die weiten Wiesen der Emsauen, um dann – genau wie früher – kurz vor der großen Brücke in die Ems zu münden. Noch heute gibt es Postkarten, die als Luftbild die damalige Situation genau darstellen: Neben der Gaststätte Bisping Waldesruh die schmale Emsbrücke und fast direkt daneben der Mühlenbach, der hier schon „immer" in die Ems floss.

Schaulustige kamen in Scharen, um dieses so stadtnahe Naturschauspiel life mitzuerleben. Doch da gab es noch eine Besonderheit. Die Verantwortlichen des Staatlichen Umweltamts Münster wollten nämlich dem neuen Bach die Möglichkeit geben, sich sein Bett weitgehend selbst zu gestalten. Und so war nur eine provisorische kleine Rinne ausgebaggert worden. Alles andere sollten die sprudelnden Wassermassen selbst machen.

Und – Glück gehabt. Kaum war die Baustelle wenige Tage vor Weihnachten abgeschlossen, da kamen die ersten Hochwasser -– und jetzt wurde es richtig spannend. Was würden die reißenden Fluten bewirken? Hatte man richtig geplant oder musste man sich auf Überraschungen gefasst machen? Doch zunächst bedeckten große Wassermassen der Ems die gesamte Aue – wie bei jedem normalen Hochwasser. Alles unter Wasser, kein Bach mehr zu sehen.

Das abfließende Hochwasser zeigte dann, dass man durchaus richtig vorgegangen war. Das strömende Wasser hatte eine Flusslandschaft modelliert – wie aus dem Bilderbuch: mit vielen Krümmungen, großen Steifufern, weitflächigen Sandbänken, Kolken, …

Natürlich war auch eine Menge Sand in die Ems transportiert worden, doch da diese als reiner Sandfluss ohnehin immer eine große Sandfracht mit sich führt, fiel das kaum ins Gewicht.

Und schon ist der Eisvogel wieder da, angelockt von den vielen frischen Abbrüche, ideal für seine Brutröhren.

Das passt alles so richtig zum FFH-Gebiet (Flora-Fauna-Habitat). Natur hat Vorrang. Hier wird auch nichts angepflanzt. Die Erlen kommen von allein. Sie werden schon bald den Bach begleiten und somit das Ufer stabilisieren. Aber auch beschatten, so dass künftig kaum noch Pflegemaßnahmen erforderlich sind.

Warum das Ganze, so fragen einige trotzdem? Hätte man für soviel Geld (150 000 €) nicht Wichtigeres zu tun gehabt? Können wir uns das heute noch leisten?

„Durchgängigkeit" heißt der entscheidende Begriff, der in diesem Zusammenhang immer wieder genannt wird. Jetzt gibt es hier zwischen Ems und Mühlenbach keinen über zwei Meter hohen Betonabsturz mehr. Diese Barriere verhinderte, dass es zu einem Austausch zwischen Ems- und Mühlenbachwasser kommen konnte (mal abgesehen von den wenigen Tagen im Jahr, wo ein richtiges Hochwasser alles überdeckt). Nicht nur Fische, sondern auch viele andere Lebewesen brauchen diese Wandermöglichkeiten, um so ihren Lebenszyklus zu sichern. (Der bekannteste Wanderfisch, der Lachs z.B. laicht nur in den Quellbereichen der Nebengewässer ab).

Doch auch die umweltpolitischen Vorgaben der letzten 20 Jahre sind eindeutig. Die Wasser-Rahmenrichtlinie der EU (WRRL) schreibt vor, dass im Jahre 2015 alle Fließgewässer in einen guten ökologischen Zustand überführt sein müssen.

Nachdem der Bagger eine kleine Rinne ausgehoben hatte, konnte sich der Mühlenbach sein künftiges Bett selbst gestalten
Foto: Heinz Rinsche

Das Gewässer-Auen-Programm des Landes NRW (1990) bezieht die Einmündungen der Bäche ausdrücklich mit ein. Auch das Landschaftsgesetz (§ 90) unterstützt und fordert all dies.

Als der Reicharbeitsdienst vor gut 70 Jahren dieses letzte Stück Mühlenbach zu einer kanalartigen Rinne umbaute, spielten ökologische Belange keine Rolle. Vielleicht glaubte man, dass so die Aue intensiver landwirtschaftlich genutzt werden konnte. Sicherlich spielte auch ein gewisser Ordnungswahn eine Rolle. „Wie für die Ewigkeit gebaut" war jedenfalls das Betonwehr direkt an der Ems. Kein noch so starker Betonmeißel war in der Lage, dieses Bollwerk zu demontieren. An sich sollte alles weg, ging aber nicht. So hat man es einfach im Boden gelassen, so zu sagen beerdigt.

Nachdem man viele andere Nebengewässer der Ems wieder naturnah angebunden hatte, war dieser Schritt in Emsdetten überfällig. Auch der Walgenbach und Blomerts Guort wurden in diesem Sinne umgebaut. Besonders beim Hilbertsbach in Veltrup kann man schon heute sehen, wie in wenigen Jahren unser Mühlenbach aussehen wird: eine Augenweide, Lebensraum für viele seltene Tier- und Pflanzenarten, hervorragend eingepasst in die Auenlandschaft – ein Vorzeigeprojekt.

Schwierig wird es allerdings noch bei der Gestaltung des Umfeldes. Denn da wir hier mitten in einem FFH-Gebiet sind, kann man nicht machen, was man vielleicht aus städtischer Sicht gerne möchte. Es ist jedoch damit zu rechnen, dass der Erholung suchende Bürger und Spaziergänger Ansprüche stellen wird. Fest steht allerdings schon jetzt, dass es bei <u>einer</u> Brücke in diesem Bereich bleibt. Und das ist die neue Holzbrücke hinter der alten Kläranlage, die im Rahmen der Regionale errichtet wurde: Ems-Auen-Radweg.

Abschließend sei auf ein weiteres Ziel hingewiesen, das auf der Prioritätenliste der „Emsschützer" ganz oben steht: Die Anbindung des Altarms in Hembergen/Saerbeck an die fließende Ems. Denn wenn diese zwei Kilometer „Bilderbuch-Ems" dazu kämen, so wäre das ein ganz großer Gewinn für die Ems, die Aue, für den Naturschutz im Kreis Steinfurt.

Et grust mi

Von Theo Weischer

Et grust mi vö den langen Hiärwst –
de Külde in den Muorn- un Aowendtiet,
den griesen Niewwel un den natten Wind
un auk dat Rüsen düör de Baim',
den willen Bliärderdanz.
Et grust mi, wenn de Dage
kuort un düster wät't.

Die evangelische Kirche Recke im Spiegel der Gemeinde-Geschichte

Von Kay-Uwe Kopton

Mit der Evangelischen Kirche führt die Kommunalgemeinde Recke ihr ältestes Gebäude im Gemeindewappen. Dies zeugt von der Identifikation der gesamten Gemeinde mit dem Kirchengebäude, das schon einmal vor über 400 Jahren und dann kontinuierlich seit mehr als 350 Jahren der kleineren Kirchengemeinde am Ort als Predigtstätte dient. Wahrscheinlich ist es diesem Umstand zu verdanken, dass der mittelalterliche Baukörper in spätmittelalterlicher Überformung nahezu unverändert erhalten geblieben ist, während andernorts das Bevölkerungswachstum des 18. und 19. Jahrhunderts Kirchenneubauten nötig werden ließ. Dies hatte oftmals den Verlust der mittelalterlichen Bausubstanz zur Folge.

Die Ursprünge der Recker Kirche reichen bis in die Zeit vor der ersten Jahrtausendwende zurück. Auf eine frühe Gründung verweist auch das Dionysius-Patrozinium des fränkischen Reichsheiligen, dem die erstmals 1189 urkundlich nachgewiesene Eigenkirche der Edelherren von Horstmar geweiht wurde.

Ältester Teil der ursprünglich turmlosen Kirche ist das romanische Kirchenschiff aus dem beginnenden 12. Jahrhundert. Von den je fünf Rundbogenfenstern des ursprünglich flach gedeckten Saals sind noch einige erhalten, andere im Mauerwerk zu erkennen. Der schlichte Rundbogen eines geschlossenen Portals an der Südseite stammt wohl noch aus dieser Zeit.

Anfang des 13. Jahrhunderts entstand der Westturm mit seinem aus deutlich größerem Steinmaterial gefügten Mauerwerk. Der Bau des Turmes, der sein heutiges Satteldach erst nach einem Brand 1681 bekam, markiert vermutlich die Pfarrkirchwerdung der ursprünglichen Eigenkirche. Zu gleicher Zeit erhielt das Kirchenschiff anstelle seiner flachen Decke eine auf Wandvorlagen ruhende Wölbung in zwei Jochen. Im Zuge der Einwölbung muss auch die erste Erhöhung der Langhauswände vorgenommen worden sein. Um den Gewölbeschub aufzufangen, erfolgte wahrscheinlich damals der Anbau der beiden massiven Stützpfeiler an der Südseite.

Der Zugang an der Nordseite des Langhauses und an der Turmwestseite erfolgt durch je ein romanisches Stufenportal. Beide Portale weisen einen umlaufenden Rundstab auf, der beim Turmportal mit einem Scheitelring versehen ist („gewirtelter Rundstab"). Das Turmportal deutet mit seinem leichten Spitzbogen und den Knospenkapitellen auf ein etwas späteres Entstehungsdatum hin.

Schon leicht spitzbogig sind auch die mit je einer Mittelsäule versehenen Schallluken. Die beiden oberen Öffnungen des Glockengeschosses weisen gegenüber der mittig darunter angeordneten eine geringere Höhe auf.

Der neue Chorraum als erster Abschnitt eines Neubaus

Anstelle des ursprünglichen Altarraums wurde in der Mitte des 13. Jahrhunderts ein neuer Chorraum errichtet. Dieser war allen Anzeichen nach als erster Bauabschnitt eines von Ost nach West fortschreitenden Neubaus geplant, der dann aber unterblieb. Seine Außenwände stehen auf einem verzierten Profilsockel. Sie sind durch Lisenen und einen Spitzbogenfries unterhalb des Traufgesimses gegliedert. Die lanzettartigen, von gewirtelten Rundstäben eingefassten Fenster weisen einen leichten Spitzbogen auf. Eine klare Abgrenzung zum Kirchenschiff erfährt der Chorraum im Inneren durch weit in den Raum hineinragende Wandpfeiler mit eingestellten Ecksäulen. Die Kapitelle zeigen breit gefächertes Blattwerk. Der Chorraum wird durch ein hoch aufragendes Domikalgewölbe überspannt, dessen mit Zierscheiben versehene Rippen keine tragende Funktion haben.

In Bezug auf die Ausformung der Fenster, der Kapitellplastik der Wandvorlagen

Der Chorraum der Recker Kirche ist ein faszinierendes Beispiel der Ausstrahlung der Bauhütte des Osnabrücker Domchores in das damalige Bistumsgebiet. *Foto: Dorothea Böing*

und der Anlage der Gewölbe finden sich im Langhaus der ehemaligen Zisterzienserinnenklosterkirche in Schale sowie in Freren eng verwandte Bauten. In dieser Gruppe nimmt der Chorbau der Recker Kirche nicht zuletzt aufgrund seiner in sorgfältig gefügten Quadermauerwerk erstellten Außenwände mit ihrer bemerkenswerten Gliederung eine Sonderstellung ein.

Seine heutige Gestalt erhielt der Kirchenraum gegen Ende des 15. Jahrhunderts. Nach nochmaliger Erhöhung seiner Wände erhielt das Langhaus die jetzige spätgotische Wölbung. Die Kreuzrippengewölbe setzen auf den vorhandenen niedrigen Wandvorlagen aus romanischer Zeit an, um von dort aus eine beträchtliche Höhe zu gewinnen. Durch diese letzte Baumaßnahme gelang es, Kirchenschiff und Chorraum in ihren vorher noch unterschiedlicheren Höhenverhältnissen einander anzunähern und einen harmonischeren Raumeindruck zu schaffen.

Als besonderer Glücksfall ist die in weiten Teilen erhaltene spätgotische Ausmalung der Recker Dorfkirche zu sehen: Eine aufwändige Rankendekoration begleitet Gurt- und Schildbögen sowie die Birnstabrippen der Gewölbe. Am reichsten ist das östliche der beiden Langhausjoche ausgestaltet: Eine Madonna im Strahlen- und Rosenkranz ist als Blickfang für den von Westen her Eintretenden in der Ostkappe des Gewölbes zu sehen. Außerdem zieren die Symbole der vier Evangelisten die vier Gewölbefelder.

Von der mittelalterlichen Ausstattung hat sich der Taufstein des Bentheimer Typs erhalten, der auf das zweite Viertel des 13. Jahrhunderts datiert wird. Seine Aufstellung ist mit der Pfarrkirchwerdung der ursprünglichen Eigenkirche in Verbindung gebracht worden. Der Recker Taufstein ist das einzige erhaltene Exemplar dieses in Norddeutschland weit verbreiteten Taufsteinstyps im Tecklenburger Land. Sein unterer Teil wird an den vier Ecken von zähnefletschenden Löwen flankiert.

Von den heutigen drei Glocken stammt die kleinste noch aus dem Geläut, das nach dem Turmbrand 1681 von dem Gütersloher Glockengießer Johannes Fricke gegossen worden war. Die beiden größeren Glocken wurden 1951 bei der Glockengießerei Rincker (Sinn/Hessen) in Auftrag gegeben.

Tecklenburger Kirchenordnung

Welche Auswirkungen der Reformation nach ihrer Einführung durch den Grafen Konrad in der Grafschaft Tecklenburg 1527 und ab 1541 auch in der ihm von seinem Onkel Nikolaus IV. zugefallenen Herrschaft Lingen in Recke zu spüren gewesen sind, ist nicht mehr feststellbar. Immerhin hatte Konrad für die unter seiner Herrschaft stehenden Gebiete 1543 eine lutherisch geprägte Tecklenburger Kirchenordnung erlassen. Eventuell hat es damals auch schon einen von der Reformation beeinflussten Pastor gegeben.

Weil sich Graf Konrad von Tecklenburg 1538 dem Schmalkaldischen Bund, einem Schutzbündnis protestantischer Fürsten angeschlossen hatte, das dem Kaiser jedoch 1547 militärisch unterlegen war, wurde er mit einer empfindlichen Verkleinerung seines Gebietes bestraft. Er verlor die Herrschaft Lingen einschließlich der

Kirchspiele Recke, Mettingen, Ibbenbüren und Brochterbeck an den kaiserlichen Obristen Maximilian Egmont Graf von Büren. Diese „vier Kirchspiele" sind gemeint, wenn von der „Obergrafschaft Lingen" die Rede ist.

Die endgültige Abtrennung von der Grafschaft Tecklenburg, deren Wappen sich im Schlußstein des östlichen Langhausgewölbes findet, sollte sich für Recke als folgenschwer erweisen. Denn 1578 wurde Lingen – und somit auch Recke – von der kaiserlichen Regierung an Wilhelm von Oranien übertragen. Doch gerade dieser nassauische Grafensohn avancierte zur führenden Gestalt in den Befreiungskriegen der Niederlande, die das spanische Joch abzuschütteln versuchten. Dies bedeutete auch für die vier Kirchspiele der „Obergrafschaft Lingen" eine Verwicklung in das ab 1580 einsetzende militärische Tauziehen zwischen dem reformiert gewordenen Haus Oranien und den römisch-katholischen Spaniern.

Rekatholisierung

Es dauerte bis 1597, dass die Oranier die Herrschaft in der Grafschaft Lingen antreten konnten. Mit dieser Inbesitznahme kann dann auch die Reformation des Kirchenwesens allmählich in Angriff genommen werden. Für Recke wird bald darauf der reformierte Prediger Bernhard Lackmann († 1609) berufen. Ihm ist in seiner Gemeinde jedoch nur eine kurze Wirksamkeit beschieden, da die Spanier bereits 1605 Lingen wieder einnehmen können. Im Gefolge der Rückkehr der Spanier wurde eine weitgehende Rekatholisierung der Bevölkerung in Angriff genommen. Der älteste der erhaltenen fünf Grabsteine, die heute an der südlichen Außenseite des Langhauses angebracht sind, ist der des 1609 verstorbenen, als PASTOR TO RECKE bezeichneten Gerdt Niemeyer, der ansonsten nicht belegt ist. Sein Grabstein, der die Umrisse eines priesterlich gewandeten Mannes abbildet, kann als Beleg einer bald erfolgten katholischen Besetzung der Recker Pfarrstelle gelten.

Anno 1648 zuletzt katholisch gepredigt

Nach mehrmaligen Herrschafts- und Konfessionswechseln markiert der Westfälische Friede 1648 die Bestätigung der oranischen Herrschaft in der Grafschaft Lingen. Für Recke bedeutet dies: Die Dorfkirche wird wieder Kirche der zunächst wohl sehr kleinen reformierten Gemeinde. Der Eintrag in einer alten Bibel spiegelt diesen Übergang: „Anno 1648 d. 15. August ist in der Kerke tho Recke lest (zuletzt) katholisch gepredigt (worden).

Allein die Tatsache, dass der letzte katholische Pfarrer Johannes Zumbusch 1649 – wie auch seine Schwägerin Gertrud Sprickmann schon 1637 – noch in der Kirche bestattet worden ist und die Neubesetzung der Pfarrstelle erst nach seinem Tod erfolgt, könnte ein Hinweis darauf sein, dass sich der Übergang einigermaßen friedlich vollzogen hat. Allerdings schlägt sich die Reformation sofort in der Ausgestaltung der Kirche nieder, wenn es weiter heißt: „Anno 1648 am Sonntag den 16. August, sind die Bilder aus der Kirche genommen." Dies entsprach dem konsequenten Verständnis des zweiten Gebotes biblischer Zählung: Du sollst dir kein Bildnis noch irgendein Gleichnis (von Gott) machen.

In der Amtszeit der reformierten Pfarrer Wilhelm Heinrich Bernhartius (ab 1649) und Eberhardt Engeling (1686 – 1733), deren Grabsteine heute Seit an Seit mit ihren katholischen Vorgängern zu sehen sind, vollzog sich – privilegiert durch die Landesherrschaft – der Aufbau einer reformierten Gemeinde.

Auf übergemeindlicher Ebene fand dieser Aufbau in der 1678 erlassenen Lingener Kirchenordnung ihren Ausdruck.

Die Amtszeit von Pastor Bernhartius wurde durch die sogenannten „Bischofsjahre" 1672 – 1674 unterbrochen. Im Gefolge dieses militärischen Einfalls des kriegerischen münsterischen Fürstbischofs Christoph Bernhard von Galen in die Grafschaft Lingen ergab sich für die Recker Dorfkirche noch einmal ein kurzes römisch-katholisches Intermezzo.

Die Toleranz, die in den Niederlanden Angehörigen anderer Konfessionen zuteil wurde, war bis 1672 auch Maßstab der oranischen Religionspolitik in der Grafschaft Lingen.

Restriktiver Kurs

Wohl unter dem Eindruck des gewaltsamen fürstbischöflichen Rekatholisierungsversuches vertraten die Oranier in Bezug auf die Toleranz katholischer Religionsausübung in ihrem „Hausgut" Lingen nach 1674 einen deutlich restriktiveren Kurs. Trotz Wahrung ihres grundsätzlichen Anspruchs auf konfessionelle Einheitlichkeit in ihrem Sinne kam der pragmatische Umgang mit der Religionsausübung der katholischen Bevölkerungsmehrheit auf den benachbarten Territorien der Fürstbistümer Osnabrück (Voltlage) und Münster (Hopsten) immer noch einer – wenn auch notgedrungenen – „Quasi-Toleranz" nahe. Einen deutlichen Fortschritt an programmatischer Toleranz brachte ab 1702 die preußische Übernahme der Landeshoheit über die Grafschaft Lingen. Der Bau erster noch bescheidener katholischer Gotteshäuser wurde bald wieder möglich. Das Miteinander von privilegierter reformierter Minderheit und katholischer Bevölkerungsmehrheit blieb freilich noch lange spannungsvoll.

Noch kein geregeltes Miteinander

Gerade die katholisch geprägte regionale Geschichtsschreibung im Gefolge von Goldschmidt (B.A. Goldschmidt, Die Geschichte der Grafschaft Lingen, 1850) hat lange dazu geneigt, den Aspekt des erlittenen Verlusts von Kirchengebäude und Status in den Gemeinden der Nieder- und Obergrafschaft Lingen herauszustellen und weitgehend losgelöst vom Kontext des konfessionellen Zeitalters zu betrachten. Dass diesem der Gedanke eines geregelten Miteinanders von Christen verschiedener Konfessionen auf beiden Seiten noch weitgehend fremd war, wurde oft ausgeblendet.

Eine angemessene Kritik der oranischen Religionspolitik der Jahre 1674 – 1702 mit ihren erschwerten Bedingungen, jenseits der offiziellen Kirche den katholischen Glauben zu leben, muss gleichzeitig im Blick haben, dass der münsterische Fürstbischof Christoph Bernhard von Galen, seit 1667/1668 auch Inhaber der geistlichen Herrschaft im Niederstift Münster, die dort begonnene Gegenreformation eines weitgehend evangelisch gewordenen Gebietes mit letzter Konsequenz durchführte. Raum für eine evangelisch bleibende Bevölkerungsgruppe war in einem seiner Territorien nicht vorgesehen.

Der heutige Zustand der Recker Dorfkirche verdankt sich einer grundlegenden, weitgehend geglückten Restaurierung in den Jahren 1961 – 1965. Seinerzeit wurden die schon 1933 unter mehreren Farbschichten entdeckten Gewölbemalereien behutsam restauriert.

Um den lange Zeit von der Kirche abgetrennten Turmraum als Eingangsbereich und das Turmportal als Haupteingang zu gewinnen, verzichtete man auf die Westempore und damit auf den Standort der bisherigen Orgel. Eine neue Orgel mit sieben Registern, 1969 erbaut von der Wilhelmshavener Orgelbaufirma Alfred Führer, fand ihre ebenerdige Aufstellung an der Nordseite des Chorraums. Die heutige Bestuhlung und die Kirchenbänke stammen ebenfalls aus den sechziger Jahren.

Das der Restaurierung zugrundeliegende Konzept einer weitgehenden Rückgewinnung des mittelalterlichen Raumeindrucks sah auch die Neuaufmauerung eines steinernen Altarsockels vor, um der im Fußboden wiederaufgefundenen Mensa (Altarplatte) des mittelalterlichen Altars ihre Funktion zurückzugeben. Zeugnisse der Jahrhunderte langen protestantischen Geschichte reformierter Prägung wurden dagegen zur Disposition gestellt. Für den

Die Gewölbemalereien wurden 2004 behutsam restauriert   *Foto: Dorothea Böing*

Abendmahlstisch, eine schlichte Arbeit des 17. Jahrhunderts, hatte man zunächst keine Verwendung mehr. Leider ließ sich die Kirchengemeinde damals überzeugen, auch auf eine Wiederaufstellung der schlichten Barockkanzel von 1699 zu verzichten, während die damals auch zur Classis (Synode) Lingen gehörenden Gemeinden Mettingen, Freren und Lengerich ihre gleichzeitig entstandenen schlichten Predigtstühle bewahrt haben. Die alte Recker Kanzel wurde verkauft und fand schließlich in Remscheid eine neue Verwendung. An ihrer Stelle dient heute eine aus Teilen der alten Emporenbrüstung gefertigtes Kanzelpult in ebenerdiger Aufstellung als Ort der Predigt.

Mit dem Abstand von 40 Jahren lassen sich in dem damals von der Denkmalpflege vorgegebenen Restaurierungskonzept purifizierende Tendenzen ausmachen. Zu behutsamen Korrekturen entschloss sich die Kirchengemeinde schon nach 1982, als der zunächst im Turmraum aufgestellte Taufstein in den Chorraum versetzt wurde. Dies entsprach nicht zuletzt der Verortung der Taufe im sonntäglichen Gottesdienst. 1999 schließlich erfolgte der Rückbau des rekonstruierten Altarsockels der sechziger Jahre, um den Chorraum mit dem wieder in Gebrauch genommenen Abendmahlstisch des 17. Jahrhunderts als Raum für evangelische Abendmahlsfeiern unverstellt nutzen zu können. Die historische Altarmensa fand an der Ostwand eine ihrer historischen Bedeutung entsprechende würdige Aufstellung.

Seit einer jüngsten Innenrenovierung im Jahr 2004, bei der die Gewölbemalereien nach 40 Jahren fachgerecht gereinigt wurden, kommt die spätmittelalterliche Ausmalung in ihrer Farbigkeit wieder voll zur Geltung. Bei den Evangelistensymbolen lässt sich die Binnenstruktur nun wieder gut erkennen: Viele Details, so auch das Gesicht des Löwen, der den Evangelisten Markus symbolisiert, erschließen sich nach erfolgter Reinigung dem Betrachter von unten.

Die Recker Dorfkirche als eine der baugeschichtlich interessantesten Kirchen im Tecklenburger Land spiegelt auch die Gemeindegeschichte der Evangelischen Kirchengemeinde Recke. Gewachsene, mehreren Bauperioden entstammende mittelalterliche Architektur, vorreformatorische Ausmalung und die Schlichtheit eines evangelischen Kirchenraums gehen eine gelungene Verbindung ein.

Die Evangelische Kirchengemeinde Recke ist sich des wertvollen Erbes des ältesten Bauwerkes am Ort bewusst, das auch Symbol ihrer eigenen Geschichte ist. Die historische Recker Dorfkirche ist Zentrum der in den letzten Jahrzehnten stark gewachsenen, über 2700 Mitglieder zählenden Diasporagemeinde und Ort eines reichhaltigen gottesdienstlichen Lebens.

Literatur:

Lebendige Steine. Denkmalwerte Kirchen im Kirchenkreis Tecklenburg, hrsg. von Dr. Wilhelm Wilkens im Auftrag der Kirchlichen Gemeinschaftsstiftung für denkmalwerte Kirchen im Kirchenkreis Tecklenburg, (Ibbenbüren 2006).

Bernhard Anton Goldschmidt, Geschichte der Grafschaft Lingen und ihres Kirchenwesens insbesondere, Osnabrück 1850 (Neudruck Osnabrück 1975).

Friedrich E. Hunsche, Wann begann in der Grafschaft Tecklenburg die Reformation? – Die Streitigkeit des Grafen Konrad mit seinen Nachbarn bis 1548, in: Jahrbuch für Westfälische Kirchengeschichte, Bd. 84, 1990, S.63-70.

Kay-Uwe Kopton, Die evangelische Kirche in Recke (Westfälische Kunststätten, Heft 57) Münster 1990.

Alfred Mengel, Niedergrafschaft Lingen, in: Elwin Lomberg u.a. (Hrsg.), Die Evangelisch-reformierte Kirche in Nordwestdeutschland. Beiträge zu ihrer Geschichte und Gegenwart, Weener (1982), S.191-209.

Wilhelm H. Neuser, Reformation und Gegenreformation in Recke, in: Jahrbuch für Westfälische Kirchengeschichte, Bd. 87, 1993, S.99-114.

Recke 1198 – 1989. Beiträge zur Geschichte, hrsg. von der Gemeinde Recke, Ibbenbüren 1988
(Darin grundlegende Artikel zur Regional-, Orts- und Gemeindegeschichte von Manfred Wolf).

Gerd Steinwascher, Reformation und Gegenreformation im Niederstift Münster, in: Karl Georg Kaster und Gerd Steinwascher (Hrsg.), 450 Jahre Reformation in Osnabrück (Osnabrücker Kulturdenkmäler – Beiträge zur Kunst- und Kulturgeschichte der Stadt Osnabrück, Bd.6), Bramsche (1993), S.201-209.

Der Industriearchitekt P.J. Manz hat in Greven bedeutende Spuren hinterlassen

Von Volker Innemann

Mitten durch das Gelände der ehemaligen GBS-AG in Greven führt seit einigen Jahren eine neue Straße, die den Namen Philipp-Jacob-Manz-Straße trägt. Welche Bedeutung der Architekt für die Grevener und für die nordwestfälische Textilindustrie insgesamt hatte, war bisher weitgehend unbekannt.

Auf der Jubiläumsfeier zum 75jährigen Bestehen der Firma J. Schründer Söhne im Jahre 1963 wurde in einer Rede zur Firmengeschichte erstmals der Architekt Manz erwähnt. Zitat: "Im Jahre 1928 wurde das Werk durch eine Spinnerei vervollständigt. Der Bau war schon lange geplant, die Ausführung aber immer wieder an der Ungunst der Zeiten gescheitert. Wegen der begrenzten Raumverhältnisse musste diese Spinnerei als Hochbau errichtet werden; die Gestaltung des Bauwerks lag in den Händen des bekannten Stuttgarter Architekten P.J. Manz. [...] Es entstand eine Spinnerei aus einem Guss, die das Modernste darstellte, was damals geleistet werden konnte."

Neueste Forschungen haben nun sehr interessante architekturgeschichtliche Tatsachen ans Licht gebracht und die Bedeutung des in diesem Zusammenhang verantwortlichen Architekten Manz gerade für den Industriestandort Greven erhärtet. Bereits im Jahre 1987 hatte Hermann Ketteler in seinem Werk „Technische Denkmäler im Kreis Steinfurt" mehrere Textilfirmen in Emsdetten und Greven vorgestellt, deren Pläne vom Architekten Baurat P.J. Manz stammten (S. 410, 411, 413). Damit wurde erstmals auf die Bedeutung dieses Architekten im Kreis Steinfurt hingewiesen.

Philipp Jakob Manz (1861 – 1936) stammte aus Württemberg. Nach seiner Ausbildung an der Stuttgarter Baugewerkschule arbeitete er zunächst von 1880 bis 1889 im Büro Otto Tafel. Sein eigenes Büro war bis 1901 in Kirchheim/Teck, dann in Stuttgart. Ab 1907 gab es auch ein Zweitbüro in Wien.

Manz hat ab 1890 besonders in Süddeutschland, später auch in Österreich und Ungarn zahlreiche z.T. sehr große Fabrikgebäude, ja ganze Industriekomplexe geplant und gebaut (Siemens, Leitz, Mauser, Bleyle, Salamander, Zeppelin, Junghans). Bald war er ein sehr gefragter Industriearchitekt, der auf Grund seines um 1900 kreierten Slogans „billig, rasch, schön" bei vielen Bauherren sehr beliebt und bald mit dem Synonym „Blitzarchitekt" untrennbar verbunden war. Er bot seinen Kunden

Komplettlösungen an, d.h., er lieferte Pläne, Bauleiter und besorgte über zuverlässige Firmen auch die Baumaterialien.

Die Grevener Baumwollspinnerei 1955

Etwa ab 1905 war Manz u.a. für seine Holzshed-Konstruktionen bekannt, die der gegenüber bis dahin üblichen Metallkonstruktion einen erheblichen finanziellen Vorteil boten. Bei großen Überdachungsflächen, wie sie sowohl bei J. Schründer Söhne als auch der GBS A.G. in Greven zu bauen waren, ließen sich auf diese Art erhebliche Geldmittel einsparen. Manz' Vorbild war u.a. der bekannte britische Architekt Sidney Stott, der auch Textilfirmen in Rheine entworfen hatte.

Da nach dem Ausbruch des Krieges 1914 keine englischen Architekten mehr in Deutschland tätig waren, gab es für Manz die Möglichkeit, sich wieder besonders in Nordwestdeutschland verstärkt zu engagieren. So wurden auch in Greven und Umgebung einige architektonisch bis heute sehr maßgebliche Industriebauten geplant und verwirklicht.

J. Schründer Söhne

Das Werk wurde 1888 von zwei Brüdern Schründer gegründet. Durch Empfehlungen befreundeter Firmen in Süddeutschland wählte man 1906 für den Bau der Spulerei und Schlichterei den bis dato in Norddeutschland weitgehend unbekannten Architekten P.J. Manz. Dieser Bau in Greven ist die erste Manz'sche Arbeit in Nordwestdeutschland überhaupt.

Bereits 1911 war Manz wieder vor Ort in Greven und errichtete für Schründer ein großes Maschinenhaus und neue Produktionshallen mit Sheds. 1921 folgten weitere Shedhallen, mehrere Türme und das Kontor an der Kerkstiege.

Der Mut zu Neuem

Um das Textilwerk endlich zu einem dreistufigen Betrieb, d.h. für einen kompletten Produktionsablauf von der Rohware über die Spinnerei, die Weberei und die Ausrüstung auszubauen, wurde 1927/1928, wie bei Povel und NINO in Nordhorn, wieder der Architekt Manz gewählt. Dazu Kerstin Renz: „Doch Hunderte von Kilometern entfernt [.] kann sich die junge Generation im Büro unter der künstlerischen Oberleitung von Max Manz [Sohn] neuen Themen widmen. Die Bauaufgabe ist Routine, und aus der Routine entwickelt sich der Mut zum Neuen: Im niedersächsischen Nordhorn, im westfälischen Greven und in Rheine entstehen 1928/29 Spinnereien, die die Aufbruchsstimmung der „Goldenen Zwanziger" artikulieren. Ihre sachlichen, landschafts- und stadtbildprägenden Architekturen kreisen um ein zentrales Thema der Zeit – den Hochhausbau." (S.110).

Das 1927/28 errichtete sehr dominante Bauwerk direkt an der Ems, hat sehr große Ähnlichkeiten mit der Povelschen Fabrik in Nordhorn. Gleichzeitig wurden – architektonisch aus einem Guss – das Vorwerk,

Die klare Formensprache der modernen Industrie-Architektur wird auch heutigen ästhetischen Ansprüchen gerecht

die Spulerei und die Schlichterei errichtet. Dabei wurden die bereits 1906 von Manz errichteten Bauten neu überformt.

Dazu Renz: „Es sind allesamt Ortbetonbauten, die das Büro Manz 1927 – 1929 in der Grafschaft Bentheim und im Münsterland baut. Getragen werden sie von einem Stahlbetonskelett; die Außenschale ist mit Vollziegelmauerwerk ausgefacht. Alle besitzen sie ein leichtes Beton-Flachdach mit Korkdämmung und Kiesschüttung. Die Spinnerei-Hochhäuser ähneln sich am stärksten: Der Batteurbau ist als separater Hallenbau an die Spinnerei angebaut, der Produktionsgang verläuft von unten nach oben. Über einem nahezu quadratischen Grundriss erheben sich die fünf Produktionssäle, die von allen Seiten mit fast geschosshohen Fensterflächen belichtet werden. Die Stockwerkshöhe nimmt nach oben hin ab, die Stützen stehen in einem Achsabstand von rund 7,50 auf 7 Meter. Beton-Plattendecken schließen die Produktionssäle, Pilzdecken die Kellerräume (Staubkeller) ab. Alle Spinnereien werden mit Strom betrieben. Transformatorenräume, Meisterräume, Garderoben, Sanitärräume und Treppen werden zusammengefasst, um an der gegenüberliegenden Seite des Grundrisses den Bau erweitern zu können. Bei allen Spinnereien ist diese Erweiterung des Baublocks in die Planung integriert, bei keiner wurde sie je realisiert." Diese Beschreibung der Manzspezialistin Renz lässt sich noch heute an der Grevener Spinnerei exakt nachvollziehen.

Grevener Baumwollspinnerei A.G.

1855 durch Mitglieder der Familien Becker, Biederlack und Schrunder als erstes großes Textilwerk in Greven gegründet, fällt die Firma Anfang 1900 einem verheerenden Großbrand zum Opfer. Der Neubau von 1900 musste ab 1913 in drei Bauphasen erheblich vergrößert werden. Nach den sehr guten Erfahrungen der Familie Schrunder ab 1906 und auf Grund weiterer Empfehlungen und der Verwandtschaft aus Nordhorn (Povel) und Rheine (Kümpers) wählte man auch hier Philipp Manz.

Zunächst erfolgte 1913/14 der Bau des neuen Vorwerks längs der Ems, sowie der Staub- und der Sprinklertürme. 1921/22 folgte der Neubau des Bürogebäudes, ebenfalls noch 1922 kamen das Baumwollmagazin (heutiges Ballenlager), die Werkstätten und das Lager hinzu. Auch der Neubau des Kraftwerkes begann 1922 (bis 1925), 1924 bis 1925 folgte der Neubau des Kesselhauses (heute Kulturschmiede).

So entstand in einem Zeitraum von 13 Jahren ein architektonisch einheitlich gestalteter Gebäudekomplex, eine typische Manz'sche Gesamtkonzeption. Hermann Ketteler hat dazu 1987 in seinem Werk auch Pläne zu den Bauerweiterungen abgebildet.

Philipp Jacob Manz profitierte in Greven, Emsdetten, Rheine und Nordhorn von den engen verwandtschaftlichen Beziehungen der großen Textildynastien. So konnte er, soweit es heute nachvollziehbar ist, in der Region von 1907 bis 1929 nicht weniger als 33 Bauvorhaben realisieren.

Die große Zeit der Textilindustrie ist endgültig vorbei, das hat besonders der Kreis Steinfurt in den letzten Jahrzehnten bitter zu spüren bekommen. Leider hat – von wenigen Ausnahmen abgesehen – der Niedergang der Textilwerke einen weiteren gravierenden Nachhall gehabt, die alten Werke wurden fast ausnahmslos abgerissen bzw. in ihrer neuen Nutzung so drastisch architektonisch überformt, dass vom ursprünglichen Aussehen nicht mehr viel erhalten blieb.

Der Zufall will es, dass gerade links und rechts der Ems in Greven Teile der Manz'schen Fabrikanlagen erhalten blieben. An der Kerkstiege steht das alte Kontor der Firma J. Schründer Söhne aus dem Jahre 1921. Der erste Manz'sche Bau im Münsterland besteht, 1927 überformt, ebenfalls weiter. An der Ems steht – zu

Die erste Manz'sche Spinnerei wurde zu Lofts umgewandelt.
Alle Abbildungen aus der Sammlung Innemann

Lofts umgewandelt – die erste Manz'sche Spinnerei im Münsterland. Greven kann sich glücklich schätzen, dass von den einst stolzen Textilwerken gerade diese wichtigen Architekturdenkmale – und ihre Gegenstücke bei der alten GBS A.G. – durch aktuelle Nutzung in ihrer Substanz erhalten geblieben sind.

Manz'sche Werke im Kreis Steinfurt :
(In Klammern die Anzahl der einzelnen Projekte):
Rheine (7) – Dyckhoff & Stoeveken; Hammersen AG; C. Kümpers Söhne; E. Kümpers
Emsdetten (4) – Bergmann & Beermann; Schilgen & Werth
Greven (11) – GBS-A.G.; J. Schründer Söhne

Quellen:
– Sammlung Innemann, Greven
– Deposita GBS-A.G. und Herbert Schründer, StaG

Literatur:
Renz, Dr. Kerstin:
Industriearchitektur im frühen 20. Jahrhundert. München 2005
Innemann, Volker:
Industrialisierung in Greven. Greven 1990
Ketteler, Hermann:
Technische Denkmäler im Kreis Steinfurt. Steinfurt 1987

Die Wiederentdeckung der Stadtgeschichte

Führungen und Nachtwächtergang in Ibbenbüren

Von Günter Benning

Der Mann trägt eine Hellebarde, einen großen Schlapphut und weiten Mantel. Eine Erscheinung aus dem 19. Jahrhundert, möchte man meinen, wie er vor der Christuskirche steht, dezent von seiner Laterne angeleuchtet, bedachtsam gestikulierend, vor ihm ein Kegelclub auf den Spuren der Ibbenbürener Geschichte.

Christoph Hergemöller macht sein Hobby Spaß. Einmal im Monat schlüpft er in die Rolle des Wächters und lädt Geschichtshungrige auf seinen Rundgang ein. Über mangelnde Nachfrage kann er sich nicht beklagen. Er selber ist ein Ur-Ibbenbürener: „Hergemöllers wurden schon 1238 urkundlich erwähnt."

„Schon fast eine Hysterie", nennt Dr. Michael Kriege die Begeisterung für die abendlichen Touren. Der Vorsitzende des Ibbenbürener Stadtführer e.V. ist immer noch überrascht über das Interesse an geschichtlicher Aufklärung in der Mittelstadt.

Stadtgeschichte wird „begehbar". Foto: Gudula Benning

Geboren wurde sein Verein vor etwa zwei Jahren, als Dr. Annette Kleinert in der VHS einen Kurs für angehende Stadtführer anbot. Hergemöller war der einzige gebürtige Ibbenbürener in der Truppe. Michael Kriege stammt aus Hagen am Teutoburger Wald, die heutige Kassiererin Tatjana Kin gar aus Kasachstan. Die angehenden Stadtführer wollten erst einmal selber wissen, wo sie eigentlich lebten.

„Wissen wollen, wo man herkommt, wissen, wohin man geht." Damit erklärt Nachtwächter Hergemöller das Interesse seiner Zuhörer. Und dabei spielt es kaum eine Rolle, dass die Bergarbeiterstadt Ibbenbüren nicht gerade zu den historisch-architektonischen Aushängeschildern des Kreises gehört.

Hier ging Brauchbarkeit stets vor Schönheit. Manche Bausünde der Vergangenheit wie der Abriss des historischen Bahnhofs schmerzt noch heute. Der Nachtwächter führt seine Gäste zu einem alten Sandsteintor zwischen den beiden modernen Krankenhäusern. „Einmalig schön, besonders am Abend."

Er erzählt ihnen am Unteren Markt, dass die Stadtväter die Sanierung der Innenstadt nicht nach Jahren bemaßen, sondern nach der Wartezeit zwischen der Kirmes. Er erweckt Originale zum Leben wie den Fleischermeister Lausen Martin vom Oberen Markt. Oder den jüdischen Metzger Issak Winkler, der 1937 kinderlos starb und sein Vermögen dem katholischen Elisabeth-Krankenhaus hinterließ.

Er erinnert an all das Verlorene in der Stadt: Die Wolffsche Mühle und Glasfabrik, die Spinnereien und so manches alte Gebäude, das dem Abrisswahn der Neuzeit zum Opfer fiel. Und natürlich gehören auch steinalte Abenteuer zum Repertoire: Etwa die Entführung des Pfarrers Bernhard van Brogbern aus dem Weihnachtsgottesdienst anno 1591. Holländische Truppen verschleppten ihn bis Pfingsten und ließen ihn erst gegen ein beträchtliches Lösgeld laufen.

„Es gibt keine Führung, bei der ich nichts lerne", sagt der Nachtwächter. Einmal stand er am Unteren Markt und erklärte dessen Geschichte. Dass etwa im heutigen Geschäft Feldmann früher die Kreisverwaltung saß. Da kam der Bäcker Müller-Nedebock von nebenan hinzu, ergänzte Details. Und jemand erklärte, warum die Rosenapotheke auf der Ecke wie ein historischer Fremdkörper im ehemaligen Kaufhaus Magnus steckte. Weil die Nachbarn sich nie grün waren.

Begehbare Geschichte – sie wird durch ihre Inszenierung noch spannender. Der letzte bekannte Ibbenbürener Nachtwächter war der Amtsbote Wilhelm Deckers, der 1912 sein Amt aufnahm. Seine Montur dürfte mit der von Hergemöller wenig zu tun gehabt haben. Das neue Kostüm hat die Kostümbildnerin des Quasi-So-Theaters genäht. Vereinsvorsitzender Kriege hat mittlerweile in alten Rathausunterlagen einen Beschluss gefunden, nachdem 1883 zwei warme Mäntel für die beiden greisen Nachtwächter angeschafft werden sollten. Die alten sahen vermutlich arg schlottrig aus. Stadtführungen kann man über Ibbenbürens Stadtmarketing buchen. „Und nur die Teilnehmer erfahren auch", sagt Nachtwächter Hergemöller, „ob der Sockel der New Yorker Freiheitsstatue wirklich aus Ibbenbürener Sandstein besteht".

Entstehung und Werdegang einer plattdeutschen Theatergruppe

Von Marina Dölling

2002 traten „De Fidelen" mit dem Stück „Swatt bunte Fiärken" auf. Mit Reinhard Schmitte, Daniel Lieneke, Katja Blom, Annette Möller, Marianne Gretzmann, Hartwig Lepper, Gudrun Berdelmann, Gaby Schomberg und Gerhard Schomberg (rechts). Vorn von links: Meik Lieneke, Marina Dölling, Fabian Lepper, Julia Schmitte, Ricarda Berdelmann, Vera Brockmann   Foto: Gerhard Schomberg

Die Plattdeutsche Theatergruppe „De Fidelen" erfreut nun schon seit 29 Jahren ihr zahlreiches Publikum. Da stellt sich die Frage, wie diese erfolgreiche Theatergruppe entstanden ist.

Im Winter 1977/78 überlegten einige Mitglieder der Landjugend Lienen, unter anderem Gerhard Schomberg und Reinhard Schmitte, wie man eine plattdeutsche Theateraufführung organisieren und durchführen könnte. Im November 1978 begann die kleine Gruppe, die aus einigen Jugendlichen der Landjugend Lienen bestand das Einstudieren des Einakters „De schwatte Hahn". Nach langer Überlegung, wo das Theaterstück aufgeführt werden sollte wurde der Einakter schlussendlich im evangelischen Gemeindehaus im Rahmen eines bunten Nachmittags von Reinhard Schmitte, Reinhard Berdelmann, Sabine Schlamann, Wiltrud Lieske, Karl-Heinz Schmitte, Heike Königkrämer und unter der Organisation und Vorbereitung von Gerhard Schomberg aufgeführt. Die Premiere war ein großer Erfolg. Sie motivierte die Schauspieler zum Weitermachen.

Schon ein Jahr später führte die Theatergruppe ihren ersten Dreiakter „Dat Doktorbook" im evangelischen Gemeindehaus auf. Seit Gründung der Theatergruppe wird jedes Jahr um Ostern ein plattdeutscher Mehrakter aufgeführt. Im Zeitraum von 1979 bis 1990 wurden die Theaterstücke im evangelischen Gemeindehaus Lienen aufgeführt. 1991 trat erneut ein Raumproblem auf, da im evangelischen Gemeindehaus Lienen nach der Wende Aussiedler untergebracht waren. Seit 1991 wird im Haus Wittmann in Lienen aufgeführt. Jedes Jahr erstellt die Theatergruppe die Bühnenausstattung in Eigenarbeit und mit Liebe zum Detail.

Im Zeitraum von 1982 bis 1994 gab es eine zusätzliche Aufführung des jährlichen Theaterstückes im Festzelt des Allgemeinen Schützenvereines Kattenvenne.

1986 begannen „De Fidelen" mit der Einstudierung von kleineren Stücken, wie Sketchen und Einaktern, die sie bei Veranstaltungen befreundeter Vereine, Grünkohlessen, Heimatabenden, Weihnachtsfeiern, Altennachmittagen und bei Familienfeiern aufführten. Die Gruppe wird immer wieder zu Gastauftritten zum Beispiel in Münster und Umgebung eingeladen.

Seit 1990 setzt die Theatergruppe eine ganz besondere Tradition fort. Zum Erntedankfest binden „De Fidelen" eine Erntekrone, die am Erntedanktag die evangelische Kirche Lienen schmückt. Die Gruppe gestaltet den Gottesdienst, teilweise auch mit plattdeutschen Texten, mit.

Zu dem 20. Geburtstag der Mundartgruppe im Februar 1998, zeigte diese besonderes Engagement. Sie arrangierten eine Geburtstagsfeier, insbesondere für die ältere Generation, unter dem Motto „Lachen hört toun Liäben". „De Fidelen" haben sich ein buntes Programm ausgedacht und bewirteten im liebevoll geschmückten Saal des evangelischen Gemeindehauses Lienen das treue Publikum kostenlos mit Kaffee und Kuchen. Die große Anzahl von 200 Besuchern zeigt, dass sich die Fidelen ausgezeichnet haben.

Bleibt nur noch zu hoffen, dass der 30. Geburtstag im Jahr 2008 ein ebenso großer Erfolg wird und dass die Fidelen trotz Schwierigkeiten neue Spieler zu finden ihre Passion Platt nicht verlieren und weiterhin durch Aufführungen in plattdeutscher Sprache Heimat- und Kulturgut erhalten und möglichst viele Menschen erfreuen.

Für die freundliche Ratgebung bedanke ich mich bei Herrn Gerhard Schomberg.

Quellen:
Westfälische Nachrichten vom 11.04.1988, 12.02.1998 und 17.02.1998
Bilder und Texte von Gerhard Schomberg: „Platt aus Passion", „Wir üaver us!"

Omas Schüörten

Von Hedwig Reckert

Met Schüörte was uss' Oma fien,
fö alldags un sundags mossen 't wecke sien.
Män eens was bi iöhr wisse klaor,
to't Arbeiden was de Vüörrock dao.

Se brukede em wull buten un binnen,
was miärstiets naiht ut blaoet Linnen,
met Bänner üm de Hüeppen bunnen,
was ruum un lang un göng bes unnen.

De Vüörrock was fö alle Saaken,
drüm brukede se em auk faken:
Bi't Baunenplücken, Iärftendöppen,
Swieneslachten, Höhnerköppen,
bi't Appelsööken, Eierhalen,
bit't Foern auk met Runkelbladen,
to't Flaigen- un to't Müggenjagen,
an iöhre Tippen höng'n wi Blagen,
to't Hannen afdrügen, Sweet afputzen,
för aal dat was de Schüört von Nutzen.

Dän grauten Pott met heete Güört
holl se von't Füer met de Schüört.
Bi Aohrenpien kreegt kleine Jöppken
de blaoe Schüörte üm sien Köppken.
Holl met dän Naober se 'n Präötken,
stonn se äs maol an 't Gaornpäötken,
slög se dän Vüörrock üm 'n Arm,
he holl iöhr dann de Schullern warm.

De Vüörrock was fö alle Fäll,
Omas Schüört was universell.

Foto: Karl-Heinz Wilp

Verantwortung

Bin ich geboren
bist du geboren

haben wir gelernt
uns zu entfalten

haben wir gewagt
uns zur Decke zu strecken ?

Oder stecken wir
noch immer
in den Bäuchen unserer Mütter ?

Dasselbe und das Gleiche

Wie tröstend
kann ein Arm
auf deinen Schultern
liegen
und
wie
schwer

Geschafft ?

Auch der Stand
auf dem Siegertreppchen
ist keine Garantie
dass man alles
überblicken kann

Und nicht jeder
ist dem Wind
dort oben
gewachsen

Wunschkinder

In Sehnsucht
gegen den Himmel geboren

und nicht unterm Daumen
zur Erde gedrückt

Eure Träume
werden folgen
den Vögeln
in die Lüfte
nicht
den Eidechsen
unter die Steine

Da ist noch etwas

Das Leben ist gefügt
du hast deinen Platz
richtest dich nach Regeln und Normen
gehst genau auf dem Weg
springst nicht über Gräben
spähst nicht durch die Wallhecken
so
wurde es dir
beigebracht

doch manchmal
kannst du es wieder hören
das Wiehern
der anderen wilden Pferde
im Bruch

Texte: Barbara Gaux

Das Colonat Weßeling und die Neuenkirchener Stadtmauer

Von Carl Ross und Sebastian Kreyenschulte

Anno 1556. Nach der Abdankung des Habsburger Kaisers Karl des V., beerbte sein Sohn Phillip II. den Thron des Vaters. Als König von Spanien, Italien und den Niederlanden wird Phillip insbesondere mit der starken religiösen Prägung vieler einflussreicher niederländischer Persönlichkeiten konfrontiert. Diese Calvinisten, protestierten in den kommenden Jahren immer wieder gegen die katholisch-spanische Herrschaft. Nach Gründung der „Utrechter Union" im Jahre 1579, einer aus den sieben nordniederländischen Provinzen zusammengeschlossenen Opposition zum habsburgischen Königshaus, sagten sich die Niederländer schließlich 1581 von ihrem Landesherrn Phillip dem II. los.

Zusätzlich zu den sieben oranischen Provinzen fiel dem holländischen Königshaus durch eine Erbschaft, die Grafschaft Lingen zu, welche sich nördlich von Brochterbeck, über Recke, Bramsche und Backum bis zur nördlichsten Ausdehnung nach Bawinkel erstreckte. Für das Fürstbistum Münster und das Emsland eine verhängnisvolle Entwicklung, da die spanischen Truppen von Phillip II. nun leichten Zugang zur strategisch wichtigen Stadt Rheine hatten.

In den darauf folgenden Jahren kam es zu vielen versuchten Überfällen auf die Stadt und die umliegenden Gebiete seitens spanischer Truppen. Im Jahre 1589 beklagte die Neuenkirchener Bauerschaft Landersum viele Tote und Verwundete, im Frühjahr 1590 kam es innerhalb eines Monats gleich zu drei schweren Übergriffen auf die Kirchspiele Neuenkirchen und Wettringen. Die Eroberung von Rheine schlug jedoch auch vier Jahre später bei einem erneuten Überfall der Spanier fehl. Wiederrum mussten die umliegenden Bauerschaften und Kirchspiele für den Misserfolg der Aggressoren büßen.

Das von den spanischen Truppen besetzte Lingen konnte ebenso wie das westliche Münsterland und das Emsland 1597 von den Niederländern erobert werden. Bei den schweren Gegenangriffen der Spanier belagerten die angreifenden Truppen auch die Stadt Rheine, deren Bewohner den Angriffen schließlich im Dezember 1598 nicht mehr stand halten konnten und für etwa vier Monate unter der Besatzung der spanischen Truppen schwer zu leiden hatten. Letztere stellten ab dem beginnenden 17. Jahrhundert die ständigen Überfälle aufgrund der sich leerenden Staatskasse immer weiter ein, bis schließlich der Staatsbankrott Spaniens die insgesamt fünfjährigen Friedensverhandlungen vorantrieb. Im Jahre 1609 beschlossen Spanien und die Niederlande nach Jahren zäher Verhandlungen, den Frieden in Antwerpen.

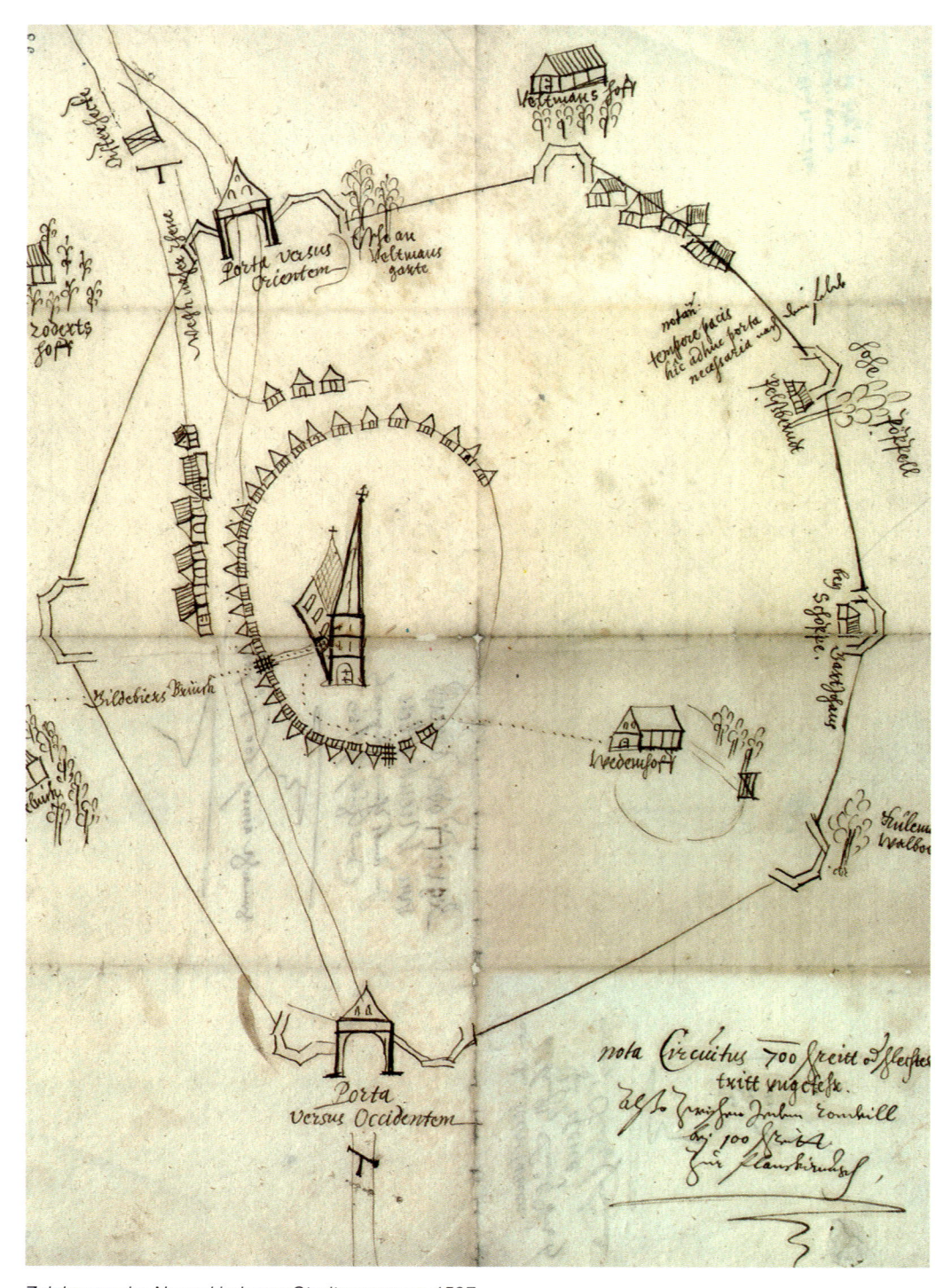

Zeichnung der Neuenkirchener Stadtmauer von 1597

Staatsarchiv Münster: Kartensammlung A 20392

Der Neuenkirchener Stadtwall

Nach diesen schweren Übergriffen beider Kriegsparteien beantragten die Neuenkirchener beim Bischof von Münster, Kurfürst Ernst von Bayern, die Errichtung eines Walles und einer Gräfte zur Befestigung des Ortskerns. Im Jahre 1597 erstellte der Münsteraner Hauptmann Rocholl – bekannt auch als Kindt von Deventer – einen Befestigungsplan (siehe Skizze auf Seite 61). Mit zwei Stadttoren, der „porta vasus orientem" gen Osten d.h. in Richtung Rheine und der „porta versus ocidentem" gen Westen, in Richtung des benachbarten Kirchspiels Wettringen – letzteres, im Volksmund „Dat Thietor" genannt – sowie fünf um den Wall angeordnete Geschütztürme. Der Veltmansche Hoff verblieb allerdings außerhalb der Stadtmauer. Er verlief entlang der heutigen Snedwinkelstraße in Richtung Emsdetten.

Der Batterieturm für die Geschützanlage

Der nächste Wallausbau befand sich bei dem Kötter Pelsberndt an der „Hohen Pöppel" (Pappel). Das Artilleriebauwerk scheint als „Buoterie Toan" – als Batterieturm – für die Geschützanlage angelegt worden zu sein. So trägt doch die kleine Stichstraße an dieser Stelle noch heute den Namen „Buoterhook". Die dritte Aushebung „bey Gart Johans Schoppe" (Schuppen) bezeichnete vermutlich den Besitz des Johan Graeß. Die letzten Mitglieder der Familie Graeß verließen Neuenkirchen um etwa 1800.

Der sich anschließende Ausbau Kulemans Walboem, befand sich an der Kreuzung der heutigen Friedenstraße mit der Josefstraße. Innerhalb der Skizze angezeigt, lag der Wedemhoff, der Pfarrhof.

An der heutigen Rheiner Straße befand sich die „Oisterhecke", von der Bezeichnung eines östlichen Hecks (Tor). Angrenzend daran der Roderts Hoff, also Roert bzw. Roherts Bauernhof. An dieser Stelle befindet sich heute der 2007 erbaute Lidl Markt.

Das Roertsche Colonat

Beispielhaft sei hier das stark heruntergekommene, durch die Kriegseinwirkungen verschuldeten Colonat Rohert (Röert) – links oben in der Planskizze – erwähnt. Auf diesem wurde 1608, nach dem Tod des „alten Rohert", ein „lebendiger Erbtag" gehalten. Eine Tochter des Verstorbenen wurde zur Erbin. Doch das Schicksal meinte es schlecht mit der Höfnerin. Aus Dokumenten des Jahres 1637 geht hervor, dass der Hof „arm und verbrannt" war und aus eigener Kraft nicht in der Lage war Steuern zu entrichten. Selbiges galt in jener Zeit für viele Höfe, die unter den Kriegswirren des Dreißigjährigen Krieges litten und Not und Elend ertragen mussten. In den 1650er Jahren trat wiederum die Tochter der Höfnerin, Hille (Helene) Roert, mit ihrem Gatten Johann Leveker (Leifker) das Erbe an. Ihre drei unfreien Brüder waren Johan Roert, verehelicht mit Ahleken Groten (Graute) in Altenrheine, Herman Roert, der sich als Knecht verdingte und der ledige Berndt, über dessen Verbleib bei der Kaiserlich-Habsburgischen Armee die Familie im Ungewissen war.

Nach der durch die Napoleonische Herrschaft durchgesetzten Säkularisierung, fehlte vielen Höfen die schützende

Hand der Grundherren und so kam es zum Verkauf vieler verschuldeter Höfe. Hierzu zählte in Neuenkirchen unter anderem auch der Hof Roert.

Das Colonat Weßeling

Eine Linie mit der Beschriftung „Bildebiers Brink" weist auf einen durch den Wall versperrten „Kircheweg" hin, dessen Verlauf bis zum heutigen Heithoeker Schützenplatz – dem „Hilbers Hoff" (heute: Bauer Hovekamp) verlief. Der nebengelegene Colon Weßeling konnte nach Durchgang des Thietors, rechtsseitig über eigenes Land zu seinem Hof gelangen. Jener Weg, die heutige Gartenstiege, hat in ähnlicher Form etwa 400 Jahre überdauert.

Wie der Roerts Hof, war auch das Colonat Weßeling gegen Ende des Dreißigjährigen Krieges abgebrannt. Aus den Dokumenten des Stiftes Borghorst geht hervor, dass der Höfner deshalb Anno 1640 ein an der Thiepforte „binnen Nienkierken" – innerhalb des Stadtwalles – gelegenes Grundstück verkaufte. Er verwandte das Geld zur Tilgung der angehäuften Steuerschulden beim Amt Rheine-Bevergern und zum Ankauf eines kleinen Grundstücks auf dem „Offlumer Mersch" neben dem Kötter Dirck Nevels (Nieveler). Zusätzlich dazu tauschte der Colon Weßeling 1655 mit dem Kaufmann Alberten Engelbers ein für die Neuenkirchener auch heute noch sehr bekanntes Grundstück ein. Denn die Lage dieses Grundstücks, des „Weßelingschen Kälberkamps", ist vermutlich identisch mit dem Standort der heutigen St. Anna Pfarrkirche.

Ein Dokument des Stiftes Borghorst aus dem Jahre 1690 beschreibt das Ende der insgesamt neunzigjährigen Geschichte des Neuenkirchener Stadtwalls. Darin ermöglicht der Fürstbischof von Münster jedem anliegenden Bauern den Rückkauf des durch den Stadtwall bebauten Geländes, falls er seinen Anspruch belegen konnte. Die Bauern konnten sich dadurch das Land ihrer enteigneten Vorfahren wieder einverleiben. Vermutlich bestand für den Münsterschen Landesherren nach Ende des Dreißigjährigen Krieges, keine weitere Notwendigkeit, den Neuenkirchener Bürgern Schutz vor Räubern, Diebesbanden und Plünderern zu gewähren. Die „Abschleifung" – der Abbruch des Walles durch besagten Verkauf – erwies sich schließlich aber als wenig erfolgreich. In der Chronik des Bürgermeisters Ignatz Rohling aus dem Jahre 1817 befinden sich Hinweise darauf, dass noch Teile des alten Stadtwalls existierten: „Die Gräben unter der Bezeichnung Stadtgräben und die Wösche bestehen noch gegenwärtig und bilden rings um dem Wiegbolde einen Gräftekanal."

Siehe zu diesem Thema auch: UNSER KREIS 2006, Band 19, Seite 48 ff., Heinrich Fischer, Die Chronik des Neuenkirchener Bürgermeisters Ignatz Rohling von 1817).

Pastor August Siemsen und eine Erweckungsbewegung in Leeden

Von Manfred Rosenthal

Der Kaufmannssohn Siemsen aus Hamburg, geb. 1797, amtierte in Leeden von 1823 bis 1839 – seit 9.2.1823 als Adjunkt (Pfarrgehilfe) des 73-jährigen Pastors Johan Philip Berkemeyer und mit dessen Ausscheiden als sein Amtsnachfolger ab 22.6.1824.

Wegen seines Alters und eines doppelten Leistenbruches konnte Berkemeyer seit langem die wichtigsten Amtsgeschäfte, d.h. Gottesdienst, Katechese und Seelsorge nicht mehr erfüllen. Hilfsprediger aus benachbarten Gemeinden und der Kandidat theol. Adolph Greiff halfen aus.

Nach seinem zweiten Examen erwartete die Gemeinde den sehr beliebten Greiff als Adjunkt bzw. Nachfolger Berkemeyers. Überraschend aber nahm Greiff am 4. 6. 1822 ein Angebot des Presbyteriums in Recke an, womit ihm die dortige freie Pfarrstelle angetragen wurde.

Mit einem Brief vom 14. 8. 1822 empfahl Berkemeyer dem Konsistorium „einen gewissen Kandidaten der Theologie namens Siemsen" zu seinem Stellvertreter und Nachfolger: Seine Predigten seien durchgängig schriftmäßig und erbaulich und er sei ein entschlossener, treuer, der hiesigen Gemeinde vorzüglich anpassender Seelsorger, „die seit ein paar Jahren durch den unregelmäßigen Gang der Pfarramtsgeschäfte in etwa verwildert sei".

Gegen diesen Vorschlag wehrte sich das Leedener Presbyterium mit einer Eingabe an das Konsistorium: „Siemsen hat hier einmal gepredigt, aber nichts weniger, als unseren Beifall erhalten, indem ihn die Wenigsten verstanden haben. Ueberdem herrschte auch schon ein allgemeiner Mutwillen gegen denselben, indem er von vier Eingesessenen heimlich zur Probepredigt entboten war, wodurch dann der erste Wirrwarr in der Gemeinde entstand und der Greiff bewogen wurde, den Ruf nach Recke anzunehmen. Mithin ist leicht einzusehen, dass derselbe wenig Gutes stiften würde. So müssen wir ganz gehorsamst bitten, uns einen andern Candidaten, nur nicht den Siemsen, zuzustellen."

Das Konsistorium entschied sich gegen Greiff und für Siemsen, in der Akte vermerkend: „Es ist besser, den Cand. Greiff in Recke anzustellen, indem er sich in Leeden, wo er aufgewachsen ist, schwerlich zu behaupten wissen wird." Der Superintendent Werlemann teilte dem Konsistorium am 17.9.1822 jedoch seine Bedenken mit: „Zum Unglück lese ich in seinem Zeugnis, daß ihm Lebendigkeit des Vortrags abgehe, daß seine Stimme eintönig sei und die Gestikulation vermißt werde. Das sind aber die Hauptpunkte, worauf die hiesigen Landgemeinden zu sehen pflegen und deren Mangel sie auch bei der gehaltenen Probepredigt des Siemsen bemerkt und gerügt haben. Dies war in Leeden um so mehr zu erwarten, da gerade der Candidat Greiff wirklich annehmlichen Vortrag hat."

Am 4. 11. 1822 bekräftigte Berkemeyer sein Anliegen gegenüber dem Konsistorium: „Der Candidat Siemsen ist ein Mann, dem Religion und Christentum eine Herzens-Angelegenheit sind, und sich diesem nach erfreuliche Aussichten für das Heil hiesiger Gemeinde in der Zukunft öffnen. Aus diesem vorzüglichen Grunde habe ich diesen vielversprechenden jungen Mann in Vorschlag gebracht und hoffe, die guten Früchte davon – so Gott will – noch in meinem Leben zu sehen."

Am 15. 1. 1823 teilte das Konsistorium Pastor Berkemeyer seine Genehmigung zur Adjunktion des Kandidaten Siemsen mit, begründend: „.... nachdem uns die rühmlichsten Zeugnisse über dessen Geschicklichkeit, Charakter und Lebensweise, namentlich auch sein ehrenvolles Wahlfähigkeitszeugnis vom Königlichen Consistorio zu Berlin vorgelegt worden, er sich uns auch persönlich näher bekannt gemacht und vor der hiesigen evangelischen Gemeinde eine Predigt gehalten hat."

Florens Jacob Smend

Die Ordination durch Superintendent Werlemann, assistiert von den Predigern Florens Smend (nachfolgender Superintendent) und Banning und in Anwesenheit des Landrats von Bodelschwingh, erfolgte am 9. Februar 1823. In seinem Vollzugsbericht an das Konsistorium wies Werlemann zunächst auf die ihm unbekannte Methode der Predigt über 2. Kor. 3, 4-6 hin. Dann führte er weiter aus: „Diese Predigt-Methode ist keine völlige erbauliche Predigtauslegung und weicht von der gewöhnlichen, der Eintheilung des Textes nach dem Inhalt derselben, völlig ab. Sie hat die Unbequemlichkeit, daß man den Ideen-Gang des Redners gar nicht verfolgen kann, indem derselbe jede Bemerkung mitnimmt und nur zu oft vom Gehalte des Textes sich entfernt. Er äußert im Umfange seiner Predigt eine allzu große Kraft-Anstrengung. Dies hat den zwiefachen Nachteil, daß der Redner theils mit seinen Kräften nicht auslangt, theils auch die Erwartungen der Zuhörer zu hoch gespannt und am Ende nicht befriedigt werden."

Stimmungsumschwung

Ein Schreiben des Presbyteriums vom 9. 2. 1824 an den Superintendenten Werlemann zeigt einen völligen Stimmungsumschwung in Leeden: „Die allgemeine Zufriedenheit und der Beyfall, welchen der jetzige Gehilfsprediger Herr Siemsen in hiesiger Gemeine hat, veranlaßt uns, ... Bekanntlich ist Herr Prediger Siemsen sine spe succedi (ohne Hoffnung der Nachfolge) hierselbst angestellt. Es geht unsere gehorsamste Bitte dahin, doch bey gedachtem Hohen Collegio jene ihm zur ferneren freudigen Wahrnehmung seiner Amtspflichten nöthigen Erlasse geneigtest auszuwirken und ihn in Stand zu setzen, die hiesige Gemeine als wirklich angestellter Seelsorger zu betrachten."

Ein ursprünglich abschlägiger Bescheid wurde nach einer Intervention des Landrats von Bodelschwingh berichtigt, wie es in einer Stellungnahme des Konsistoriums an den Landrat vom 13. 4. 1824 dokumentiert ist: „Unsere Absicht ging keineswegs dahin, dem Prediger Siemsen die Hoffnung der einstigen Nachfolge zu benehmen oder zu vermindern. Vielmehr wünschen wir angelegentlich, denselben in der Gemeinde, die ihn achtet und liebt, zu behalten. Der Prediger Siemsen kann darauf rechnen, daß die Stelle, wenn sie wirklich erledigt wird, ihm wird übertragen werden. Daß wir ihn damals nicht sogleich unter Beobachtung dieser Vorschriften dem Prediger Berkemeyer substituirten, hatte blos seinen Grund in der damals bey einem Theil der Gemeinde noch obwaltenden üblen Stimmung gegen ihn. Will der Prediger Berkemeyer resigniren, so kann .. die förmliche Anstellung des Substituten sogleich erfolgen."

Siemsens Amtseinführung

So wurde August Siemsen nach dem Ausscheiden von Pastor Berkemeyer am 22. Juni 1824 als dessen Nachfolger in die Leedener Pfarrstelle eingeführt. Letzterer starb am 28. Januar 1825.

Im Alter von 27 Jahren heiratete Siemsen Julie Amalie Luise Müller, Pfarrerstochter aus Hemmerde bei Unna. Sie starb am 1. Februar 1825 kinderlos. Am 22. 11. 1827 heiratete Siemsen die 19jährige Clara Friederike Pauline Springmann, Kaufmannstochter aus Lennep.

Wilhelm Ibershoff (Lehrer in Leeden von 1860-87) hat die Erzählung einer Frau über ihren Konfirmandenunterricht überliefert: „In der letzten Stunde haben wir alle gezittert und geweint. Pastor Siemsens Unterricht schloß damit: ‚Und wenn ihr nun eurem Gelübde, welches ihr vor der Gemeinde und dem Angesicht Gottes ablegen wollt, nicht nachlebt, so werde ich an jenem Tage sagen: *Herr, wirf sie in die Hölle und Finsternis, denn sie haben deinen Willen gekannt und nicht danach gehandelt.'* "

Weiter berichtet Ibershoff: „Pastor Siemsen predigte Buße, führte sein Amt mit Strenge, so daß man ihn fürchtete. Trotzdem gewann er im Laufe der Zeit die Zuneigung der Gemeinde und stand später in hohem Angedenken. Eine Erweckungsbewegung, die in den Jahren 1832 bis 1834 ihren Höhepunkt erreichte, wurde durch einen auswärtigen Prediger Jörgens auf die Spitze getrieben und pervertiert, so daß man sich wunderte, warum der verständige Siemsen den Schein nicht vom Wesen unterschied."

Franz Ludwig Jörgens, geb. am 16. 1. 1792 in Gütersloh, begann nach Antritt einer Kaufmannslehre ein Theologiestudium in Göttingen, bekam wegen zahlreicher Affären Konflikte mit den Behörden und seinen Angehörigen, die ihn daraufhin bedrängten, nach Nordamerika auszuwandern. Dort erwarb er sich theologische und von den zahlreichen Wanderpredigern rhetorische Kenntnisse, bis er selbst eine Pfarrstelle übernahm. Um 1830/31 kehrte er in seine Heimat zurück, wirkte in Barmen und Elberfeld als Prediger und so auch in Leeden. Seine Predigten, die er nach amerikanisch-methodistischem Vorbild mit vielen Anekdoten und Bekehrungsbeispielen rhetorisch geschickt aufbaute, begeisterten viele Gläubige, so dass Jörgens über Wuppertal hinaus in Westfalen berühmt wurde. Er erntete viel Beifall und gewann viele Freunde, die dem Mittellosen

Die Stiftskirche Leeden zur Zeit von Pastor August Siemsen   Foto: Kiepker, Lengerich

mit Liebe und Zutrauen einen hinreichenden Lebensunterhalt verschafften.

Anlässlich dessen Anstellung als theol. Kandidat in Barmen beendete der dortige Superintendent Gräber ein Schreiben vom 3. 11. 1832 an ihn: „Sehr geschätzter Herr Bruder! ... , indem ich weiß, wie Ihr Herz vor Liebe zu unserm Heilande und vor Verlangen brennt, ihm eine Gemeine zuzuführen, der Gemeine aber ein Gehülfe der Freude zu werden und unsterblichen Seelen behülflich zu werden zu ihrem ewigen Heil. Mit aller Hochachtung und Liebe grüßt Sie Ihr Freund und Bruder Graeber"

Am 7. 4. 1834 jedoch teilte der Superintendent dem Kandidaten Jörgens streng amtlich mit: „Es sind mir Dinge zu Ohren gekommen, die mich augenblicklich veranlassen, Sie hiermit aufzufordern, ... diese Gegend verlassen und sich aller geistlichen Funktionen enthalten zu wollen, widrigenfalls ich mich von Amts wegen genöthigt sehen würde, öffentlich einzuschreiten. .... Ich empfehle Sie der Barmherzigkeit Gottes in Christo. ... gez. Graeber, Präses der Provinz-Synode, Assessor der Kreissynode Elberfeld"

Was war geschehen? Aus einem Bericht Gräbers an das Kgl. Preuß. Konsistorium von 1834 geht hervor, dass er Gerüchte bestätigt fand, wonach Jörgens „nicht nur dem Trunke, sondern auch einer unzüchtigen Lebensweise ergeben sei" .... und jene Gerüchte sich nach Jörgens' plötzlicher Abreise schnell ausgebreitet hätten. Ein Schreiben des Königlich Preußischen Inquisitoriats (Untersuchungsbehörde) vom 5. 7. 1834 benennt Jörgens'

Fehlentwicklung näher: Er solle den Versuch gemacht haben, in der Gegend von Unna mehrere junge Leute männlichen Geschlechts zu unnatürlichen Sünden der Unkeuschheit zu missbrauchen. Als Heuchler entlarvt, blieb ihm kein anderer Ausweg, als die Abreise.

Wanderprediger in Nordamerika

Jörgens Name tauchte dann wieder in den Listen von einigen Gefängnissen auf, wo er wegen Eigentumsdelikten Strafen verbüßte. Er floh schließlich wieder nach Nordamerika, wo er als kirchen-unabhängiger Wanderprediger wirkte, von 1841 bis 1842 erster Geistlicher in der Deutschen-Siedlung Hermann war und sich danach das Leben nahm. Fromme Pastoren beschrieben die Wanderprediger als „Herumläufer, die den Leuten erlauben, zu tun und zu glauben, was sie wollen, Whiskey zu trinken, den Sabbat zu brechen, zu spielen, zu tanzen und alle anderen Arten von Sünde ...". Jörgens schuf religiöse Gedichte und Lieder, wovon das „Wo findet die Seele die Heimat und Ruh?", verfasst in Montreal 1827, am bekanntesten wurde und in den Kanon der geistlichen Volkslieder eingegangen ist.

Lehrer Ibershoff berichtet über eine Erweckungsversammlung in Rawigs Haus: „Zugegen Siemsen, Jörgens und ein besonders frommer Anhang. Nach manchen Reden und Ermahnungen trat jemand auf, legte ein öffentliches Sündenbekenntnis ab als Hurer, Ehebrecher etc., wurde dann von Siemsen und Jörgens durch Handauflegen gesegnet, wonach er unter Händeringen einmal übers andere ausrief: ‚Was bin ich doch sachte, was bin ich doch wohl, was bin ich doch glücklich!' Aber was man allgemein als gewiß glaubte: daß er selbst sein Haus angezündet, welches am andern Tage verkauft werden sollte. Der Mann trieb seine Heuchelei so weit, seinem Pastor zu sagen, er höre bei seiner Hütte die Engel singen. Und als der Pfarrer einen der Nachbarn fragte, erwiderte jener: ‚Das müssen sonderbare Engel sein – mir kommt nichts als Fluchen und Schelte zu Ohren.' Leider war das meiste Strohfeuer und ging im Fleisch unter. Spott und Lästerung blieben nicht aus, als das erweckte Leben so viel im Fleisch endete und namentlich Jörgens schmählich, jämmerlich in den Pfuhl der Unsittlichkeit versank. Gewiß hat der Mann gegen die Stricke des Fleisches gekämpft. Aber sein oberflächlich aufflackerndes Christentum nahm den Kampf auf Erden zu leicht. Er schwärmte gleich in die Ewigkeit, wie aus dem (genannten) Lied ... hervorgeht, und nahm darum auf der Erde ein trauriges Ende." So weit Ibershoff.

Das gemeindliche Leben sowie die Person von Pastor Siemsen und seine Bestrebungen in diesen Jahren beleuchtet der Bericht des Superintendenten Florens Smend über eine Kirchenvisitation im Jahre 1832: *„Er hat einen kräftigen Verstand, gute theologische Kenntnisse u. einen entschiedenen Charakter. Sein Wesen hat dabei etwas gern herrschen wollendes, wonach er seine Ansichten und Urtheile gern gelten machen möchte und das mitunter in seinen Predigten u. in seiner Führung der Gemeinde hervortritt. Dabei besitzt er viele religiöse Angelegenheit, viel Sorgfalt für seine Gemeinde u. für die Er-*

füllung seiner amtlichen Pflichten. Seine Theilnahme an den Bestrebungen in Hervorbringung besonderer religiöser Erweckungen war theils hierin, theils in dem Hingewiesenwerden von einzelnen auffallenden Erscheinungen in seinem Thätigkeitsbetrieb u. dann auch wohl in dem Verlangen gegründet, zu erkennen, welche Erfahrungen sich bei einer solchen Wirksamkeit würden machen lassen und welche Wirkungen bei einer auf diesem Wege erlangten größeren Beherrschung der Gemüther zu erreichen seyn würden. Wie viel Unwahres und Unsicheres bei solchen einseitigen Erregungen der Phantasie u. des Gefühlslebens stattfindet, hat auch er bereits zu erfahren Veranlassung gefunden.

Das Presbyterium erklärte sich mit der gesammten Amtsführung u. dem Verhalten des Pfarrers zufrieden. Von hintennach hat der Unterzeichnete indeß erfahren, daß doch hier und dort eine Unzufriedenheit sich über zu starke Unterscheidungen geäußert habe, welche der Pfarrer in seinen Predigten zwischen denen mache, welche die besonderen Erbauungsstunden besuchten, und denen, welche sie nicht besuchten. Indem die erste Hitze des Treibens und Nöthigens zu den besonderen religiösen Versammlungen sich sehr gemäßigt u. die Erfahrung bewiesen hat, daß ja nicht alles Wahrheit war, was solchen Schein annahm, so werden auch damit die unreifen u. anzüglichen öffentlichen Äußerungen von selbst verschwinden.

Es fehlt in der Gemeinde nicht an Familien u. Gliedern, die sich durch religiösen Sinn u. christlichen Wandel auszeichnen; allein es hat die Frömmigkeit, die sonderlich aus den Privat-Erbauungsversammlungen u. den daraus bewirkten Erweckungen hervorgegangen ist, eine etwas viel süße u. empfindsame Gestalt u. Weise u. ermangelt des kräftigen und entschiedenen Wesens. In Betreff der Sittlichkeit der Gemeinde wurde bezeugt, daß das in derselben früher sehr herrschende Fluchen u. Lügen viel abgenommen habe. Es finden sich übrigens nicht soviel Prozesse mehr; Wirtshausbesuch, Kartenspiele, Spiel u. Tanz wenig."

Die Erweckungsversammlungen wurden vom Superintendenten und dem Konsistorium aufmerksam und kritisch beobachtet. So berichtete Smend am 10. 10. 1834 an die obere Behörde: „Nach den eingegangenen Erkundigungen bestehen in den Gemeinden Leeden, Lotte und Ledde zwar noch einige außerkirchliche häusliche Privat-Erbauungs-Versammlun-

Florens Jacob Smend 1830 – 1845 Superintendent in Lengerich   *Foto: Eckart Freling*

gen, allein sehr im kleinen und in geringer Zahl der Theilnehmer und ohne in irgend einer Weise besonderes Aufsehen zu machen. Sie finden wechselnd in den Häusern der Theilnehmenden statt, und finden sich 6 bis höchstens 20 Personen zusammen. Von separatistischem Wesen oder von einem sich Trennen von der Kirche und den kirchlichen Gebräuchen findet in ihnen bis dahin keine Spur statt. Ich werde nicht nachlassen, ferner die genaueste Kunde von diesen Versammlungen zu nehmen und, was darin verhandelt wird, sorgfältig zu berichten."

In seinem Bericht über eine Kirchenvisitation am 18. 11. 1836 stellte der Superintendent fest: „Pfarrer Siemsen predigte über Galat. 1, 3-5. Der Ton und die Weise derselben ist milder geworden. Eine bei der Stärke seines Charakters früher zuweilen etwas scharf hervortretende Weise des Benehmens hat sich durch Erfahrung sehr gemindert, das Verhältniß zwischen ihm u. der Gemeinde im Allgemeinen sich dadurch viel angenehmer gemacht. Besondere religiöse Versammlungen in häuslichen Kreisen finden noch an Sonntagnachmittagen einzeln und im Kleinen statt, doch ohne alles Aufsehen oder irgendeinen Anstoß."

Pfarrer August Siemsen erlag am 4. Oktober 1839 einem achtwöchigen „heftigen Nervenfieber" (Typhus) und hinterließ seine Ehefrau Clara mit fünf unmündigen Kindern – zwei Söhnen und drei Töchtern.

Vuegelhuusballade

Von Willi Kamp

Wat een Flattken, wat een Fleigen!
Dutzend Vüegel sint an't Weggen.
Winnen doht de Driesten, Leigen –
Heele Tröppe sind an't Teggen.

Gaitling jägg dat spehe Meesken,
wat in Angst un flotte Flüttkes
dreiht sick met dat Knödelscheesken.
Kriegt wat aff de blaien Lüttkes?

Hunger häbt se allbineene,
Togfink, Lüning, Nëddelküenig,
jede pickt för sick alleene.
Deelen, Metdohn giff et nüörnig.

Kümp nu röökloss lies de Katte.
Wegg is't wilde, kriegle Weehern,
eensam is de Käörnerplatte.
Lange bliew'k an't Simmeleern.

Verlagerung einer Militärbesatzung von Rheine nach Warendorf anno 1761

Von Lothar Kurz

Seit dem Jahre 2004 verbindet der Ems-AuenWeg die Städte Warendorf und Rheine entlang des Flusses über 78 Stationen auf 115 km Länge als eine touristische Attraktion im Rahmen der „Regionale 2004 links und rechts der Ems".

Dass der Verbindungsweg zwischen diesen Städten für die beteiligte Bevölkerung nicht immer Grundlage einer positiven regionalen Identitätsbildung war, sondern auch zur Verbreitung von Furcht und Schrecken beitragen konnte, belegt eine bisher hier unbekannte Karte, die im britischen Staatsarchiv (Public Record Office Kew) ausfindig gemacht werden konnte.

Die Karte stellt den Lauf der Ems von Rheine bis Warendorf dar. Auffällig ist, dass von Rheine ausgehend nur die Straße in Richtung Münster (und ansatzweise die sich an die Emsbrücke anschließende rechtsemsische Straße) gezeigt wird, nicht jedoch die Straßen nach Salzbergen und Neuenkirchen. Entsprechend finden wir von Warendorf ausgehend auch nur eine einzige – in Richtung Münster führende – Straße. Auf der linken Seite der Ems sind dann – neben den bereits bezeichneten Straßen von überörtlicher Bedeutung – auch eine Reihe von abzweigenden, parallel verlaufenden oder die Ems querenden Straßen und Wegen eingezeichnet, nicht jedoch auf dem rechten Ufer der Ems, auf dem die Wege vielfach nur stummelhaft angedeutet werden, sich jedenfalls nicht zu einem durchgehenden Verkehrsweg ergänzen.

Neben Rheine, das auf der linken Emsseite einen geschlossenen Bastionenring aufweist, und dem ähnlich befestigten Warendorf wird – ebenfalls mit Bastionen geschützt – die Stadt Telgte dargestellt, daneben eine Reihe von Dörfern und Einzelhöfen.

Die größeren Dörfer weisen jeweils ein Gebäude mit kreuzförmigem Grundriss auf, womit wohl das Kirchengebäude gekennzeichnet werden soll, auch wenn dieses tatsächlich nicht einen entsprechenden Grundriss hatte.

Die Beschriftung der Orte erfolgt nur rudimentär und zum Teil erheblich fehlerhaft: Während die Schreibweise „Rhene" tatsächlich den Usancen früherer Zeiten entspricht, stellen „Meclen" für Mesum, „Erasderon" für Emsdetten und „Hember" für Hembergen offenbar fehlerhafte Abschriften von einer anderen bisher nicht identifizierten Karte dar. Neben den genannten Orten sind nur noch die Mühle Schulte-Höping am Frischhofsbach auf Französisch als „Moulin" und der Hof Kloppenburg als „Chepenburg" bezeichnet. Von Hembergen an flussaufwärts finden wir gar keine Ortsbezeichnungen mehr. Auf Grund

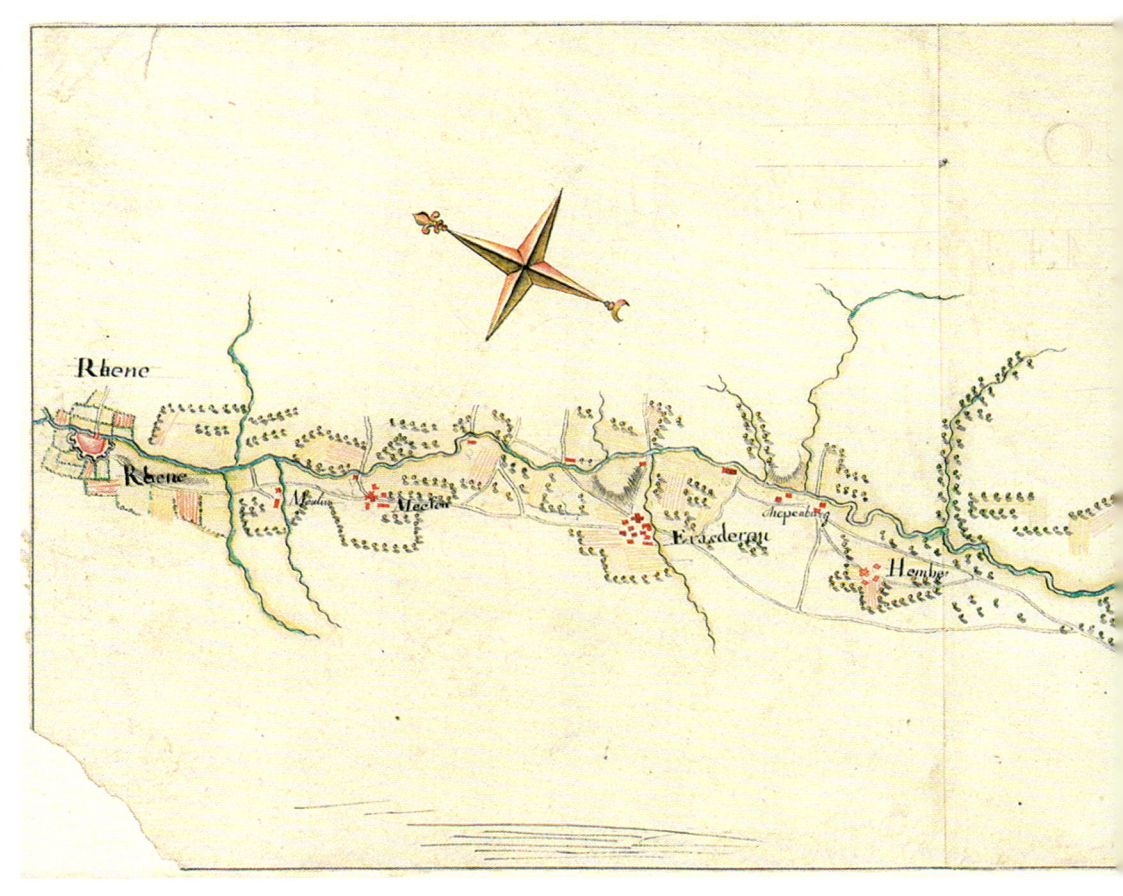

Die im britischen Staatsarchiv aufbewahrte Karte aus dem Jahre 1761 ...

Die beiden hier reproduzierten Ausschnitte umfassen den Teil der Karte, ...

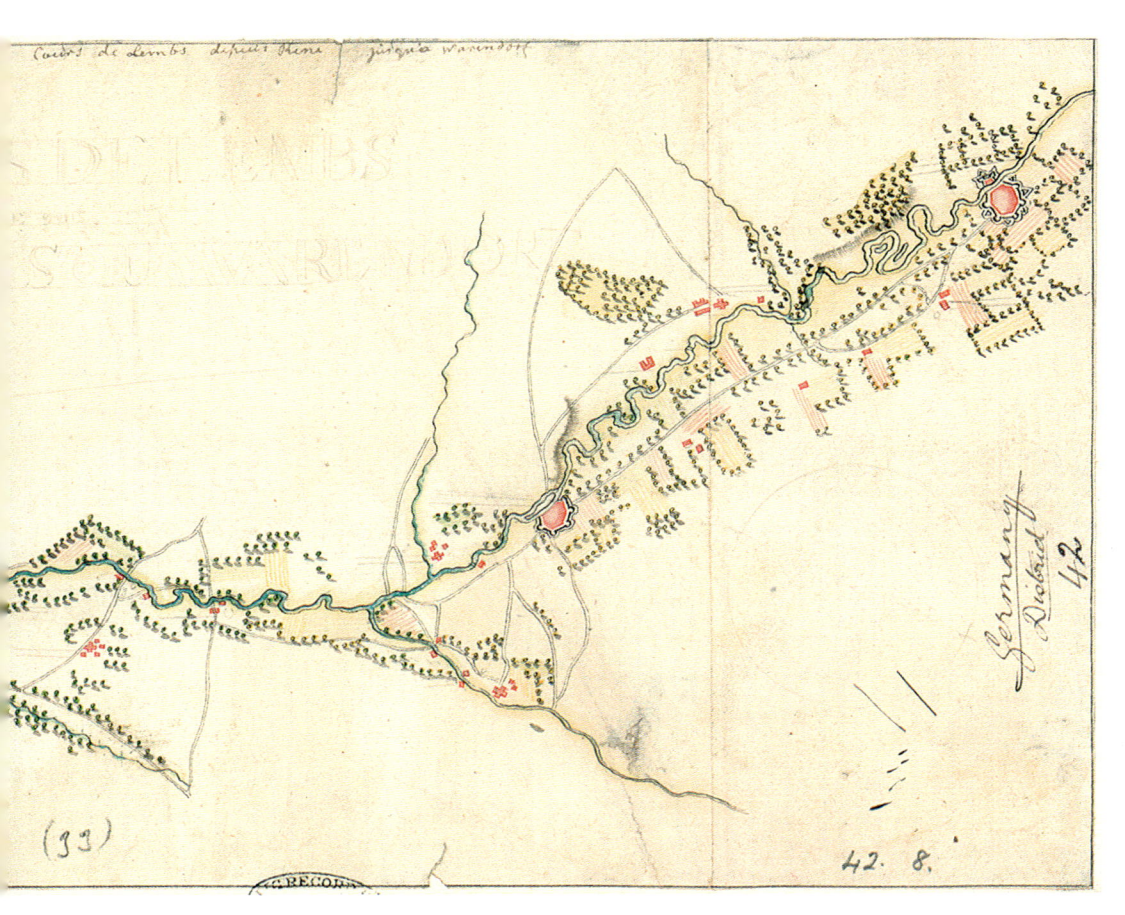

... zeigt den Lauf der Ems von Rheine bis Warendorf.

... der zum heutigen Kreis Steinfurt gehört.   *Public Record Office Kew*

ihrer Lage und Kennzeichnung als Kirchorte lassen sich jedoch Greven, Gimbte, Westbevern, Handorf und Einen recht sicher identifizieren.

Die Karte trägt den von späterer Hand nachgetragenen Titel: „Cours de Lembs depuis Rene jusqu'à Warendorf".

Im Katalog des Public Record Office wird als vermuteter Entstehungszeitpunkt das späte 18. Jahrhundert angegeben. Die Karte befand sich, bevor sie ins Archiv gelangte, in den Unterlagen des britischen Kriegsministeriums (War Office).

Dies sind alles noch keine Details, die es ermöglichen würden, den ursprünglichen Entstehungs- und Verwendungszusammenhang der Karte sicher zu rekonstruieren. In Kombination mit schriftlichen Quellen ergibt sich jedoch diesbezüglich ein zusammenhängendes Bild:

Im Siebenjährigen Krieg (1756 – 1763) kämpften auf der einen Seite als Großmächte Frankreich, Russland und Österreich, als deren Verbündeter Clemens August, der Fürstbischof von Münster, betrachtet werden kann, auf der anderen Seite eine Allianz von Großbritannien, dem ihm in Personalunion verbundenen Hannover und Preußen.

Das Münsterland war hinsichtlich der Kriegshandlungen selbst immer nur Nebenschauplatz, häufig jedoch Durchzugsgebiet oder winterliches Rückzugsgebiet für die Truppen beider Seiten.

Am 26. April 1761 zog das auf Seiten der Alliierten kämpfende Freikorps des Majors von Trimbach mit fünf Kompanien in die Stadt Rheine ein. In der Reinking-Chronik heißt es hierzu: „O Elend, dan muste man diese Gäste mit Essen und Trinken frey unterhalten, und ach, wären sie doch nur zufrieden gewesen mit dem, was der arme Bürger ihr noch geben konnte, aber ach, nicht dieses, sondern der Bürger konnte oder konnte nicht, so muste er es doch geben, und sollte er auch selbsten die größte Noth leyden."

Neben Unterkunft und Verköstigung beanspruchten die Soldaten auch die Arbeitskraft von 400 Männern, die in ihrem Auftrag Wälle, Gräben, Schanzen und Palisaden bauen mussten.

Am 31. Mai 1761 zog das Freikorps zunächst nach Meppen und Haselünne, kam aber am 26. Juni 1761 wieder zurück nach Rheine, um am 2. Juli 1761 endgültig nach Warendorf weiter zu ziehen, wozu der Chronist schrieb: „O Lob Gott, nun seind wir einmahl von diese Trenbacher frey."

In Warendorf zog das Freikorps, das genaue Datum ist nicht überliefert, wenig später mit 676 Mann und 40 Pferden ein.

Hier ergänzen sich nun die Angaben über die Karte, ihre inhaltlichen Besonderheiten und die schriftliche Überlieferung über das Jahr 1761:

– Die Karte wird grob auf das späte 18. Jahrhundert datiert.
– Sie befand sich ursprünglich im War Office, diente also militärischen Zwecken.
– Der topographische Zuschnitt der Karte lässt es als sehr wahrscheinlich erscheinen, dass sie als Wegekarte zwischen Rheine und Warendorf diente.
– Aus schriftlichen Quellen ist bisher nur eine einzige Truppenbewegung von Rheine nach Warendorf bekannt, die Verlagerung des Freikorps Trimbach Anfang Juli 1761.

Dies alles und weitere zuvor beschriebene Besonderheiten lassen es als plausibel erscheinen, dass die Karte in Rheine kurz vor dem Abmarsch unter Zeitdruck von einer ortsfremden Person gezeichnet wurde und danach dem Freikorps Trimbach zur Beschreibung des Weges nach Warendorf diente. Der Verband konnte nach seinem Abmarsch aus Rheine zunächst der älteren überörtlichen Handelsstraße in Richtung Münster folgen, musste dann aber bei Gimbte oder Gelmer nach Osten abbiegen, sich eine Zeit lang auf untergeordneten Wegen bewegen und stieß erst wieder in Telgte auf die alte Handelsstraße Münster- Warendorf. In Warendorf angekommen, prägte das Freikorps Trimbach dann in ähnlicher Weise das Leben der Stadtbewohner, wie wir dies zuvor schon bezüglich Rheine gehört haben:

In jedem Haus der Stadt wurden zwischen zwei und acht Soldaten untergebracht, auch hier musste die Bevölkerung – diesmal durch eine Zahlung von 5000 Talern – ihren Beitrag für den Ausbau der städtischen Befestigungsanlagen leisten.

Hinsichtlich des Kommandanten Major von Trimbach urteilt der frühere Warendorfer Stadtarchivar Johannes Nowak zusammenfassend, „so muß dieser für Warendorf eine besonders große Plage gewesen sein. Hatten sich die bisher in Warendorf stationierten Truppen wenigstens bemüht, durch Ausstellung entsprechender Quittungen das Ihrige zur Liquidierung der entstandenen Kosten beizutragen, kümmerte sich Major von Trimbach in keiner Weise darum und ließ sich sogar entgegen geltender Bestimmungen zusätzlich mit allem Möglichen versorgen. ...

Für all diese Leistungen wurde nichts quittiert, geschweige bezahlt. Entsprechend verhielten sich auch seine Offiziere – immerhin fünf Kapitäne und zehn Leutnante – und Mannschaften. 294 Positionen führt eine Beschwerdeliste an das Domkapitel an, in welcher die Quartiergeber ihre entstandenen Kosten darlegten."

So erweist sich die Karte vom Emsverlauf von Rheine bis Warendorf, die auf den ersten Blick einen idyllischen und harmlosen Eindruck vermittelt, letztlich als ein Dokument, das die Verlagerung einer schrecklichen Militärbesatzung von Rheine nach Warendorf illustriert.

Schon im Maßstab (etwa 1 : 120.000) fällt die Karte hinter die Le Coq-Karte von 1805 (1 : 86.400), deutlicher noch hinter die preußische Landesaufnahme von 1842 (1 : 25.000) zurück. Auch zielte der anzunehmende ursprüngliche Verwendungszusammenhang weniger auf topographische Vollständigkeit, sondern auf eine funktionale Konzentration und Vereinfachung der Darstellung.

Dennoch lassen sich auf ihr Details erkennen, zu denen es kein Pendant in den beiden späteren Kartenaufnahmen gibt; dies gilt insbesondere für einige emsnahe Wege auf der linken Uferseite und für einige Übergänge über die Ems, Fähren oder Furten, die bisher nicht bekannt waren. Die genauere Untersuchung muss einer künftigen Analyse vorbehalten bleiben.

Quellen und Literatur:
Public Record Office Kew, MPHH 1/6/8 (Eine digitale Kopie der Karte im TIF-Format befindet sich im Stadtarchiv Rheine.); Reinking-Chronik des Siebenjährigen Krieges, in: Heinrich Büld (Hg.), Rheine an der Ems. Chroniken und Augenzeugenberichte 1430 – 1950, Rheine 1977, S. 112ff.; Johannes Nowak, Warendorf im Siebenjährigen Krieg 1756 – 1763, Warendorf 1986

Ehrenmale und Gedenkstätten in Westerkappeln

Ein geschichtlicher Rückblick zum Volkstrauertag

Von Heinz Schröer

Es war das gleiche Ereignis in der Geschichte, das in Westerkappeln zur Errichtung von zwei Gedenkstätten führte: der deutsch / französische Krieg in den Jahren 1870/71.

Seinerzeit war die Familie von Kalckstein Eigentümer des „Rittergutes Cappeln". Ihr 26-jähriger Sohn, der königliche Leutnant Joseph Baron von Kalckstein, Ritter des eisernen Kreuzes, musste sein Leben in einem Gefecht in Frankreich lassen. Ihm zum Andenken erbauten die trauernden Eltern in den Jahren 1871/72 die „Josephskapelle". Leider wurde diese Erbbegräbnistätte Ende 1972 abgebrochen. Die Grabsteine werden heute auf Haus Cappeln bewahrt.

Eine noch kürzere Lebensdauer hatte das Kriegerdenkmal auf dem Kirchplatz. Am 10. Dezember 1878 beschlossen die

Ehrenmale für die Opfer des 1. (links) und des 2. Weltkrieges (rechts)

Vertreter der Stadt- und Landgemeinde Cappeln die Errichtung dieser Gedenkstätte zu Ehren der Opfer der Kriege 1866 und 1870/71.

Im Jahre 1944 musste das Denkmal den Plänen weichen, um einen Luftschutzbunker zu bauen. Für einige Jahre erhielt es seinen Platz an der Mettinger Straße (heute: Solarkreisel), bevor es in den Fünfzigern endgültig abgebrochen wurde. Reste der Bausubstanz sind nicht überliefert.

Nicht einmal 50 Jahre vergingen, als erneut die Schrecken eines Krieges (1914/18) das Land erschütterten. Auch seinen Opfern sollte in Westerkappeln gedacht werden. Im Dezember 1920 wurde von den Kriegervereinen vorgeschlagen, die Namen der 206 gefallenen Westerkappelner auf Bronzetafeln zu verewigen. In zwei Sammlungen wurden 150.000 Mark zusammengetragen, die das Vorhaben Wirklichkeit werden ließen.

Im November 1922 erfolgte die Weihe der Gedenktafeln, die im Friedhofstor von 1839 angebracht wurden. Heute befinden sie sich an der Giebelfront der Friedhofshalle, der neuen Gedenkstätte.

Wohl niemand in Westerkappeln hatte daran gedacht, dass keine 30 Jahre vergehen sollten, um erneut ein Ehrenmal für die Opfer eines Krieges einzuweihen. Einigen älteren Westerkappelnern ist die

Die Friedhofskapelle als neue Gedenkstätte wurde 1956 eingeweiht Foto: Heinz Schröer

Die Josephskapelle kurz vor ihrem Abbruch im November 1972

Das Kriegerdenkmal auf dem Kirchplatz um die Jahrhundertwende

bewegende Ansprache des katholischen Seelsorgers, Pfarrrektor Gomolla, in Erinnerung geblieben. Diese Gedenkstätte auf dem Kirchplatz bestand nur kurze Zeit.

Im Jahre 1955 erfolgte die Grundsteinlegung für die Leichenhalle auf dem Westerkappelner Friedhof. Im Frühjahr 1956 wurde sie ihrer Bestimmung übergeben. Der nördliche Giebel wurde als zentrale Gedenkstätte für die Opfer der zuvor genannten Kriege gestaltet. Neben den Tafeln aus dem Friedhofstor erinnern neue Sandsteintafeln in den seitlichen Nischen neben dem Eingang an die beiden Ehrenmale vom Kirchplatz.

Am Volkstrauertag 1956 erfolgte die Einweihung der Gedenkstätte. Alljährlich findet im November hier nun eine zentrale Gedenkfeier statt.

Der Volkstrauertag hat eine lange und bewegte Vergangenheit. 1919 vorgeschlagen, veranstaltet der Volksbund Deutsche Kriegsgräberfürsorge e. V. (VDK) seit 1922 jährlich die zentrale Gedenkfeier. Ziel des Volkstrauertages war zunächst die Wahrung und Pflege des Gedenkens an die Millionen von Kriegstoten des Ersten Weltkrieges. Die vorübergehende Ablösung durch den „Heldengedenktag" in den Jahren 1934 bis 1945, der jährlich im März stattfand, vermochte an der ursprünglichen Sinngebung des Volkstrauertages nur wenig zu ändern. Nach Ende des Zweiten Weltkrieges wurde 1948 die Tradition des Volkstrauertages wieder aufgenommen. 1952 wurde er in der damaligen Bundesrepublik als staatlicher Gedenktag eingeführt. Er wird seitdem als besonderer Gedenktag für die Opfer beider Weltkriege und der Gewaltherrschaft alljährlich zwei Sonntage vor dem ersten Advent begangen.

Der Gedichtstext des „Guten Kameraden" wurde 1809 von Ludwig Uhland in Tübingen verfasst. Friedrich Silcher vertonte, ebenfalls in Tübingen, das Gedicht im Jahre 1825. Als Lied ist es oft besser unter dem Namen „Ich hatt' einen Kameraden" bekannt, der aus der Anfangszeile der ersten Strophe besteht.

Das Lied vom Guten Kameraden spielt im Trauerzeremoniell der Bundeswehr eine große Rolle. Die besonderen Ehrerweisungen beim Spielen dieses Liedes stehen ansonsten nur Nationalhymnen zu.

Neben der zentralen Gedenkstätte haben einige Westerkappelner Vereine eigene Ehrenmale errichtet. Als unmittelbare

Gemeinschaftliches Ehrenmal in Seeste
Foto: Heinz Schroer

Kriegsfolge sind in den letzten Kriegstagen 1945 auf dem Anwesen Harte in Velpe zwei Soldatengräber entstanden. Hier haben Jürgen Henne aus Derenberg und der Schauspieler Werner Fuchs aus Hannover ihre letzte Ruhestätte gefunden.

In der Bauerschaft Seeste ist 1964/65 in Gemeinschaftsarbeit des Männergesangvereins und des Schützenvereins ein Ehrenmal entstanden, das an die Opfer der beiden Weltkriege erinnert. 1987 wurde dann eine Ansicht davon in die neue Schützenfahne eingefügt.

Weitere Gedenkeinrichtungen werden vom Schützenverein Ost- und Westerbeck (1962), dem Schützenverein Obermetten (1965) und dem Schützenverein Düte-Lada (2001) unterhalten. Für die Freiwillige Feuerwehr schuf 1969 ihr Brandmeister Heinrich Hischemöller eine Ehrentafel, die in den Gemeinschaftsräumen angebracht ist.

Abschließend sei noch das 1987 geschaffene Gedenkbuch für die Opfer des Zweiten Weltkrieges genannt, das in einer Vitrine im Flur vor dem Ratssaal untergebracht ist.

Medaille vom Hilfswerk für die Kriegsgräberfürsorge (circa 1920)

Die Fotos ohne Quellenangabe stammen aus dem Gemeinde-Archiv Westerkappeln

Türen zum Unsichtbaren
Webteppiche – Gedichte – Musik

Von Bernhard Volkenhoff

In der Meditationskapelle der ganztägig geöffneten Kirche St. Joseph in Emsdetten befinden sich seit 1988 drei Webteppiche von Esther Cecilia Puccinelli. Dies ist die weltweit größte öffentlich zugängliche Sammlung ihrer Arbeiten.

Die Künstlerin wurde 1909 in San Franzisco geboren und lebt heute in Florenz. Aufgewachsen ist sie in einer Atmosphäre, in der europäische, indianische und ostasiatische Kunst und Musik integrale Bestandteile des Familienlebens waren. Bei ihren schwedischen Verwandten erlernte sie die Webtechniken ihrer Vorfahren. Webteppiche von ihr sind präsentiert in Synagogen und Kirchen der Vereinigten Staaten, in Italien, in der Schweiz, im Gebäude der Vereinten Nationen in New York, sowie im einzigen Textilmuseum Italiens in der Stadt Prato.

Zu dem Gobelin „Gestirne" und dem Gedicht „Gestirn" komponierte Masaki Ueno, *1953, ein Konzert für Violine und Orgel unter dem Titel: „Meer und Stern". Die Uraufführung mit Tae Yoshino (beide Hiroshima) fand am 15.10.2006 in der Kirche St. Joseph in Emsdetten statt. An gleicher Stelle und in derselben Besetzung wurde das Konzert „die Sonne", zu dem Gobelin „Sonne" und dem Gedicht „die Sonne" am 22.04.2007 zum ersten Mal aufgeführt.

Gruppen von Kindern, Jugendlichen und Erwachsenen haben in der Kirche St. Joseph in Emsdetten die Möglichkeit, Wandteppiche, Gedichte und Musik im Gespräch zu erschließen.

Hans-Jörg Modlmayr hat diese hier z.T. erstmals veröffentlichten Gedichte Esther Cecilia Puccinelli gewidmet.

> Fire dragon <   > Feuerdrache <
(1981) 237 cm h x 126 cm b

Pfingsten

*endlich bricht das Feuer aus
dem Schoß der Steinwüste, weicht
das Nachtgrau zurück, erglühen
die Luftkorallen, sind wir am Ziel*

*hier bin ich, kommt näher,
wärmt eure Hände, öffnet eure
Augen, tanzt mit den Flammen,
werft eure Sorgen auf mich*

*morgen funkeln die Sterne
im Traum, wächst der Baum
aus der Wurzel, treibt Blattgrün*

*weißer Rauch steigt aus der
Asche, über dem Rosenholzduft
schwebt der Drache ins Licht*

\> Sun <   \> Sonne <
(1988) 177 cm h x 120 cm b

\> Constellations <   \> Gestirne <
(1989) 193 cm h x 122 cm b

die Sonne

als brennender Schwan
schwebst du über
den Wellen, vergoldest
die Wolken

vor uns flohst
du durch die Wüste,
nachts löstest du
unsren Todesschlaf

zurück in die
grüne Zeit führt
deine Spur

du leuchtest
durch die Felsen,
durchs Grab

Gestirn

im Spätnovember, unter dem
Spiralnebel, blühen die Osterglocken,
kehrst du zurück in den Norden

mit deiner Trauer über die Wunden,
der Erinnerung an sein Blut,
seinen Kampf mit dem Fels

in der Lichtnacht, tief aus
dem Sternenmeer, taucht dein
Mond auf, leuchten Pfauenfedern

die Stille erklingt, die Toten
erwachen, sie tanzen in uns,
jetzt und für immer

Texte: Hans-Jörg Modlmayr   Fotos: Hans Eick

Das Forstamt Steinfurt ist Dienstleister für den Wald im Münsterland

Von Heinz-Peter Hochhäuser und Klaus Offenberg

Anfang Januar 2005 wurde aus der staatlichen Sonderverwaltung der Landesforstverwaltung NRW ein Landesbetrieb mit einer Zentrale in Münster. Beibehalten blieben bis 2007 die 35 Forstämter als Außenstellen, die vor Ort die Aufgaben Hoheit, Betreuung und Bewirtschaftung des Staatswaldes wahrnehmen. Das Forstamt Steinfurt war mit seinen elf Revieren für die Fläche des Kreises Steinfurt zuständig. Mit der Umsetzung der Verwaltungsreform Anfang 2007 beschloss das Ministerium für Umwelt, Landwirtschaft und Verbraucherschutz NRW (MUNLV) die Zahl der noch vorhandenen Forstämter zu reduzieren, wodurch ein Großteil der ehemaligen Unteren Forstbehörden aufgelöst wird. Dazu zählt auch das Forstamt in Steinfurt, das mit den Ämtern Borken, Warendorf und Münster zu dem neuen Regionalforstamt Münsterland zusammengelegt wird. Sitz dieser neuen Verwaltung wird die Stadt Münster. Ein zusätzliches Dienstgebäude des Regionalforstamtes bleibt in Steinfurt erhalten. Da das Reviersystem nur geringfügig geändert werden soll, bleiben die Reviere mit den Forstbetriebsbeamtinnen und Forstbeamten vor Ort bestehen, so dass Waldbesitzer oder der interessierte Bürger ihre Ansprechpartner „Förster" behalten.

Durch diese Forstreform will die Landesforstverwaltung eine flachere Hierarchie anstreben, um die Verwaltungsabläufe damit zu vereinfachen. Mit dem Ministerium in Düsseldorf und dem Landesbetrieb in Münster ist die dritte Ebene entbehrlich geworden. „Die neue Organisationsform fördert unternehmerisches Denken, Kundenorientierung, Bürgernähe und Wirtschaftlichkeit. So kann auf Kundenwünsche unbürokratischer eingegangen, neue Produkte entwickelt und neue Absatzmärkte leichter erschlossen werden." (Matzick, 2006)

Hervorgegangen aus der Privatwaldbetreuung durch die Landwirtschaftskammern im 19. Jahrhundert gründete die Landwirtschaftskammer Westfalen in Münster die ersten Forstämter Münster, Bielefeld, Letmathe und Meschede in den 1930er Jahren. Nach der Auflösung des Reichsnährstandes nach dem Zweiten Weltkrieg entstanden in Westfalen-Lippe 15 Forstämter der Landwirtschaftskammer, darunter das 1948 gegründete Forstamt Burgsteinfurt.

Bedingt durch die unterschiedlichen Zuschnitte des Forstamtsbereiches variierte die Größe der Gesamtwaldfläche zwischen 22.000 Hektar um 1960 und 24.900 Hektar heute. Von dieser Waldflä-

Im Dienst für den Wald. Dr. Klaus Offenberg, Hans-Dieter Langner, Peter Hagemann, Manfred Janning und der Leiter des Forstamtes Steinfurt Heinz-Peter Hochhäuser (rechts)   Foto: Karl-Heinz Wilp

che sind 91 Prozent im Eigentum von Privatpersonen, zwei Prozent ist Landeswald, drei Prozent Kommunalwald und vier Prozent Bundeswald.

Über 6.300 Waldbesitzer haben in der Regel kleinparzellierte Waldstücke. Bei 92 Prozent liegt der Waldbesitz unter 25 Hektar. Diese Waldflächen sind überwiegend im bäuerlichen Besitz und eng mit dem landwirtschaftlichen Betrieb verzahnt. Die Parzellierung ist oft aus den ehemaligen Markenteilungsgebieten hervorgegangen. Gut 90 Prozent der hiesigen Privatwaldbesitzer können lediglich eine durchschnittliche Waldbesitzgröße von 2,5 Hektar aufweisen. Durch die Streulage und die geringe Flächengröße steht hier die Sparkassen- und Reservefunktion, die auf die betriebswirtschaftlichen Belange des Gesamtbetriebes ausgerichtet ist, im Vordergrund. Besitzersplitterung und ungünstiger Altersaufbau der Waldbestände ergeben für die Waldbesitzer im hiesigen Raum erhebliche Bewirtschaftungsnachteile.

Forstbetriebsgemeinschaften

Zur Überwindung derartiger struktureller Nachteile hat das Forstamt Steinfurt frühzeitig den freiwilligen Zusammenschluss von Forstbetriebsgemeinschaften (FBG) gefördert. Mit den ersten Zusammenschlüssen 1974 entstanden nacheinander elf Forstbetriebsgemeinschaften. Zusammen vertreten sie über 15.000 Hektar Wald, das entspricht 60 Prozent der Gesamtwaldfläche. Alle elf Forstbetriebsgemeinschaften haben sich auf Kreisebene in der Forstwirtschaftlichen Vereinigung Kreis Steinfurt zusammengeschlossen.

Nach dem Zweiten Weltkrieg begann das Forstamt Steinfurt mit dem Wiederaufbau der Wälder, die bedingt durch Reparationshiebe (Holländerhiebe) an vielen Stellen kahl geschlagen worden waren. In der Regel wurden diese Waldflächen mit Kiefern oder untergeordnet auch Fichten aufgeforstet. Diese Nadelholzbestände konnten erstmalig in den 1990er Jahren kontinuierlich mit Maschinen durchforstet werden, um diese damit in langfristig stabile ökologisch wertvolle Laub-Misch-Wälder umzuwandeln. Gleichzeitig erwirtschaften die Waldbesitzer erstmalig positive Beträge aus ihren überwiegend defizitären Wäldern. Unterstützt durch Erstaufforstungs-, Wiederaufforstungs- und Pflegeprogramme des Forstamtes entstanden Laubwälder, so dass der Laubholzanteil im Forstamtsbereich von 37 Prozent um 1975 auf heute 62 Prozent kontinuierlich anstieg (Deutschland: 33 % Laubholz, 66 % Nadelholz; NRW: 48 % Laubholz, 52 % Nadelholz).

Durch Kriegseinwirkungen und Reparationshiebe war 1948 der Holzvorrat pro Hektar auf 70 Kubikmeter der Waldflächen in NRW abgesunken. Die Landeswaldinventur weist heute 275 Kubikmeter stehendes Holz für das Forstamt Steinfurt aus. Neben den großen Aufforstungsanstrengungen nach dem Zweiten Weltkrieg sind veränderte Waldbauverfahren (Naturnahe Forstwirtschaft) mit kontinuierlichem Vorratsaufbau und Pflegeeingriffe für diese hohen Holzvorräte verantwortlich. Selbst der Sturm „Kyrill" (18. Januar 2007) hat im Forstamt Steinfurt den Gesamtholzvorrat von 6,85 Mio. Festmetern um nur 0,1 Prozent reduziert.

Durch die Betreuungsarbeit des Forstamtes Steinfurt können heute aus dem Kleinprivatwald in Steinfurt nachhaltig bis zu 150.000 Kubikmeter Holz genutzt werden. Davon werden 50.000 Kubikmeter, das entspricht etwa zehn LKW-Ladungen pro Tag, durch das Forstamt an den Markt gebracht. Der private Waldbesitz leistet damit einen wichtigen Beitrag bei der Belieferung Holzbe- und verarbeitender Betriebe in der Region.

Clusterstudie Wald und Holz

Gemeinsam mit dem Internationalen Institut für Wald und Holz NRW der Westfälischen Wilhelms-Universität Münster hat das Forstamt Steinfurt im November 2005 die so genannte Clusterstudie Wald und Holz Kreis Steinfurt erfolgreich abgeschlossen. „Mit dem Vorhaben sollte das Ziel verfolgt werden, den Wirtschafts- und Gesellschaftsbereich Wald und Holz im Kreis Steinfurt bezüglich seiner Strukturen und Wechselwirkungen sowie seiner arbeitsmarktpolitischen und regionalökonomischen Bedeutung zu beschreiben. Ferner sollen Handlungsempfehlungen für ein Clustermanagement dazu beitragen, den regionalen Holzabsatz zu fördern, Beschäftigungsmöglichkeiten und Wertschöpfung um das Ökosystem Wald und den Rohstoff Holz zu erhalten bzw. über Innovation und Produktionssteigerung auszubauen.

Die Clusterstudie Wald und Holz Kreis Steinfurt führte zu nicht zu erwartenden Ergebnissen. So weist die Forst- und Holzwirtschaft im Kreis Steinfurt bei Betrachtung im Rahmen der entsprechenden EU-Clusterdefinition mit etwa 6.300 Waldbesitzern, über 2.000 Betrieben, ungefähr 8.800 Beschäftigten und einem Umsatz von zirka 953 Mio. Euro Umsatz eine deutlich größere regionalökonomische und arbeitsmarktpolitische Bedeutung auf als bisher angenommen. Im Rahmen der Studie wurden neben einem möglichen Leitbild „Bioenergiekreis Steinfurt" die wesentlichen Entwicklungspotenziale des Kreises Steinfurt mit Bezug zu Wald und Holz erarbeitet. (Clusterstudie Wald Holz Kreis Steinfurt, 2005).

Das Vorhaben im Kreis Steinfurt war landes- und bundesweit die erste Clusterstudie Wald und Holz auf regionalen Ebene. Gerade die Ergebnisse dieser Clusterstudie bilden eine wichtige Grundlage für das neue Regionalforstamt Münsterland, das damit ergebnisorientierte forstpolitische Ziele angehen kann.

Literaturhinweise

Clusterstudie NRW (2003): Herausgeber MUNLV, ISBN Nr.: 3-9809057-2-1

Clusterstudie Wald und Holz Kreis Steinfurt (2005), unveröffentlicht

Hochhäuser, H.P. (2006): Errichtung des Landesbetriebes Wald und Holz, unveröffentlicher Vortrag

Matzick, J. (2006): Der Landesbetrieb Wald und Holz NRW, AFZ-DerWald, 15/2006, Deutscher Landwirtschaftsverlag, München

Querengässer (1949): Zu den Ergebnissen der ersten Haupterhebung der laufenden Waldbestandsinventur (auf. 15.4.1949), unveröffentlicher Bericht

Testlauf zur Landeswaldinventur, -Konzeption, Verfahrenstest, Ergebnisse- (1997): Heft 5 der Schriftenreihe der Landesforstverwaltung NRW, Herausgeber Landesforstverwaltung

Uhlenberg, E. (2006): Forstpolitische Energie der Landesregierung von NRW, AFZ-DerWald, 15/2006, Deutscher Landwirtschaftsverlag, München

Sechzig Jahre evangelische Gemeinde in Laer

Von Norbert Niehues und Gerhard Schröer

Als 1945 die rote Armee unaufhaltsam in Ost- und Westpreußen sowie in Pommern und Schlesien vorrückte, verbreitete sie Angst und Schrecken. Die Menschen flohen vor dem Wüten russischer Soldaten in Richtung Westen. Die, die in ihrer Heimat blieben, wurden Ende 1945 und 1946 vertrieben. Die Landesteile jenseits von Oder und Neiße waren laut Vereinbarung der Siegermächte des Zweiten Weltkrieges Polen zugesprochen worden. Die polnischen Machthaber vertrieben dann die Deutschen, oft unter entwürdigenden Bedingungen. In Güterwagen wurden sie in den Westen transportiert und auf die westdeutschen Länder verteilt. Das spätere Nordrhein – Westfalen hatte große Kontingente aufzunehmen. Eine der Sammelstellen war die damalige Damloup – Kaserne in Rheine. Sie war zum Flüchtlingslager umfunktioniert worden. Die aus ihrer Heimat vertriebenen Menschen fanden hier eine erste Versorgung. Nach und nach wurden sie dann auf die umliegenden Gemeinden verteilt.

So kamen auch viele von ihnen, vornehmlich aus Schlesien Stammende, nach Laer. Sie wurden auf Bauernhöfen und bei Bewohnern im Dorf, überall dort wo vermeintlich noch Platz war, untergebracht. Diese „Einquartierungen" brachten für die Einheimischen, die ja auch gerade dabei waren, sich von den Kriegswirren zu erholen, Einschränkungen und Unannehmlichkeiten mit sich. So war es verständlich, dass die Fremden aus dem Osten nicht überall willkommen waren. Die Umsiedler, Flüchtlinge wurden sie meistens genannt, besaßen oft nur das, was sie am Leibe trugen. Alles andere war ihnen unterwegs auf der Flucht noch geraubt worden. Diese Menschen waren auf die Barmherzigkeit der Laerer angewiesen. Sie, die unter dem Trauma der verlorenen Heimat und all den erlebten Grausamkeiten litten, suchten neue Orientierung und neuen Halt. Dieses auch im Glauben und in der Religion.

Da die meisten von Ihnen evangelisch waren und ihr neues Umfeld vom katholischen Glauben geprägt war, wurden sie von den Einheimischen zunächst wie Heiden eingestuft. Doch nach einiger Zeit erlebten die Katholiken, dass auch die „Evangelischen" Christen sind, die beten, Gottesdienst feiern und zu ihrem Glauben stehen. Wo aber konnten sie sich treffen? Es gab in Laer keinen Raum, schon gar keine Kirche für sie. Vor dem zweiten Weltkrieg lebten in Laer nur zwei evangelische Familien und im Jahr 1940 waren es 48 Personen. Sie gehörten zur evangelischen Kirchengemeinde Burgsteinfurt, wozu auch die Filialkirche in Borghorst zählte. Dieser ordnete man nach 1945 die evangelischen Christen in Laer zu. Am 30. 6. 1946 wurde in Borghorst Bruno Friedrich ordiniert und als evangelischer Pfarrer eingeführt. Ihn beauftragte man mit der Betreuung der evangelischen Christen in Laer, die seitdem auch zur Borghorster Gemeinde gehörten. Dass Bruno Friedrich eigentlich kein Pfarrer war, weil er die nötigen Studien nur ansatzweise absolviert hatte, wusste zu der Zeit niemand. Auch die Kirchenleitung nicht. In dem allgemeinen Chaos der Nachkriegszeit war man froh, die Menschen geistlich betreuen zu können, was Pfarrer Friedrich auch sehr verantwortungsbewusst tat. Von ihm heißt es, dass er ein gewaltiger Prediger und bei den Menschen sehr beliebt war. In seinem Amt setzte er sich erfolgreich für die Gemeindemitglieder ein und verschaffte ihnen so manche Hilfe.

So suchte man im Jahr 1946 einen Raum, in dem Gottesdienste gefeiert werden konnten. In der Ortsmitte in Laer gab es da das der katholischen Gemeinde gehörende Kirchenhaus (heute Fotogeschäft Kuse) welches 70 – 80 Personen Platz bot. Die Verantwortlichen der evangelischen Kirchengemeinde baten darum, die Räume nutzen zu dürfen. Einer Notiz zufolge hatte es einen „schweren Kampf" gekostet, bis hier der erste Gottesdienst gefeiert werden konnte.

Das Jahr 1946 kann man wohl auch als das Gründungsjahr der evangelischen Gemeinde Laer ansehen. Das einzige Dokument hierüber ist ein kleines ca. 30 cm hohes Holzkreuz, das sich im Besitz der evangelischen Kirchengemeinde befindet. Auf die Unterseite des Sockels hatte die erste Küsterin, Selma Toelk, damals ge-

Das erste Altarkreuz von 1946

schrieben: „1. Advent 1946". Dieses kleine Kreuz mit Sockel war das erste Altarkreuz der Gemeinde und gilt somit als Beweis, dass sich bereits zu dieser Zeit die evangelischen Christen regelmäßig zum Gottesdienst zusammen fanden.

„Wo das Kreuz ist, da ist Heimat", sagte ein Redner später bei der Einweihung der Kirche (1955). Unter diesem Kreuz haben die heimatlos gewordenen Menschen ein neues Zuhause gesucht und gefunden.

Bei einem Gottesdienstbesuch von 160 Personen erwies sich das Haus bald als zu klein. Außerdem sollte alle 14 Tage Kindergottesdienst gehalten werden. So hatte man den Wunsch, die katholische St. Bartholomäuskirche mit benutzen zu dürfen. Evangelische Gottesdienste in der katholischen Kirche? Dieses Vorhaben stieß zunächst, vor allem beim damaligen Pastor Maikämper auf Ablehnung. Nachdem aber das bischöfliche Generalvikariat in Münster die katholischen Gemeinden anwies, den evangelischen Christen die Kirchen zur Mitbenutzung zu öffnen, war die evangelische Gemeinde regelmäßig Gast in der St. Bartholomäus Kirche. Es wird sogar berichtet, dass die evangelische Küsterin Selma Toelk später das besondere Vertrauen von Pastor Maikämper genoss.

Die Verhältnisse im Gemeinde-Alltag gestalteten sich schwierig: Zum Beispiel musste für die Herstellung eines „Not-Gesangbuches" eine größere Menge Altpapier abgeliefert werden. – Für die Änderung und Anpassung gespendeter Kleidung wurde eine Nähstube für die Vertriebenen eingerichtet. – Es fehlte an Heizmaterial, auch für die neu eingerichtete, evangelische Schule. – Die wirtschaftliche Not der Menschen war enorm. Viele Anträge auf Kleidungszuschüsse, z.B. für die Konfirmationen, richtete das Pfarramt Borghorst an die Amtsverwaltung Laer.

Die Schule

Pfarrer Friedrich bemühte sich sehr um einen geregelten Schul- und Religionsunterricht für die evangelischen Kinder. Er beantragte im Herbst 1946 bei der Laerer Amtsverwaltung die Einrichtung einer evangelischen Schule. Diesem Antrag wurde stattgegeben, und am 12. 11.1946 konnte die Evangelische Volksschule eröffnet werden. Sie wurde im Gebäude der Katholischen Volksschule in einem Klassenraum untergebracht. Mit ihrer Leitung wurde der Lehrer Otto Liersch, auch ein Ostvertriebener, beauftragt. Mit 85 Kindern von Klassen eins bis acht begann die Schule, deren Unterricht auf verschiedene Zeiten nacheinander verteilt wurde. Später bekam man ein eigenes Gebäude, die „alte Zentrale". Es handelte sich hier um ein stillgelegtes, kleines Elektrizitätswerk „Im Himmel" – so heißt die Strasse noch heute. Im Mai 1947 konnte die evangelische Schule dann in das notdürftig restaurierte Gebäude umziehen. Die Unterbringung war mehr schlecht als recht, aber die Schule hatte ein eigenes Gebäude. Damit die Kinder sitzen konnten, wurde eine Stuhl – Sammlung veranstaltet. Die meisten Stühle mussten aber erst beim Schreiner repariert werden, bevor sie benutzt werden konnten. Doch in den nächsten Jahren wurde nach und nach neues Mobiliar angeschafft. 15 Jahre später, 1962/63, wurde dann am Hofkamp eine neue evangelische Schule, die Mathias – Claudius Schule gebaut, die 1968 im Zuge der Schulreform wieder aufgelöst wurde und heute Kindergarten ist.

Im Laufe der Jahre verbesserten sich die Verhältnisse etwas, dennoch herrschte weiterhin Armut. Die Währungsreform 1948 setzte ein gutes Signal. 1953 wurden die Orte der Landregion von der Kirchengemeinde Burgsteinfurt ausgepfarrt und zur selbständigen Kirchengemeinde Borghorst-Horstmar erklärt. Dies betraf die Evangelischen Christen in den Landgemeinden Borghorst, Laer, Holthausen, Horstmar, Leer, Eggerode, Schöppingen-Wiegbold und Schöppingen-Kirchspiel. Laer wurde dem Pfarrbezirk Borghorst zugeordnet.

Aber die evangelischen Christen in Laer sehnten sich nach einer eigenen Kirche. Da ergab es sich, dass die Kirchengemeinde

1953 das Hofgrundstück der Familie Hubert Leiwering, Am Bach 8, kaufen konnte. Das alte Bauernhaus wurde 1954/55 zur Kirche umgebaut und auch das Küsterehepaar Toelk sowie die Gemeindehelferin Luise Vollriede bekamen hier kleine, bescheidene Wohnungen. – Das Gebäude stammte aus dem Jahre 1749, was die Inschrift auf einem alten Torbalken, der sich inzwischen im Besitz des Laerer Heimatvereins befindet, belegt. Sinngemäß ist dort in lateinischer Sprache geschrieben: „Im Jahre 1749, am 28. Juli, ist das Gebäude wieder aufgebaut worden – Friede denen, die das Haus betreten – Heil und Segen allen, die es verlassen". – Der Umbau geschah in recht bescheidenem Rahmen. Architekt Baumgart aus Burgsteinfurt nahm sich der Sache an. Neben der Arbeit von Firmen leisteten Laerer Gemeindemitglieder freiwillig und unentgeltlich 1400 Arbeitsstunden am Bau, wie berichtet wird. Zudem spendeten die evangelischen Gemeindemitglieder, deren Zahl inzwischen auf 449 angewachsen war, 4000 DM. So mancher Notgroschen der Familien, die im Osten alles verloren hatten, und so manches Scherflein armer Witwen steckten in dem Betrag, so sagte es der Lehrer und Presbyter Otto Liersch bei der Übergabe dieser Gelder. Laerer Katholiken spendeten einen Betrag von 1000 DM. Dies alles war damals viel Geld. „Nu hon mer doch a kleenes Kerchla, wie derheeme", sagte eine alte Frau, als die Kirche fast fertig war.

Nach Abschluss der Bauarbeiten wurde dann am 2. Oktober 1955 in Laer die erste evangelische Kirche eingeweiht. Sie war dem Tag gemäß festlich geschmückt, denn es war Erntedankfest. Zuerst versammelten sich die Christen in der katho-

Die erste evangelische Kirche in Laer wurde zum Erntedankfest 1955 eingeweiht

lischen St. Bartholomäuskirche, wo sie jahrelang zu Gast waren. Während einer Andacht nahm Pfarrer Rahner mit den Gläubigen Abschied. Er sagte: „Wir werden das altehrwürdige Gotteshaus in liebevoller Erinnerung behalten; als Stätte, in der der heimatlosen, evangelischen Kirchengemeinde das Wort Gottes verkündigt worden ist". Dann zogen alle zur neuen Kirche am Bach, voran der Posaunenchor aus Burgsteinfurt, dann Superintendent Brune, Ortspfarrer Rahner, der mittlerweile für Laer zuständig war, die Pfarrer der Nachbargemeinden, Oberkirchenrat Brandes aus Bielefeld, die Honoratioren und dann die Glieder der Gemeinde. Ebenso befanden sich im Zug verschiedene Gruppen. So die Kinder der evangelischen Schule mit ihrer Lehrerin Fräulein Overkamp und die Sängerinnen und Sänger des „Chores der Vertriebenen", die die spätere Feier vor und in der neuen Kirche umrahmten.

Festliche Feier

Am Bach 8 angekommen, erfolgte die Schlüsselübergabe. Pfarrer Fritz Rahner schloss feierlich die neue Kirche auf und die Menschen strömten herein und nahmen ihre Kirche in Besitz. Nach dem Gottesdienst folgte eine festliche Gemeindefeier im Saal der damaligen Gaststätte Isfort-Dierkes, gegenüber der Kirche. Zahlreiche Redner überbrachten Grußworte, Segenswünsche und so manche kleine und auch größere Spende. Die kommunale Gemeinde stiftete die Glocke mit der Aufschrift: „Wachet und betet!"

Die Taufschale und Taufkanne schenkte die "Großmuttergemeinde" Burgsteinfurt. Die Altarbibel war eine Gabe der Landeskirche in Bielefeld und das Kruzifix über dem Altar ein Geschenk der Gemeinde Borghorst. Die kleine Orgel kam erst 1957 in die Kirche. Im Namen der Werkgruppe des Heimatvereins übergab 1986 der Laerer Architekt Engelbert Thünte einen von ihm gefertigten Taufständer. Das Holz stammt aus dem Gebälk eines 250 Jahre alten, abgerissenen Hauses.

Der Hof Leiwering hatte schon früher in der kirchlichen Geschichte von Laer seine Bedeutung. 1652 baute Friedrich Rolevinck, Mitglied der Familie des berühmten Karthäusermönches Werner Rolevinck (1425 – 1502), die im 30jährigen Krieg zerstörte Ewaldikapelle am Münsterdamm wieder auf. 1662 gründete er eine zu ihr gehörige Blutsvikarie mit der Bestimmung, dass ein Mitglied der Familie Rolevinck Vikar sein sollte, sofern vorhanden. Zum Unterhalt dieser Stelle stiftete er mehrere Grundstücke. Darunter auch das der späteren Hofstelle Leiwering. Es gehörte zum Heiratsgut seiner Frau, einer Anna Leising, vw. Potthoff. Der Hof gelangte 1867 für 700 Taler zunächst in den Besitz von Johann Specker, der ihn seinem Adoptivsohn Hubert Leiwering und seiner Familie vererbte, die ihn 1953 an die evangelische Kirchengemeinde verkaufte.

Das Gebäude

In den Jahren 1955 – 1977 diente das Haus außer zum Kirchenraum und neben aller Gemeindearbeit noch als Freizeitheim. In den 1960er Jahren fanden viele Kinder aus dem Ruhrgebiet, aus dem Paderborner Land und Ostwestfalen hier Freude und Erholung. Auch Wochenend- und

Kurzfreizeiten für Teilnehmer aus Kirchengemeinden, Studentenwerken, Gruppen des CVJM u. a. fanden hier statt.

Zum 25-jährigen Jubiläum im Oktober 1980 bekam die evangelische Kirche endlich einen Namen: „Matthäuskirche". Die Idee hatte der Lehrer und derzeitige Presbyter Wolfgang Ludwig. Der Gedankengang war folgender: Die evangelischen Christen aus dem Osten wurden einst verachtet, weil sie keine Katholiken waren. Doch sie bekannten ihren Glauben an Jesus, lebten ihn, beteten, feierten Gottesdienste. Dadurch fanden sie Anerkennung, Vertrauen, und integrierten sich schließlich. In der Bibel wird berichtet, dass der Zöllner Matthäus (anderer Name: Levi), wie alle anderen Zöllner von seinen Volksgenossen verachtet wurde. Doch er wurde von Jesus gerufen, folgte ihm nach und fand somit Anerkennung bei den ersten Christen.

Gemeindeleben

Es ist unmöglich, in Kürze die vergangenen Jahre guter segensreicher Gemeindearbeit zu schildern. Doch einige Punkte seien festgehalten:

1947 wurde die örtliche Gruppe der „Evangelischen Frauenhilfe" gegründet. Sie besteht noch heute. Das Miteinander der Christen aus beiden Konfessionen ist heute gut und herzlich. An vielen Punkten wirken und arbeiten sie zusammen: Ökumenische Gottesdienste, gemeinsames Gebet vor der Matthäuskirche anlässlich der Hagelprozession, Beten für die Verstorbenen beider Konfessionen in den jeweiligen Gottesdiensten, ökumenische Bibelabende u.v.m. Die Teilnahme an Gruppen und Kreisen aus beiden Konfessionen ist selbstverständlich. Zu erwähnen sind auch die Gottesdienste im Freien, wie z. B. alljährlich am ersten Sonntag nach Pfingsten auf Haus Alst, die von der gräflichen Familie dort besonders unterstützt werden. Von 1973 bis 2002 existierte ein evangelischer Kirchenchor, der viele kirchliche Feiern mitgestaltete. Mehr als 20 Jahre gab es eine Kindergruppe, die neben Basteln und Spielen auch biblische Geschichten hörte und Krippenspiele aufführte. Kinder- und Schulgottesdienste wurden und werden regelmäßig gehalten. Konfirmandenunterricht und Konfirmationen finden in jedem Jahr statt. Die Jugendgruppe führte regelmäßig ein Theaterstück bei den Gemeinde-Adventsfeiern auf. Viele ehrenamtliche Mitarbeiterinnen und Mitarbeiter – Jugendliche und Erwachsene – unterstützen die evangelische Gemeindearbeit und auf so manche, schöne Gemeindefeste, die auch von katholischen Vereinen tatkräftig unterstützt wurden, kann zurückgeblickt werden.

Mitte der 1950er Jahre entstand eine Verbindung der evangelischen Frauenhilfe Laer zu der evangelischen Frauenhilfe Badersleben, Kreis Halberstadt – (damals noch DDR). Im Laufe der Jahre entwickelte sich daraus eine Partnerschaft, die durch Briefe, regelmäßige Paketsendungen und Besuche, soweit möglich, gepflegt wurde. Die Verbindung der beiden Frauenhilfsgruppen ist auch nach der Wiedervereinigung Deutschlands 1990 erhalten geblieben. In Anlehnung an diese kirchliche Partnerschaft wurde auch die kommunale Partnerschaft zwischen Laer und Badersleben begründet.

Eine zweite Partnerschaft entwickelte sich zu der evangelisch – lutherischen Kirchengemeinde in Gussew im Kaliningrader Gebiet (früher Gumbinnen / Ostpreußen), die 1999 offiziell begründet wurde. In den Jahren 1997 – 2001 verbrachte eine Kindergruppe aus der dortigen Gemeinde dreimal zwei wunderbare Ferienwochen in der evangelischen Gemeinde in Laer. Sie schliefen im Gemeinderaum über dem Kirchenraum und in einem Gruppenzelt im Garten, das die Deutsch-Niederländische Brigade verliehen und aufgestellt hatte. Umgekehrt fuhren Laerer Jungendliche auch nach Gussew. Im Jahr 2005 waren die Kinder, inzwischen zu Jugendlichen herangewachsen, noch einmal in Laer zu Gast. Auch eine Erwachsenengruppe aus der Laerer Gemeinde war zweimal zu Besuch in Gussew. Nach 2001 verlagerte sich der Schwerpunkt dieser Partnerschaft nach Borghorst.

Im Jahre 2006 kam das „Aus" für die gute, alte Matthäuskirche. Grund war, dass die Renovierungskosten sich den Kosten für einen Neubau annäherten. So beschloss das Presbyterium den Abriss der alten Kirche und einen Neubau. Zuvor waren über Jahre sehr kontroverse Diskussionen zwischen Gegnern und Befürwortern der Maßnahme geführt worden.

Den Großteil der Baukosten trug die Landeskirche, den Rest musste die Kirchengemeinde selbst aufbringen. Im Jah-

Nach ihrer Entweihung wurde die alte Matthäuskirche am 8. Januar 2006 abgerissen

60 Jahre nach Gründung der Kirchengemeinde hat Laer eine neue Kirche
Fotos: Norbert Niehaus / Gerhard Schröer

re 2006 begann die Maßnahme: Am 8. Januar wurde die Kirche entwidmet und im Februar abgerissen. Im März begann der Neubau und am 24. April war Richtfest. Der Bau wurde in Holzständerbauweise mit Mauerverblendung ausgeführt.

Bereits am Sonntag, dem 22. Oktober 2006, konnte in der fast fertigen Kirche ein Benefizkonzert stattfinden, in dem die Chöre der evangelischen Kirchengemeinde Borghorst-Horstmar und die Kirchenchöre der katholischen Gemeinden St. Bartholomäus und St. Marien aus Holthausen ihr Bestes gaben. Am 1. Advent 2006 wurde die neue Matthäuskirche eingeweiht, – genau 60 Jahre nach der Gründung der evangelischen Gemeinde Laer, was auf dem Sockel des kleinen Kreuzes dokumentiert ist.

Den Neubau kann man als gelungen bezeichnen. Die Gruppenräume dienen der Jugendarbeit, dem kirchlichen Unterricht, der Frauenhilfsgruppe, dem Kindergottesdienst und den verschiedenen Kreisen, die sich in einer lebendigen Gemeinde entwickeln. Die Sitzungen der Gemeindegremien finden ebenfalls in diesen Räumen statt.

Die Pfarrer:

1946 – 1949	Bruno Friedrich
1949 – 1967	Fritz Rahner
1968 – 1994	Helmut Gathmann
1995 – 2000	Joachim Erdmann
1997 – 1998	zusätzlich Pfarrerin z. A. Ute Römer
1978 – 2001	zusätzlich Diakon Gerhard Schröer
ab 1999	Pfarrer Klaus Maiwald

Hundert Jahre Freiwillige Feuerwehr Hopsten

Von Christa Tepe

*"Wohltätig ist des Feuers Macht,
wenn sie der Mensch bezähmt, bewacht.
Doch furchtbar wird die Himmelsmacht,
wenn sie der Fesseln sich entrafft."*

Am 8. Juni 1907 kamen 35 Männer in der Gaststätte Luster zusammen. Sie waren dem Aufruf des Amtmannes Reining gefolgt und gründeten die Freiwillige Feuerwehr Hopsten. Zum Brandmeister wurde der Gastwirt Hubert Luster gewählt, als Stellvertreter fungierte August Plagemann. August Niemann übernahm den Posten des Schrift- und Kassenführers.

Eine Satzung wurde erarbeitet, beraten und am 8. Juli nach Tecklenburg eingeschickt. Landrat Belli genehmigte diese am 5. August 1907 und die Satzung wurde in Kraft gesetzt. Eine recht straffe Führung spiegelte den Ernst der neu gegründeten Wehr wider. So wurden z. B. unentschuldigtes Fehlen bei einer Übung mit 50 Pfennig Strafe belegt, Zuspätkommen an den Dienstabenden kostete 25 Pfennig – nur eine eigene schwere Erkrankung und in der nahen Familie zählten als Entschuldigungsgründe.

August Plagemann verstarb sehr bald und Josef Budde wurde sein Nachfolger als stellvertretender Vorsitzender. Die Gemeinde besorgte Stoff für einheitliche Uniformen, die vom Schneidermeister Josef Budde angefertigt wurden.

Hopsten hatte jetzt eine Freiwillige Feuerwehr. Sie wurde eingeteilt in eine Rettungs- und eine Spritzenmannschaft. Jede Abteilung hatte ihren eigenen Führer. Die Rettungsmannschaft wurde von August Evers, die Spritzenmannschaft von August Plagemann angeführt.

Neue Gerätschaften gab es erst einmal nicht. Diese wurden von den schon seit vielen Jahren in den Bauerschaften bestehenden Brandwehren übernommen. Diese Brandwehren wurden als Pflichtwehr seinerzeit aufgrund eines Gesetzes des Preußischen Königs Friederich des Großen im Jahre 1748 gebildet.

Aus dem Jahre 1842 gibt es eine Originalbestandsaufnahme aller vorhandenen Löschmittel. Danach waren in Hopsten vorhanden: *"1 fahrbare Feuerspritze mit 2-armigen Durchbäumen, einen 60 Meter langen ledernen Schlauch mit messingenen Schrauben zum verkürzen, 2 messingene Mundstücke, eine lederne Tasche, worin die Materialien zu den etwa vorkommenden Reparaturen zum Schlauch geführt werden, 12 Stk. lederne Feuereimer, 1 großer Feuerhaken und 8 große Feuerhaken, welche in den Bauernschaften aufbewahrt werden."*

Die Spritze war im Jahre 1778 angeschafft und von Spritzenmeister Egels in Rheine 1820 für die Summe von 120 Mark in die jetzige Konstruktion umgeändert worden.

Jeder Hauswirt war verpflichtet, einen Feuerhaken, einen sogenannten Ishaken und einen ledernen Löscheimer vorzuhalten. Ab 1841 wurden durch die Westfälische Provinzial-Feuerordnung jährliche Kontrollen durchgeführt. Bei Nichtbeachtung dieser Vorschriften drohten strenge Maßnahmen.

Die Feuerlöscheimer bestanden aus Leder. Ab 1843 heißt des dann, dass in Versmold Eimer aus Segeltuch angeboten werden. Als Begründung für die Neubeschaffung der Eimer wird angeführt, dass: 1. Leder im Laufe der Zeit dem Mottenfraß unterliegt – Segeltuch aber nicht. 2. müssen lederne Eimer nach jedem Gebrauch ordentlich getrocknet und dann eingeschmiert werden – Segeltucheimer bedürfen keiner Pflege. 3. Nach langjährigem Gebrauch können Segeltucheimer unansehnlich werden – durch das Anmalen mit neuer Farbe (für ca. 4 – 5 Silbergroschen) sehen sie wieder aus wie neu – Ledereimer können nicht renoviert werden und als 4. Grund führen sie an, das lederne Eimer Schmutz und Schmiere abgeben und deshalb für den Löschenden unangenehm im Gebrauch sind.

Nach fast 100jährigem Gebrauch wurde die alte Feuerspritze 1872 außer Dienst gestellt, weil sie „unbrauchbar geworden ist und nur mit erheblichen Kosten repariert werden kann und die Konstruktion immer

Kostenberechnung für eine 4-rädrige Löschspritze 1872.

Abbildung einer angebotenen Löschspritze aus dem Jahre 1872.

mangelhaft bleiben wird." Zudem ist sie auf den schlechten Sandwegen selbst mit 4 Pferden kaum gehörig voranzubringen. Zur Inbetriebnahme bedarf es eines Kraftaufwandes von 8 starken Männern." So die Ausführungen des Amtmanns Brons.

Deshalb wurde bei der Fa. Metters in Münster ein Angebot für eine vierräderige Löschspritze mit 80 Meter Hanfschlauch eingeholt. Nach langen und zähen Verhandlungen wurde sie schließlich zum Preis von 278 Talern angeschafft, die alte Spritze für 50 Taler in Zahlung gegeben.

Mit dieser neuen Feuerspritze war nach damaligen Maßgaben der Feuerschutz sichergestellt, auch wenn höheren Ortes immer mehr auf die Bildung straff organisierter Freiwilliger Feuerwehren gedrängt wurde.

Ein Grund für die Errichtung der Freiwilligen Feuerwehren mag auch wohl darin zu sehen sein, dass es bei den bauerschaftlich zusammengeschlossenen Brandwehren zu erheblichen Auswüchsen und Missständen gekommen war. So gibt der königliche Landrat des Kreises Tecklenburg am 7. Juli 1881 in einem Schreiben an seine Amtmänner folgendes weiter:

„Die meinerseits bei den Bränden in geschlossenen Ortschaften in Ledde, Cappeln und neuerdings auch in Brochterbeck gemachten Beobachtungen haben mir aufs neue die Wichtigkeit der Organisation des Löschwesens durch Errichtung einer freiwilligen Feuerwehr vor Augen geführt. Der Eifer der Löschmannschaften pflegt nach Abwendung der größten Gefahren und noch reichlicherem Genuss des Branntweins schnell zu erkalten. Hier ist ein strenges Einschreiten gegen die übermäßige Verabfolgung von Branntwein, nötigenfalls auch ein polizeiliches Schließen aller Schenkwirtschaften während der Löscharbeiten angezeigt."

Ab 1903 schließlich befasste man sich dann in Hopsten ernstlich mit dem Gedanken zur Gründung einer Freiwilligen Feuerwehr. Die Verhandlungen und die entsprechenden Vorbereitungen zogen sich jedoch bis in das Jahr 1907 hinaus. Wie bereits erwähnt, wurde die Wehr am 8. Juni 1907 gegründet.

Der Wunsch der freiwilligen Feuerwehr, recht bald eine Saug- und Druckspritze zu erhalten, war verständlich. Nach langen Verhandlungen der Gemeindevertreter wurde sie im Mai 1927 von der Firma Meyer in Hagen für 2 475,75 Reichsmark geliefert und der Feuerwehr übergeben.

Nun hatte die Freiwillige Feuerwehr eine moderne Spritze – aber sie passte nicht in das kleine Spritzenhäuschen. Unter den Feuerwehrmännern wurde ein Wettbewerb zur Planung eines neuen Feuerwehrgebäudes durchgeführt. Als 1928 die Planungsunterlagen vorlagen fehlte das nötige Geld zum Bau des neuen Spritzenhauses. Die hiesigen beiden Feuerversicherungen wurden um Unterstützung gebeten, da die Gemeinde aber keinen Zuschuss gewähren konnte, wurden die schon bewilligten Gelder wieder zurückgezogen. Um die Finanzierung doch noch zu sichern gab es ab 1928 jährlich eine Verlosung. Die so erwirtschafteten Überschüsse wurden angespart und im Jahre 1933 konnte man endlich mit dem Bau des zweiten Hopstener Spritzenhauses mit Schlauchturm beginnen. Insgesamt beliefen sich die Baukosten auf 2 231,08

Das zu klein gewordene Spritzenhaus (links) wurde 1933 durch ein größeres ersetzt
Fotos: Freiwillige Feuerwehr Hopsten

Reichsmark, die zum größten Teil von den Feuerversicherungen und mit 631,08 Reichsmark durch die Gemeinde, bezahlt wurden. Bis 1945 enthielt das Spritzenhaus auch eine Haftzelle für die Ortspolizeibehörde.

1957 wurde zum 50-jährigen Jubiläum der Freiwilligen Feuerwehr das 3. Feuerwehrgerätehaus eingeweiht. Nach dem Bau des 4. Feuerwehrgebäudes 1997 diente es einige Jahre dem Sportverein als Umkleidegebäude. Heute wird es für die gemeindliche Jugendarbeit genutzt.

Im Jahre 1936 lieferte die Firma Magirus eine Motorspritze mit geschlossenem Transportwagen. Die „Goliath III" hatte eine Minutenleistung von 800 Liter Wasser. Eine – für damalige Zeiten – enorme Neuerung. Musste doch vormals alles Wasser mit Leder- oder Segeltucheimern oder mit der Saugpumpe durch Muskelkraft zum Löschen eines Brandes herangeschafft werden

Als Brandmeister fungierten in den Jahren seit Bestehen der freiwilligen Feuerwehr:

Hubert Luster	1907
August Kätker	1939
Karl Schlüter	1940
Ferdinand Üffing	bis 1956
Bernhard Wolff	ab 1957
Günther Loose	1969

Am 1. Januar 1975 erfolgte mit der Gebietsreform die Zusammenlegung der Freiwilligen Feuerwehr von Hopsen, Schale und Halverde. Neuer Wehrführer wurde Franz-Josef Jasper, der gerade an der Landesfeuerwehrschule in Münster seine Prüfung zum Brandmeister abgelegt hatte.

Franz-Josef Jasper verstarb sehr plötzlich im Jahre 1987, zu seinem Nachfolger wurde Reinhold Woltring ernannt. Seit 2006 ist Thomas Huil Wehrführer der Freiwilligen Feuerwehr, Löschzug Mitte.

1999 wurde in Hopsten eine Jugendfeuerwehr mit 15 Mitgliedern gegründet.

Heinrich Terfloth ist der einzige geistliche Ehrenbürger in Altenberge

Von Karl-Heinz Stening

Schon bald nach seiner Einführung hat sich Pfarrer Dr. Josef Wieneke in seinem neuen Domizil ein wenig umgeschaut und aus historischem Interesse auch den verstaubten Dachboden des Pastoratsgebäudes untersucht. Unter zahlreichen theologischen Fachbüchern seiner Vorgänger, teilweise ein paar Jahrhunderte alt, fand er auch die lange Zeit verschollene Ehrenbürgerurkunde von Pastor Heinrich Terfloth (1874 – 1950), die ihm Anfang April 1947 anlässlich seines Goldenen Priesterjubiläums von der Gemeinde Altenberge überreicht worden war.

Das 38 x 28 cm große Schriftstück, von der hiesigen Lehrerin Anna Wichelhaus in den Farben Schwarz, Rot und Gold hervorragend gestaltet, ist noch einwandfrei erhalten, weil es durch einen grobleinigen festen Umschlag mit dem Gemeindewappen geschützt war, der wiederum in einem schwarzen Schuber steckte. Das Gemeindesiegel im hölzernen Klappverschluss an geflochtener Kordel gibt dem Ganzen eine durchaus solenne Note.

Der Text der Urkunde lautet: „Dem Hochwürdigen Herrn Pfarrer Heinrich Terfloth in Altenberge wird aus Anlaß seines Goldenen Priesterjubiläums und in Anerkennung seiner Großen Verdienste um die Gemeinde Altenberge auf einstimmigen Beschluß der Gemeindevertretung das Ehrenbürgerrecht der Gemeinde Altenberge verliehen. Altenberge, am 7. April 1947". Unterschrieben ist die Urkunde vom damaligen Bürgermeister Carl Stüer und dem Amtsdirektor Jacob Bohn.

Am 21. April 1874 als Sohn eines Hauswebers in Greven geboren, machte Heinrich Terfloth das Abitur am Paulinum in Münster und wurde nach dem Theologiestudium dort schon am 3. April 1897, noch nicht einmal 23 Jahre alt und darum mit besonderer bischöflicher Genehmigung, zum Priester geweiht. Die ersten Jahrzehnte fungierte er als Konrektor in Vreden, dann als Schulrektor in Waldniel (Rheinland) und Borken, bis er am 12. Dezember 1928 zum Pfarrer in Altenberge ernannt und am 16. Januar 1929 feierlich in sein Amt eingeführt wurde.

Hier erfreute er die Kirchenbesucher durch seine eindrucksvollen Predigten, die er häufig mit historischen Begebenheiten würzte und die darum meistens recht „spannend" waren. Wegen seiner bisherigen vorwiegend pädagogischen Tätigkeit hatte er immer ein besonders offenes Ohr für die Jugend und die Schulkinder, deren Frühkommunion er tatkräftig förderte. Zum pastoralen Dienst gehörten seine vielen Haus- und Krankenbesuche.

Einfach und bescheiden, wie er zeitlebens war, verehrte er vor allem die hl. The-

Heinrich Terfloth, Ehrenbürger in Altenberge
Repro: Karl-Heinz Stening

resia vom Kinde Jesu, der seinerzeit auch die 4. Kirchenglocke geweiht worden ist. Häufig zog es ihn in die Kirche, wo dem stillen Beter vor dem ersten Pfeiler vorne rechts eigens eine mit rotem Samt überzogene Kniebank eingerichtet worden war. Wenn sein Hund „Deli" sich bellend meldete, dauerte es nicht lange, bis sein Herrchen mit obligatorischer langer Pfeife erschien.

Aufgrund der Sedisvakanz nach dem Tod Kardinal von Galens grüßte der damalige Kapitularvikar Franz Vorwerk den „Hochwürdigen Herrn Jubilar" und erwähnte vor allem sein Engagement als Schulfachmann und Visitator der Kinderseelsorgestunden. Zur besonderen Freude konnte er ihm mitteilen, dass der Heilige Vater ihm zum Jubiläum den Apostolischen Segen erteilt und ihn zur Spendung des Päpstlichen Segens an seine Altenberger Gläubigen bevollmächtigt hat.

Neben allen kirchlichen Vereinen gratulierten ihm auch zahlreiche ehemalige Rektoratsschüler, die es im Leben zu etwas gebracht hatten. Die Schützen der Bauerschaft Entrup machten ihm ihre Aufwartung aus besonderem Anlass, hatte er sie doch im Jahre 1931 zum Parademarsch bzw. Ständchen mit anschließendem Umtrunk animiert, der traditionell bis heute nach dem Schützengottesdienst von seinen Nachfolgern beibehalten worden ist.

Besonders erfreut war der Pastor damals über einen rustikalen Frühstückskorb und ein dazu passendes, sehr langes plattdeutsches Gedicht, das seine Westenfelder Schüler Heinrich Sommer und Alfons Voß vortrugen und folgendermaßen endete:

„För us beide is't nu klaor,
To Diene 50 Priesterjaohr',
Dao wünsk'd wi Di von Hiärten Glück
Un daoto noch'n üördentlick Stück
Von Jaohren un auk Guodes Siägen
Dien Liäwen lang up alle Wiägen."

In seiner ausführlichen Dankesrede wies der Jubilar darauf hin, dass er in seinem langen Priesterleben oft vor schwierigen Entscheidungen gestanden habe, die er stets Gottes Fügung anheimgestellt habe gemäß seinem Wahlspruch „Deus providebit" (Gott wird schon sorgen). Dieses Motto durchzog wie ein roter Faden seine Rede und sein ganzes Leben.

Pfarrer Heinrich Terfloth ist bisher der einzige Geistliche, der das Altenberger Ehrenbürgerrecht erhalten hat. Die wiedergefundene Urkunde ist inzwischen dem Heimathaus „Kittken" übergeben worden.

Drei Schatzungsregister aus der Saerbecker Ortsgeschichte

Von Franz Lüttmann

Während bis 1498 über die Saerbecker Bevölkerung nur bruchstückhafte Nachweise vorliegen, ist die Willkommschatzung von 1498 ein fast vollständiges Familienverzeichnis, in dem allerdings Kinder bis zum 12. Lebensjahr und steuerbefreite Personen fehlen. Kinder wurden im katholischen Münsterland erst gezählt, wenn sie zum Empfang der Ersten Hl. Kommunion gegangen waren.

Es war im ausgehenden Mittelalter üblich, einem neu gewählten Bischof eine Steuer zu bewilligen, damit er die mit dem „Regierungswechsel" verbundenen Kosten tragen konnte. So bewilligte der Landtag dem am 9. Januar 1497 zum Bischof von Münster gewählten Conrad Graf von Rietberg zum Willkommen eine Kopfsteuer in Höhe von zwei Schilling und sechs Pfennigen, die von der Bevölkerung in zwei Raten zu zahlen war. Das gesamte Hochstift brachte durch diese Steuer 11.050 Mark auf.

Anhand der Kopfsteuer berechnete der 1992 verstorbene Saerbecker Heimatforscher Hermann Berg eine Einwohnerzahl von lediglich 683 Personen in 105 steuerpflichtigen Haushaltungen für Saerbeck aus. Für 76 dieser Familien ist diese Schatzungsliste der älteste schriftliche Nachweis. Allerdings sind die meisten von ihnen schon wesentlich länger in Saerbeck angesiedelt, so als „Erben" ab dem 9. Jahrhundert. Angaben über Alters- oder Berufsstrukturen macht die Willkommschatzung von 1498 nicht.

Da sind die Schatzungsregister von 1534, die Rent- und die Viehschatzungen, schon ausführlicher. Interessant dürften hier die Angaben über die Berufe und – in Anlehnung an das Jahresthema dieses Kreisjahrbuches – über die Haustiere von Interesse sein.

Aus den Jahren 1534 bis 1537 liegen im Staatsarchiv Münster drei Schatzungsregister vor, die für die Ortsgeschichte Saerbecks sowie für die Hof- und Ahnenforschung von grundlegender Bedeutung sind. Sie geben detailliert die Erbesqualität und den Bestand in Vieh an. Anlass zu dieser Steuer waren die Wiedertäufer in Münster, deren Niederwerfung erhebliche Mittel erforderten. Aus diesem Grund bewilligten die in Telgte versammelten Landstände (Domkapitel, Ritterschaft und Städtevertreter) dem fürstbischöflichen Landesherrn eine „außerordentliche Steuer".

Die erste „Rentheschatt" aus dem Jahr 1534 galt für alle, die über Grund und Boden verfügten sowie für Kaufleute und Handwerker. Unter Saerbeck sind 87 bäuerliche Betriebe genannt. Hinter ihren Namen ist die Erbesqualität aufgeführt, die angibt, ob es sich um einen Vollerben (Alt-

Der Hof Selig gab der Bauerschaft Sinningen (sinegar) seinen Namen — Foto: Franz Lüttmann

bauern) oder Halberben, um Kötter, Brinksitter oder Heuerleute handelte.

Da die Niederwerfung der Wiedertäufer gewaltige Kosten verursachte, bewilligten die Landstände 1534 eine weitere außerordentliche Steuer für den Bestand an Vieh sowie für die Beschäftigung an Bedienstete. Die Steuer belastete die Höfe enorm, da die Bewirtschaftung nur wenig Ertrag abwarf.

Zur Aufstellung der Schatzungsliste mussten sich die Steuerpflichtigen an einem zuvor verkündeten Termin im Pastorat oder in einer Gastwirtschaft einfinden. Die Steuerkommission bestand aus dem Beauftragten des Landesfürsten, dem Rentmeister, dem Kirchspielvogt, dem Pastor und dem Bauerschafts-Vorsteher. Falsche Angaben wurden mit Beschlagnahme der nichtgemeldeten Tiere geahndet. Das Steueraufkommen der Viehschatzung 1534 betrug für Saerbeck 225 Mark und sechs Pfennig (zum Vergleich hier das Kirchspiel Emsdetten: 195 Mark, vier Pfennig).

Im Gegensatz zum Vieh konnten Dienstboten schon eher unterschlagen werden und es sieht aus, als hätten größere Höfe nur unvollständige Angaben gemacht. Die Zahl an Mägden und Knechten gaben die Saerbecker Bauern mit 58 an (zum Vergleich in Klammern Emsdetten: 43).

Pferde gab es in Saerbeck 288 (220), Fohlen 22 (9), Kühe 348 (301), Rinder 293 (232), Schweine 37 (75), Ferkel 161 (204), Schafe 1208 (1044), Bienenvölker 34 (35) und Schafhalter 100.

Das Viehschatzungsregister aus 1534 ist für die Beurteilung der wirtschaftlichen Verhältnisse der damaligen Zeit von großer Bedeutung, denn die Viehzucht war die Haupterwerbsquelle und die Lebenssicherung der Bewohner. Gemessen an den Acker- und Weidegrößen jener Zeit war der Viehbestand doch recht beträchtlich. Besaßen die größeren Bauern vier bis sechs Kühe und ebenso viel Rinder, so verfügten die Brinksitter, Handwerker und Tagelöhner nur über ein bis zwei Stück Rindvieh für ihre eigene Milch- und Fleischversorgung.

Erstaunlich groß war der Bestand an Pferden und Schafen. Die hohe Zahl an Pferden resultierte auch aus der Verpflichtung zu Spanndiensten für den Grundherrn. Der hohe Schafbestand von 1208 Stück in Saerbeck lässt auf eine herausragende Bedeutung der Schafzucht schließen. Diese wird durch den alljährlichen Saerbecker Schafsmarkt unterstrichen, der als der größte in der Umgebung galt und bis zum Beginn des 20. Jahrhunderts bestand.

Schwierige Schweinemast

Am ungünstigsten waren die Verhältnisse für die Schweinehaltung. Wegen des Fehlens einer intensiven Ackerwirtschaft konnte eine Stallhaltung kaum betrieben werden. Deshalb war man auf die Stoppelmast nach der Ernte und auf die Eichelfütterung angewiesen. Weil aber keine großen zusammenhängende Eichen- und Buchenwaldungen vorhanden waren, konnte auch nur eine geringe Zahl von Schweinen aufgezogen werden.

Die Viehschatzung von 1537 (Bevergerner Drostenregister) ist eine gute Ergänzung zum Register aus 1534. Sie enthält zehn Schatzungspflichtige, die in der Liste aus 1534 aus unerklärlichen Gründen nicht enthalten waren, zumal sich darunter drei alte Erbes- und zwei Kötterhöfe befinden. Erwähnenswert ist auch, dass vier Siedlungsstellen, die nachweislich schon 1498 bestanden, weder 1534 noch 1537 erwähnt werden.

Maul- und Klauenseuche

Die Vieh-Bestandszahlen haben sich 1537 gegenüber 1534 erheblich geändert. Besonders auffällig ist der Rückgang des Schafsbestandes um circa 27 Prozent, was auf eine Maul- und Klauenseuche schließen lässt. Die Zahlenbewegungen innerhalb von drei Jahren zeigen aber auch, wie instabil die damalige Landwirtschaft war und wie sehr der Bauer, die Kötter und die übrigen Bürger als Selbstversorger abhängig waren von Wetter und Krankheiten.

Im März 2007 wurde beim Heimatverein Saerbeck ein Arbeitskreis Familienforschung gegründet. Die ältesten Einwohnerlisten, die im Staatsarchiv und im Bistumsarchiv Münster, in den Archiven der Gemeinde und der Kirchengemeinde St. Georg vorhanden sind, wurden von Hermann Berg, der bis 1990 auch Geschäftsführer des Heimatvereins war, sorgfältig abgeschrieben. Sie stellen wichtige Unterlagen für den neuen Arbeitskreis dar. Hermann Berg verfasste auf Bitten Saerbecker Landwirte rund 120 Hofgeschichten („Stammbäume).

Jahresthema: Mit den Tieren

Über die große Bedeutung kleiner Tiere im Kreislauf der Natur

Von Horst Michaelis

> Freudig war vor vielen Jahren
> eifrig so der Geist bestrebt,
> zu erforschen, zu erfahren,
> wie Natur im Schaffen lebt.
> und es ist das ewig Eine,
> das sich vielfach offenbart:
> klein das Große, groß das Kleine,
> alles nach der eignen Art.
>
> *Johann Wolfgang von Goethe*

In der Tierwelt ist es wie bei den Menschen. Oder evolutionsbiologisch richtiger gesagt: Bei uns Menschen ist es nicht viel anders als in der Tierwelt: Die Großen können nicht ohne die Kleinen. Denn erst die tägliche Arbeit der vielen Kleinen ermöglicht das Leben der Großen. Wenn es keine Einzeller, keine Asseln, keine Käfer, keine Spinnen, keine Bienen … gäbe, würden weder Vögel, noch Säugetiere, noch Menschen auf der Erde existieren können.

Bodenbereiter

„Opa, welches Tier ist wichtiger, der Elefant oder der Regenwurm?" Bei solcher Frage eines Enkelkindes im Grundschulalter ist Vorsicht geboten. Da jede Tierart wichtig ist, was der Sprössling in zweiter Generation eigentlich doch weiß, will er entweder einen Witz erzählen oder eine wahrscheinlich frisch erworbene Weisheit los werden. Und deshalb tut der Großvater gut daran zu antworten: „Natürlich der Elefant." Nun ist der Enkel nicht mehr zu bremsen: „Falsch Opa, der Regenwurm ist viel wichtiger!" „Wieso denn das?" stellt sich der Opa dumm. „Weil die **Regenwürmer** dafür sorgen, dass der Boden fruchtbar ist, damit die Pflanzen wachsen können. Und ohne Pflanzen können Tiere und Menschen nicht leben. Regenwürmer haben keine Augen, aber sie riechen und tasten nachts nach alten Blättern und ziehen sie in ihre unterirdische Röhre. Dann fressen sie die auf, und was hinten rauskommt ist Humus." Der Opa staunt und ist stolz auf sein Enkelkind, denn kürzer und klarer hätte man die Rolle der Regenwürmer im Kreislauf der Natur kaum beschreiben können. Leider haben viele Leute für Regenwürmer ja nicht viel mehr übrig als ein verächtliches „Igitt".

Da der Opa heute Zeit hat und der Enkel seine Schularbeiten bereits erledigt hat, lockt er den Wissbegierigen in den Garten: „Es gibt auch noch andere kleine Tiere, die den Boden fruchtbar machen. Wenn du sie sehen willst, brauchst du aber viel Kraft." „Die hab ich doch, Opa" antwortet der Kleine selbstbewusst. „Dann versuch mal, den flachen Stein dort vorsichtig hochzuheben." Mit vereinten Kräften gelingt es, den Stein hochzuheben und an die Seite zu legen. Wo der Stein gelegen hat, krabbeln mindestens zehn flache graue, vielbeinige Tiere umher. „Guck mal, Opa, die wollen sich verstecken. Der hier war aber nicht schnell genug." Der Enkel hat eine wohl zwei Zentimeter große **Mauer-Assel** in seiner Hand und betrachtet sie genau. „Der hat sieben Beine an jeder Seite und ganz kleine Augen. Ich glaube, das ist der Vater. Der hat gewartet, bis alle Kinder sich versteckt hatten."

„Raubtiere" am Boden

„Laut auf schrieen alle, wenn sie die giftige Kreuzspinne sahen auf Christines Gesicht, und voll Angst und Grauen flohen sie, ..." schrieb der Dichter Jeremias Gotthelf in „Die schwarze Spinne", die in meiner Schulzeit zur Pflichtlektüre in allen Gymnasien gehörte.

Woran mag es liegen, dass sich der mittelalterliche Aberglaube, Spinnen seien giftig, gefährlich und eklig, gehalten hat, so dass auch heute noch viele Menschen Reißaus nehmen, wenn sie einer Spinne begegnen? Liegt es daran, dass Spinnen den Menschen nicht aus zwei großen, sondern aus sechs oder acht kaum erkennbaren kleinen Augen anschauen? Oder daran, dass man nicht berechnen kann, in welche Richtung die Spinne laufen wird? Oder nimmt man es den Spinnen übel, dass sie Insekten fangen, mit einem Biss lähmen und als Nahrungsvorrat mit klebrigen Fäden einwickeln?

Vielleicht ist keine dieser Tatsachen die alleinige Ursache für die völlig unbegründete Furcht vor Spinnen. Von den bei uns in Deutschland vorkommenden Spinnenarten ist nicht eine einzige für den Menschen giftig, auch nicht die Kreuzspinne, von der das immer wieder behauptet wird.

In Mitteleuropa leben rund 800 Spinnen-Arten, auf der ganzen Erde mehr als 25.000. Längst nicht alle Arten zählen zu den auffälligen Radnetz-Spinnen. Die Hausspinne, der wir am ehesten begegnen, ist zum Beispiel eine Trichterspinne. Sie spannt mit Vorliebe in Zimmerecken ihre Fäden in Form eines Trichters, der in die Wohnröhre der Spinne mündet. Dort wartet sie geduldig, bis sich ein kleines Tier im Fadengewirr verirrt, was oft genug viele Tage lang nicht der Fall ist. Da sich in dem Trichternetz Hausstaub sammelt, ist es uns ein Dorn im Auge und wir beseitigen es, leider oft mitsamt der Spinne. Eigentlich müssten wir uns jedoch freuen, dass wir in der Hausspinne eine Mitarbeiterin bei der Beseitigung von Mücken, Fliegen, Milben und anderen unbeliebten kleinen Mitbewohnern haben, die ab und zu in allen Wohnräumen vorkommen.

Eine Fliege als Brautgeschenk

Andere Spinnen verzichten ganz auf den Bau kunstvoller Netze: Die Wolfsspinnen und Raubspinnen erjagen ihre Beutetiere am Boden. Im Sommer fallen die Weibchen dadurch auf, dass sie große Eikokons mit sich herumschleppen. Interessant ist das Paarungsverhalten der überall häufigen Listspinne, die zu den Raubspinnen zählt: Zuerst erbeutet das Männchen eine Fliege und wickelt sie in ein dichtes Seidengespinst. Mit diesem Brautgeschenk sucht es nach einem Weibchen und bietet es ihm an. Während dann das Weibchen die Fliege aussaugt, nutzt das Männchen die Gelegenheit zur Paarung und zieht sich schnell wieder zurück, damit es nicht selbst zur Beute wird.

Auch viele andere Spinnenarten zeigen faszinierende Verhaltensweisen: Kugelspinnen betreiben Brutfürsorge, Springspinnen beschleichen ihre Beute, Krabbenspinnen lauern auf Blüten und können ihre Farbe dem Untergrund entsprechend verändern.

Es gibt noch eine ganze Reihe anderer kleiner Tierarten, die wie die Spinnen weitgehend im Verborgenen der Bodenvegetation eine wichtige Rolle als Vertilger unzähliger Kleintiere spielen: Rostbraune flache **Steinläufer**, die im Fall-Laub und unter Steinen schnelle Bodentiere erjagen, flinke, meist schwarz gefärbte **Laufkäfer**, die Insektenpuppen, Schnecken und Würmer erbeuten, **Hundertfüßer**, die nur unterirdisch auf Jagd gehen und nicht zu vergessen die **Ameisen**. Ihre Nester werden von Waldbesitzern und Förstern gern gesehen, weil die Arbeiterinnen Unmengen von Tieren, zum Beispiel Raupen, aus den Bäumen schleppen, um damit ihre Larven zu füttern. Ameisen überwältigen aber nicht nur Tiere, sondern sammeln auch ölhaltige Anhänge verschiedener Samen und tragen auf diese Weise zur Verbreitung etlicher Pflanzenarten bei (z. B. Taubnesseln und Veilchen).

Tote Tiere findet man in Wald und Flur selten. Eine Reihe kleiner Tiere sorgen nämlich dafür, dass sie in kurzer Zeit vom Erdboden verschwinden: Ameisen schneiden kleine Stücke aus dem Fleisch und Fliegen legen ihre Eier in die Kadaver. Besonders begehrt sind Tierleichen aber für eine Käferart, die ihren Namen wegen ihres Brutverhaltens bekommen hat: Der zu den Aaskäfern zählende **Totengräber**. Sobald ein Totengräber-Männchen einen geeigneten Tierkadaver entdeckt hat, lockt es mit Hilfe spezieller Duftstoffe ein Weib-

*Hundertfüßler
(Strongylosoma pallipes)*

chen an. Gemeinsam graben sie die Erde unter dem toten Tier zur Seite, so dass es innerhalb kurzer Zeit im Erdboden verschwindet. Dort entfernen sie die Haare oder Federn des Tieres und formen es zu einer Fleischkugel. Das Weibchen legt Eier in die Kugel und füttert sogar die ausschlüpfenden Larven mit vorverdautem Nahrungsbrei, bis sie groß genug sind, um sich zu verpuppen. Nach zwei Wochen schlüpft aus den Puppen die nächste Totengräber-Generation.

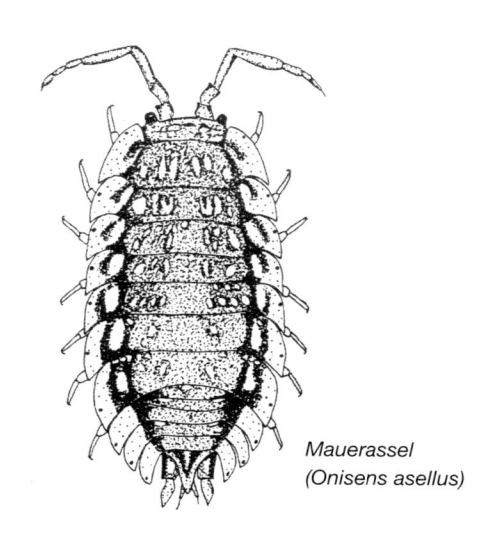

*Mauerassel
(Onisens asellus)*

„Bleibt bitte zur Bio-Stunde nach der großen Pause draußen auf dem Schulplatz." Dieser Aufforderung ihres Lehrers kommt die Klasse 6a natürlich gern nach. Vielleicht geht es ja wieder zu den Tümpeln am Regenrückhaltebecken. Falsch vermutet: „Wir gehen jetzt zur Hausmeisterwohnung. Dort warten ein paar hundert Tiere auf uns. Ihr müsst aber leise sein!" Der Lehrer geht auf den wenigen Metern voran, die Kinder sind gespannt.

Nun stehen sie dicht gedrängt im kleinen Innenhof der Hausmeisterwohnung. Angeklebt an eine Betonwand sehen sie einen unförmigen gelblichen Klumpen mit einem Loch an der Seite. Der Lehrer sagt nichts. Die Kinder staunen beinahe ehrfürchtig, denn aus dem Loch krabbeln vier große gelbbraune Insekten. „Das sind dicke Bienen", flüstert ein Mädchen ängstlich. Drei der vier Tiere krabbeln in allen Richtungen auf ihrem Bau umher, als ob sie ihn überprüfen wollen. Das vierte fliegt brummend an den Köpfen der Kinder vorbei und verschwindet.

„Das sind **Hornissen**", erklärt der Lehrer, „sie haben die Außenhaut ihres Nestes und auch die Zellen im Inneren aus zerkautem Holz gebaut." Hornissen! Einige Kinder sind entsetzt: „Die sind gefährlich. Drei Stiche töten einen Menschen, sieben Stück ein Pferd." Da ist es wieder, das unausrottbare Vorurteil. „Ihr dürft jetzt durch das Einflugloch ins Hornissennest schauen. Aber der Reihe nach und nicht ans Nest klopfen!" Vorsichtig nähern sich die Schülerinnen und Schüler einzeln dem Einflugloch und schauen neugierig hinein. Ausfliegende und heimkehrende Hornissen lassen sich dadurch nicht stören.

Anschließend wissen alle Kinder: Hornissen sind viel friedlicher als man meint. Aggressiv werden sie nur dann, wenn man ihr Nest zerstört. Leider werden manchmal die Nester von Hornissen und Wespen aus Angst vor Stichen, die übrigens keineswegs tödlich sind, vernichtet. Obwohl sie im Kreislauf der Natur eine wichtige Rolle spielen, denn sie fangen sowohl fliegende Insekten wie zum Beispiel Fliegen und Mücken als auch ab und zu Raupen und kleine Heuschrecken.

Gemeine Wespe
(Chrysotoxum bicinctum)

Mit Wespen verwechselt werden häufig die **Schwebfliegen**. Viele Schwebfliegen-Arten sind nämlich ähnlich gefärbt wie Wespen. Auf diese Weise täuschen sie ihren Feinden, z. B. Vögeln, vor, eine stachelbewehrte Wespe zu sein. Sie besitzen jedoch keinen Stachel und jagen auch keine Insekten. Sie ernähren sich vielmehr von Blütenstaub. Ihre Larven dagegen fressen Blattläuse, oftmals 20 bis 30 Stück in einer Nacht. Deshalb nennt man sie gern „Blattlauslöwen". Wer also Blattläuse im Garten nicht mit chemischen, sondern biologischen Mitteln bekämpfen will, dem sei zu Anpflanzung und Duldung einheimischer Blütenpflanzen geraten, die viel Blütenstaub produzieren.

Die meisten Wespen-Arten entsprechen nicht dem jedermann geläufigen schwarz-gelben Wespen-Bild. Sie leben auch nicht in Staaten wie unsere Bienen und Faltenwespen, sondern einzeln. Ihre abenteuerliche Lebensweise bleibt den meisten Menschen verborgen: Das **Sandwespen**weibchen zum Beispiel gräbt ein fünf cm tiefes Loch in die Erde, sucht nach einer Schmetterlingsraupe, lähmt sie mit ihrem Giftstachel, zerrt sie in mühseliger Schlepparbeit in die Erdröhre, legt ein Ei an diesen lebenden Nahrungsvorrat, schließt die Röhre mit einem Stein und ebnet die Stelle wieder ein.

Schlupfwespen, von denen es in Deutschland mehrere Tausend Arten gibt, machen sich nicht so viel Arbeit. Sie legen ihre Eier in junge Raupen. Die ausschlüpfenden Wespenlarven leben im Inneren des Opfers und ernähren sich zunächst vom Fett der Raupe, so dass diese weiter wächst. Dann aber verzehren die Wespenlarven auch lebenswichtige Organe, und schließlich bleibt nur noch die Haut der Raupe übrig. Nun sind die Schlupfwespenlarven groß genug, können sich verpuppen, schlüpfen, paaren und wiederum Raupen parasitieren.

Zu den Insekten, die einen Stachel haben, zählen auch **Bienen** und Hummeln. Dass Bienen als Bestäuber von Beerensträuchern und Obstbäumen eine wichtige Rolle spielen, ist bekannt. Von den **Hummeln** werden sie aber in Erfüllung dieser Aufgabe noch übertroffen. Kaltes und regnerisches Frühlingswetter, das die Honigbienen im Stock bleiben lässt, macht den Hummeln nichts aus. Sie fliegen auch dann unermüdlich zu Obstbäumen und blühenden Stauden, um Nektar zu tanken und Blütenstaub zu sammeln und nebenbei dafür zu sorgen, dass aus Blüten Samen und Früchte werden.

Können auch Libellen stechen? Auf Exkursionen an Gewässern wird diese Frage immer wieder gestellt. Die Angst, die hinter dieser Frage steht, ist unbegründet. Libellen haben weder einen Stachel noch das zum Stechen notwendige Gift. Die Weibchen besitzen am Hinterleib eine kleine Legeröhre, mit deren Hilfe sie ihre Eier in Wasserpflanzen einbohren. Gefährlich sind Libellen nur für fliegende Insekten, die sie in rasantem Fluge fangen und mit ihren Oberkieferzangen zerteilen.

Sympathieträger

Im Gegensatz zu den meisten sechs-, acht- oder nochmehrbeinigen wirbellosen Tieren erfreut sich der **Marienkäfer** großer Beliebtheit. Das zeigen schon seine vielen Namen. In Deutschland nennt man ihn Sonnenkäfer, Glückskäfer, Sonnenkälbchen, Herrgottsschäfchen, Herrgottspferdchen, in Frankreich Vache à Dieu oder Bête de la vierge, in England Lady bird, Lady beetle oder Beetle of the Blessed Lady.

Ob die Namensgeber über die Lebensweise, vor allem die Ernährung der Marienkäfer bereits Bescheid wussten, ist fraglich. Wahrscheinlich waren es der fast kreisrunde Körper („niedlich") und die roten Flügeldecken mit den schwarzen Punkten, die den Marienkäfer zum Glücksbringer werden ließen.

Dem Gärtner bringen sie auf jeden Fall Glück: Sowohl die Marienkäfer-Larven als auch die Käfer ernähren sich nämlich von

Die Punktierte Zartschrecke (Leptophyes punctatissima) ist eine 1-1,5 cm große Art der Laubheuschrecke (Tettigoniidea) und gehört zu der Ordnung der Langfühlerschrecken (Ensifera)
In der Abendsonne des 4. Juli 2007, fotografiert von Bertin Zellerhoff, Steinfurt

Blattläusen. Die bekannteste Marienkäfer-Art, der Siebenpunkt, verzehrt pro Tag etwa 150, der kleinere Zweipunkt bis zu 60 Blattläuse, die mit ihrem Saugrüssel vielen Pflanzen lebenswichtige Stoffe entziehen. Marienkäfer können daher sehr gut im biologischen Pflanzenschutz eingesetzt werden. Als zum Beispiel in Kalifornien durch die Melonen-Blattlaus in vielen Melonenplantagen große Schäden entstanden, wurden an Überwinterungsplätzen im Gebirge Tausende von Marienkäfern ausgegraben und in den Plantagen freigelassen. Sie beendeten die Blattlaus-Plage in wenigen Tagen.

Als „biologische Schädlingsbekämpfer" nehmen alle siebzig in Mitteleuropa vorkommenden Marienkäfer-Arten eine sehr wichtige Stellung im Naturhaushalt ein. Jeder Gartenbesitzer sollte daher auf chemische Schädlingsbekämpfungsmittel, die ja nicht nur die Blattläuse, sondern auch die Marienkäfer töten, verzichten.

Die nützliche Florfliege   Foto: Horst Michaelis

Ein ebenfalls schöner Blattlaus-Vertilger ist die **Florfliege**. Dieses zu den Netzflüglern zählende „Insekt des Jahres 1999" hat wohl jeder schon gesehen, aber wenig beachtet, denn sie ist nur 26 bis 28 mm groß, hat filigrane grünliche Flügel, die sich wie ein Schleier um ihren schmalen Körper legen, goldgelb leuchtende Knopfaugen und sehr lange zarte Flügel. Im Spätherbst sucht sich die Florfliege Verstecke zum Überwintern und taucht dann auf Dachböden, in Kellern oder manchmal auch in bewohnten Räumen auf. Im Sommer ernähren sich Florfliegen von Blütenpollen und Nektar, ihre Larven aber fast ausschließlich von Blattläusen.

Eine Legende berichtet, dass Gott am siebten Tag, als er sich von der Arbeit erholen wollte, die **Schmetterlinge** erschuf. Er schuf sie aus Morgenlicht, Mittagsfeuer, Abendglanz und Nachtschein. Die weißen und gelben Schmetterlinge bildete er am Morgen, die blauen mittags, die roten am Abend und die dunklen nachts. Dann ließen sich die Schmetterlinge auf die Blüten der Erde nieder, und beide schlossen eine enge Freundschaft. Deutlich wird in dieser Legende, dass der Anblick von Schmetterlingen uns Menschen Freude bereitet. Die Vorstufe des Schmetterlings, die Raupe, ist jedoch weit weniger beliebt, obwohl viele Raupen ebenfalls schön bunt gefärbt sind.

Landwirte und Gärtner bekämpfen Schmetterlingsraupen, weil sie ihre Pflanzen fressen. Aber auch Schmetterlinge und ihre Raupen spielen eine wichtige Rolle im Naturganzen: Sie sind eiweißreiche Nahrung für sehr viele Tierarten, zum Beispiel für Vögel, Igel, Spitzmäuse, Fledermäuse, Kröten, Ameisen, Wespen, Libellen, Käfer. Einige Schmetterlingsarten, vor allem Tagfalter, Schwärmer und Eulen, bestäuben außerdem wie Bienen und Hummeln verschiedene Blütenpflanzen.

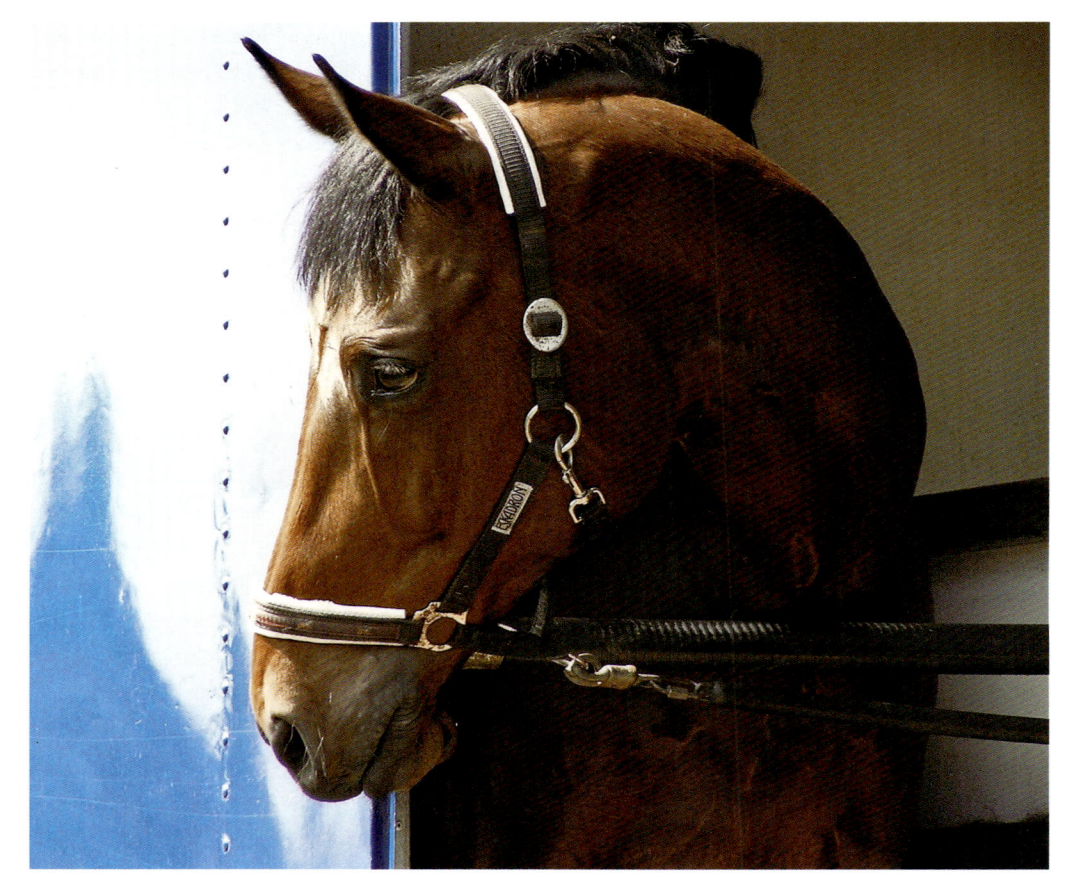

Foto: Ute Peters

Alles Glück dieser Erde
liegt auf dem Rücken der Pferde

Von Hanna Schmedt

„Das sind unvergessliche Jahre meiner Kindheit", erzählt mit strahlendem Gesichtsausdruck Elke Weiß, geb. Holtkamp. „Mein Vater, Wilhelm Holtkamp, früherer Berufssoldat und Ausbilder bei der Kavallerie, begann nach dem Krieg in den fünfziger Jahren mit viel Freude und Elan, sich der Lienener Jugend anzunehmen und in ihnen durch das Voltigieren die Liebe zum Pferd zu wecken. Mit dem geliehenen

Norweger-Pferd „Mucki" begannen die ersten Übungen mit uns Kindern bei Bauer Appelbaum und auf der „Sandkuhle". Geschicklichkeit und Mut waren gefordert. Das hat uns für das spätere Leben geprägt. Wenn wir dann noch ein Ziel vor Augen hatten und als Gruppe von zehn bis fünfzehn Kindern im Alter von sieben bis acht Jahren einen Erfolg unserer Übungsstunden bei einer Aufführung auf einer Wiese im Dorf oder gar auf der Freilichtbühne in Tecklenburg darstellen konnten, waren wir überglücklich."

„Holtkampsche Philosophie gilt noch", lautet der Titel eines Berichts der Westfälischen Nachrichten vom 09.05.2007 über das zu erwartende 14. Reit- und Springturnier auf dem Lienener Turniergelände, auf dem 650 Reiter mit 1300 Pferden und 34 Prüfungen an den Start gehen. „Im Mittelpunkt der Nachwuchsprüfungen steht erneut die Vergabe des Wilhelm-Holtkamp-Pokals, der in diesem Jahr bereits zum 19. Mal zur Disposition steht. Es war und ist gerade dieser Reiternachwuchs, der dem langjährigen Vorsitzenden und passionierten Ausbilder des Zucht-, Reit- und Fahrverein Lienen e.V., Wilhelm Holtkamp, besonders am Herzen lag. Er legte besonders Gewicht auf die vielseitige Ausbildung der Reiterjugend und warnte Zeit seines Lebens vor der zu frühen Spezialisierung in Spring- und Dressurreiten. Um seiner Philosophie Nachdruck zu verleihen und als Anreiz für Jugendreiter, sowohl an Spring-, als auch Dressurprüfungen teilzunehmen, stiftete der Träger der bronzenen Verdienstplakette des Provinzialverbandes den nach ihm benannten Pokal, den Wilhelm-Holtkamp-Gedächtnispokal, den nun seine Frau Käthe übergeben wird." Wilhelm Holtkamp starb im Jahr 1993.

Lienen, bis zum Zweiten Weltkrieg ein rein bäuerliches Dorf, geprägt von der Landwirtschaft, hat eine bemerkenswerte Umstrukturierung erfahren und sich zum Ort des Pferdesports entwickelt.

In seinen „Beiträge(n) zur Geschichte der Gemeinde Lienen und des Kreises Tecklenburg" beschreibt Amtmann Hagedorn aus Lienen (Heimatjahrbuch des Kreises Tecklenburg 1925): „1748 ordnete die Regierung an, dass nur Körhengste zur Pferdezucht verwendet werden sollten. Die Besitzer von Hengsten (Oberdalhoff, Kibbe, Wittmann, Steinigeweg, Austrup, Brüneman u.a.) wurden veranlasst, ihre Hengste zu verkaufen oder schneiden zu lassen. Der Versuch, gute Hengste von auswärts einzuführen, scheiterte an dem Widerstand der Landwirte. 1750 wurden 10 Hengste in der Gemeinde festgestellt.

Nach dem Siebenjährigen Kriege wurden die Bestrebungen zur Verbesserung der Pferdezucht erneut aufgenommen. Im Jahre 1766 finden sich als zugelassene Beschäler Hengste bei Ahmann und Espel in Meckelwege, bei Hörstebrock in Westerbeck und Heitgreß in Kattenvenne. 1772 wurden im Bezirk Lienen sogar 33 Hengste ermittelt. [...] Leider wurden alle Bestrebungen zur Verbesserung der Pferdezucht nachlässig behandelt, so dass 1788 über einen Mangel an wirklich guten Hengsten geklagt wurde. Bei einer Zählung im folgenden Jahre ergaben sich in der Gemeinde Lienen insgesamt 462 Pferde, darunter 38 Hengste und 236 Stuten." Die

Erich Wiemann als 4-jähriger Junge mit seiner Schwester Berta 1943   Foto: Familie Wiemann

glieder anwesend waren die Herren Heinrich Holthoff, Dr. Hermann Holtmeyer, Wilhelm Schlingermann, August Kruse sen., Wilhelm Schächter und Dr. Schneider. Dr. Holtmeyer fungierte als erster Vorsitzender. Schon im Gründungsjahr kam mit Herrn Fritzlar ein Reitlehrer, der gemeinsam mit dem Vorstand die erste Reitergruppe aufbaute.

preußische Regierung legte ihr Hauptaugenmerk auf die Förderung der Pferdezucht wohl aus Gründen des militärischen Bedarfs.

Die westfälische Landschaft und ihre Kultur wurden immer schon durch das Pferd geprägt. Vor der Vereinsreiterei gab es viele reiterliche Traditionen, wie Umzüge zu Schützenfesten, Hochzeiten, Beerdigungen und Fuchsjagden. Seit Mitte des 19. Jahrhunderts versuchte man, den Reitsport zu organisieren. Das ging nur, wenn qualifizierter Reitunterricht in den Dörfern angeboten wurde. So wurde die Ur-Idee der ländlichen Zucht-, Reit- und Fahrvereine geboren.

„Im Jahre 1924 wurde in der Gaststätte Strübbe-Fletemeyer in Lienen der Reit-, Zucht- und Fahrverein als einer der ersten Reitervereine des damaligen Kreises Tecklenburg ins Leben gerufen", schreibt Frau Anke Fleddermann-Ratz, die auf einer Sonderseite der „Westfälischen Nachrichten" im Mai 1999 zum 75jährigen Jubiläum des Vereins dessen Geschichte zusammengestellt hat. „Als Gründungsmit-

Erich Wiemann auf „Flitze"   Übungsritt 1954/55.
Foto: Familie Wiemann

Aktive Reiter waren damals die Herren Gottfried Steinigeweg, Friedrich Keller, Willi Saatmann, Gottfried Peek, Willi Ridder, Heinz Kallwitz, Albert Baumhöfener, Rüdiger Kriege, Rudolf Schenke, Willi Völler, Heinrich Teeske und Willi Vornbaum. Zum Unterricht traf man sich auf den Reitplätzen in „Strübben Garten", später auf „Metgers Breede", dann „Auf dem Brande". Wie in der guten alten Zeit üblich, wurden die Pferde tagsüber bei der Arbeit in der Landwirtschaft eingesetzt – und erst nach Feierabend und an Sonntagen dienten sie als Reitpferde. [...] Die erste Fuchsjagd des Vereins fand am 17. Dezember 1932 hinter der Meute des Gestüts Eversburg statt. [...] Am 5. Mai 1933 fand das erste Stiftungsfest des Reitervereins Lienen statt. Bei diesem festlichen Anlass wurde die neue Vereins-Standarte geweiht, eine Standarte, die auch heute noch dem Verein dient. Der Reitsport konnte damals nur unter großen Opfern ausgeübt werden. Als Förderer des Reitsports aus dieser Zeit ist besonders August Schulte-Uffelage zu nennen, der durch großzügige Holzspenden den Bau von Hindernissen möglich machte."

Nach Adolf Hitlers „Machtergreifung" 1933 wurden alle Mitglieder des Reitervereins Lienen durch die Nationalsozialisten in die Reiter-SS übernommen. Sie trugen von da an schwarze Uniformen. Interessant ist ein vorliegender Zeitungsbericht des „Tecklenburger Landboten" vom 21. Oktober 1935: „Fuchsjagd der schwarzen Reiter in Lienen" lautet die Überschrift. Am Sonnabendmorgen taten mir die Lienener SS-Reiter leid. Grau in grau der Himmel, es goss in Strömen und ein Lüftchen wehte, dass man keinen Hund vor die Tür jagen mochte. Aber die jungen Kavalleristen hatten wieder einmal Glück. Und als der Truppführer Schulte-Ufflage seine SS-Reiter um 2.30 Uhr nachmittags aufsitzen ließ, lachte die Sonne. Der Jagdleiter konnte ein stattliches Feld auf die Reise schicken. Vorweg der alte Fuchs mit leuchtend roter Schärpe und der Trophäe des Tages. Die Jagd führte weit durch die Lienener Gemarkung. Wir Schlachtenbummler setzten uns in Marsch zum Auslaufgelände „auf der Voßhaar". Ein prächtiges Gelände, umrahmt von allen Farben des Herbstes im prangendem Waldbestand. Viel Zuschauer u.a. auch Ehrenbürgermeister Lütkeschümer und Ortsbauernführer Lührmann, fanden sich auf dem weiten Wiesenplan ein. Die Geduld wurde auf eine harte Probe gestellt. Endlich tauchten die Reiter am Waldrand auf. Jagd frei! Mit Horrido und Hussassa jagte die Reiterschar über die Wiese, weit voraus der alte Fuchs Wilhelm Stapenhorst auf seinem prächtigen Renner. [...] Doch bald hatte seine Stunde geschlagen. Beim Einbiegen in die Wiese schlug Ewald Suhre aus Holzhausen einen mörderischen Galopp an, der ihn an die Seite des Fuchses brachte. Mit sicherem Griff entriss er diesem das Zeichen des Sieges. Jagd aus! [...] Truppführer Schulte-Ufflage hielt eine schneidige Ansprache. Er begrüßte mit soldatischen Worten die Zuschauer und dankte für das gezeigte Interesse. [...] Um 8 Uhr abends stieg im Saale Henschen der Reiterball, der in schönster Kameradschaft verlief. Im Laufe des Abends sprach Truppführer Schulte-Ufflage herzliche Begrüßungsworte. Sein besonderer Gruß galt dem Ortsgruppenleiter Beckmann, dem Ehrenbürgermeister Lütkeschümer, dem Ortsbauernführer Lührmann und den Lengericher SS-Kameraden. Redner schloss mit einem Treuegelöbnis an unseren Führer Adolf Hitler. Ehrenbürgermeister Lütkeschümer richtete an die Reiterschar väterliche Worte. Er wies darauf hin, dass mit der Einführung der allgemeinen Wehrpflicht den SS-Reitern eine hohe vaterländische Aufgabe zufalle. Der Nachmittag habe gezeigt, dass die schwarzen Reiter es mit dieser Aufgabe sehr ernst nehmen und er habe die feste Überzeugung, dass die Reiter, wenn der Ruf an sie ergeht, im Ehrenkleid des deutschen Soldaten zu dienen, ihrem Vaterlande Ehre machen werden." In den Kriegs- und Nachkriegsjahren ruhte dann der Reitbetrieb.

Wieder Fuchsjagd in Lienen

Im Bericht zum 75jährigen Jubiläum heißt es weiter: „Im Jahre 1949 wurden in Lienen die Reiter wieder aktiv. Der Lienener Tierarzt Dr. Lütkeschümer engagierte sich bis 1955 als erster Vorsitzender im Reiterverein. Sein Nachfolger wurde Wilhelm Weitzel. Auch 1949 fand bereits wieder eine Fuchsjagd in Lienen statt. Das erste Lienener Turnier wurde 1951 auf dem Hof Niederdalhoff aufgezogen. Ab 1951 griffen dann auch Lienener Mannschaften in die Entscheidungen der Tecklenburger Kreisturniere ein und entwickelten sich zum Seriensieger. In den Jahren 1951, 1952 und 1953 kam die beste Mannschaft jeweils aus Lienen, so dass der Wanderpreis des Kreisreiterverbandes für immer nach Lienen kam. Beteiligt waren die Reiter Wilhelm Weitzel, Wilhelm Holtkamp, Heinz Beineke und Fritz Beineke. Die siegreiche Mannschaft bei Kreisturnieren kam in den Jahren 1963, 1965 und 1968 wiederum aus Lienen. [...] Als Einzelreiter taten sich besonders Willi Korte, Reinhardt Haßmann und Kurt Gravemeyer hervor. Zu seiner Lienener Zeit nahm Kurt Gravemeyer als Mitglied der deutschen Auswahlmannschaft C der Springreiter zweimal an Europameisterschaften der Junioren teil. [...] Fritz Worpenberg war als Richter bei den Olympischen Spielen in München tätig." Seit 1960 ist Willi Korte als erfolgreicher Züchter und Reiter im Lienener Verein aktiv. Eigene Erfolge erzielte er als Spring- und Dressurreiter und als Mitglied zahlreicher Mannschaften im Ringen um die Kreisstandarte und Provinzialstandarte. Viele Nachwuchsreiter begannen ihre Laufbahn auf seinen Pferden, z.B. Reinhardt Haßmann, der drei Deutsche Meisterschaften (2 x Springen, 1 x Vielseitigkeit) als Junger Reiter auf „Korte"-Pferden gewann. 1969 richtete er eine Deckstation mit dem legendären Roderich v. Ramzes ein. Vor ihrer Heirat 1971 war seine Frau Elfie Korte bereits seit 1964 im Verein und ritt dort zuerst Pferde der Züchter ein (Springen bis L/M; Dressur M). Jahrelang war sie als Ausbilderin der jungen Nachwuchsreiter tätig bis hin zu Westfälischen und Deutschen Meisterschaften. Turniersport und Ausbildung der Pferde im eigenen Betrieb waren neben ihrem Hauptberuf als Lehrerin ihre Passion.

„Ein Höhepunkt in der Vereinsgeschichte war die Fertigstellung der Reithalle im Jahre 1973, nach zweijähriger Vorbereitungs- und Bauzeit. [...] Im Jubiläumsjahr 1974 war Dieter Kemper der Vorsitzende des Vereins, Wilhelm Weitzel wurde Ehrenvorsitzender und als Reitlehrer waren Wilhelm Holkamp und Willi Rethemeier für den Verein tätig. Dem Verein gehörten in diesem Jahr 280 Mitglieder an. Das große Lienener Reit- und Springturnier war im September 1974 ein Bombenerfolg. In den darauffolgenden Jahren ging es mit dem Pferdesport in Lienen stetig bergauf."

Unter dem Vorsitz von Werner Heitgreß ab 1980 wurde die Lienener Reiterei immer weiter ausgebaut und es entstand 1981 die Fahrabteilung im Zucht-, Reit- und Fahrverein Lienen, die in heimischen Gefilden äußerst erfolgreich den Turniersport (Gespann fahren) ausübte. Allen voran August Gründker und Andreas Pues-Tillkamp. 1983 begann dann die Ära Rethemeier, die bis 1994 andauerte.

1987 wurde zum fünften Mal um die Großkreisstandarte des Kreises Steinfurt geritten und dieses Geschehen fand erstmals in Lienen auf dem damaligen Turniergelände am Hof Schlingermann statt. Der gastgebende Verein war ebenfalls Titelverteidiger. Zu dieser Mannschaft gehörte u.a. auch Gunhild Haßmann.

Die Mannschaft August Gründker und sein Team qualifizietrn sich für die Weltmeisterschaften, die 1987 in Riesenbeck ausgetragen wurden, und wurde im selben Jahr mit dem deutschen Team vierter bei der Teilnahme an den Zweispänner-Weltmeisterschaften in Ungarn.

1. September 1964. Der Reitverein Lienen gewinnt zum zweiten Mal im Standartenwettbewerb des Großkreises. Willi Rethemeier auf „Tänzer". *Foto: Familie Rethmeier*

Obwohl 1992 die Vereinshalle bei Beineke abbrennt, sind in den folgenden Jahren weiterhin große Erfolge zu verzeichnen. 1998 wird ein letztes Mal ein Turnier bei August Oberdalhoff durchgeführt, das zum ersten Mal 1994 dort stattfand.

Fast zehn Jahre später: Die Begeisterung für den Reitsport ist geblieben. Die Strukturen auf den Höfen mussten sich ändern, um existenzfähig zu bleiben.

Aufschlussreich erzählt Willi Rethemeier, Lienen, von den Überlegungen, die im Jahr 2000 anstanden, als eine neue Reithalle des Lienener Reitervereins in Lienen-Westerbeck gebaut wurde. Hatte er zu der Zeit 40 Kühe, 20 eigene Pferde und Pensionspferde im Stall stehen, wurde der Arbeitsaufwand neben dem Turnierreiten zu viel. Er baute eine eigene Reithalle. Gemeinsam mit seinem Sohn Lars, der Meisterprüfungen in Zucht- und Reitausbildung absolvierte, widmet er sich jetzt der Aufzucht von Fohlen, die als Stuten oder Turnierpferde vorgestellt und verkauft werden.

Die Zeiten wurden schlechter

Ein adäquates Beispiel ist der Reiterhof Ibershoff. „In früheren Zeiten", so erzählt Fritz Ibershoff, „hatten wir Pferde, Kühe, Schweine und Hühner auf dem Bauernhof. Die Zeiten in der Landwirtschaft verschlechterten sich. Meine Mutter vermietet 1972 zwanzig Betten und nimmt Ferien- und Pensionsgäste auf. Man konzentriert sich nur auf Schweinezucht." Fritz Ibershoff macht 1981 die Reitlehrerprüfung, ist in Bad Iburg und Ibbenbüren als Reitlehrer tätig. Die Schweinezucht läuft nebenher. Wegen der Nähe des Dorfes darf kein weiteres Stallgebäude zur Erweiterung der Schweinemast gebaut werden. Man baut 1988 eine Reithalle, ein richtiger Zeitpunkt für die Vereinstätigkeit. Z.Zt. hat Fritz Ibershoff Pensionspferde, seine Stallungen mit Pferdeboxen vermietet. Die Reithalle wird genutzt, auch das Voltigieren mit Jugendlichen findet hier mit der Therapeutin Frau Decker statt. Fritz Ibershoff widmet sich ganz dem Reitsport als Richter bei Turnieren und ist zuständig für den Parcours-Aufbau.

Besucht man den Reiterhof Hunsche in Lienen-Westerbeck, spürt man, dass hier das Pferd und das Kind im Mittelpunkt stehen. „Mit Kindern unter Kindern" heißt es im Hausprospekt. „Erleben Sie die schönsten Wochen des Jahres mit Pferden und in familiärer Athmosphäre." -

„Kinderferien mit Eltern und Großeltern sind sehr gefragt", sagt Helga Hunsche, die Chefin des Hofes. Sie erzählt, dass auf ihrem elterlichen Hof 1978 nur ein Pferd für die Arbeit zur Verfügung stand. Sie wünschte sich als junges Mädchen so sehr ein Reitpferd. Mutter lehnte ab: „Ein Pferd frisst so viel wie drei Kühe und liefert keine Milch!" Ihr Wunsch hat sich später erfüllt. Seit 34 Jahren nimmt der Reiterhof Gäste auf, 25 Betten stehen zur Verfügung. Ihre Tochter Kerstin, ausgebildet als Hauswirtschafterin und Fachübungsleiterin für das Voltigieren, ist begeistert von ihrer Arbeit, vor allem der Arbeit mit Behinderten. Das Voltigieren, das Turnen für Kinder und Jugendliche auf und am galoppierenden Pferd fördert den Kontakt zwischen Kindern und Pferd, aber auch das spielerische Gefühl für das Miteinander und Aufeinanderverlassenkönnen. Sind es gar behinderte Kinder, setzt man das therapeutische Reiten an: Eine Form der Kankengymnastik, um vor allem psychisch Kranke und Körperbehinderte zu aktivem Mitmachen zu animieren und durch das Zusammenwirken von Körperwärme des Tieres und Erfühlen des Muskelspiels (die Pferde sind in der Regel ungesattelt) eine Beziehung des Patienten zum Lebewesen Pferd zu erzielen.

In der Reitanlage von Petra Pax in Lienen, ausgebildet für „Therapeutisches Reiten", erfährt man heilpädagogisches Reiten, Reiten für verhaltensauffällige und lernbehinderte Kinder im Alter von drei bis zehn Jahren. „Das Pferd mit seiner Wirksamkeit als Erzieher kann in psychomotorisch orientierter Gruppenarbeit und in der individuellen Förderung positive Verhaltensänderungen erreichen und festigen", heißt es in der Broschüre von Frau Pax. Ihre Worte: „Wenn man miterlebt, wie Kinder auf ein Pferd zugehen, sich selbst im Umgang mit dem Pferd erleben, ihren Spaß an der Bewegung mit dem Pferd haben und mit diesem die Erfolgserlebnisse teilen und genießen, ist man angetan und dankbar."

Die Krönung des Reitsports in Lienen sind die reiterischen Erfolge der Brüder Toni und Felix Haßmann, die durch ihre grandiosen Leistungen unsere Gemeinde Lienen in der ganzen Welt bekannt machen. Geschult von ihren Eltern Reinhardt und Gunhild Haßmann – Vater Reinhardt war selbst erfolgreicher Springreiter (4 x Deutscher Meister) – stehen sie schon in jungen Jahren auf der Siegertreppe.

Toni Haßmann, 1975 geboren, nun als Chefbereiter auf Gut Berl in Sendenhorst (bei Hendrik Snoek) tätig, ist der „Publikumsliebling", wie die Reporterin ihn beim Derby in Hamburg dieses Jahres nennt, das er in Folge dreimal hintereinander 2004, 2005 und 2006 gewann. Schon 1990, mit 15 Jahren, gewinnt er die Silbermedaille bei den deutschen Meisterschaften im Ponyreiten, 1991 die Goldmedaille mit der Mannschaft bei den Europameisterschaften der Ponyreiter, 1995, zwanzig Jahre alt, in der Einzelwertung die Goldmedaille bei den Europameisterschaften der Jungen Reiter. Die Erfolgsbilanz umfasst Seiten, sei es beim Weltcup Springen, beim Nationenpreis, oder beim „Großen Preis". Er steht als Sechster auf der Weltrangliste.

Selbstverständlich ist der große Bruder das prägende Vorbild für Felix Haßmann, 1986 geboren, ebenso ein talentierter und erfolgreicher junger Reiter. Er gewann schon sechsmal bei den Junioren-Europameisterschaften im Springreiten. 2004 wurde er Deutscher Meister im Springen der Junioren und im Jahr 2006 erhielt er in Athen die Silbermedaille in Einzel- und die Bronzemedaille in der Mannschaftswertung.

Die Bevölkerung Lienens ist stolz auf ihre berühmten Reiter. Dazu gehört auch Dr. Martina Korte, die in ihrer Jugend mit Pferden auf dem elterlichen Hof aufwuchs und schon ab dem 9. Lebensjahr an Turnieren erfolgreich teilnahm. Ihre ersten Erfolge erzielte sie beim Vielseitigkeitspringen (u.a. Mitglied des Bundeskaders als Junior und Junger Reiter). Bei Westfälischen, Deutschen und Europameisterschaften gehörte sie zur Elite. Seit 2001 ist sie als Tierärztin selbständig und nahm so

Felix Haßmann, auf Claim Collin
Fotos: Haßmann

Toni Haßmann wurde 2006 zum dritten Mal Derby-Gewinner in Hamburg

erfolgreich an den Deutschen und Europameisterschaften der Tierärzte teil. Im Jahr 2006 erzielte sie den dritten Platz bei der Kreismeisterschaft der Dressur. Ihre Erfahrungen vermittelt sie inzwischen dem Reiternachwuchs im Verein.

Mit so vielen talentierten Reitern verwundert es nicht, dass die Gemeinde Lienen im Jahr 2006 zur „Pferdefreundlichen Gemeinde" gewählt wurde. In der Bewertung wurden besonders das Engagement der Gemeinde, das Pferd in den Mittelpunkt zu rücken sowie die enge Verbundenheit der Lienener zum Pferd gelobt.

Highlight rund um das Pferd ist das Deutsche Fohlenchampionat im Juli/August jeden Jahres in Lienen, wenn die bundesweit besten Fohlen prämiert werden.

Mit viel Begeisterung erinnern sich die „älteren" Reiter ihrer Passion zu Pferde. So erzählt Erich Wiemann, Jahrgang 1937, aus Lienen-Meckelwege von den vier bis fünf Jungs, die in den 1950er Jahren auf der Ruwenburg mit ihren Pferden übten. Dazu gehörte auch Reinhardt Haßmann, dem Willi Korte, Ringel, ein gutes Springpferd zur Verfügung stellte. Auch zu Fuchsjagden nach Ladbergen oder Hagen a. T.W. wurde gefahren, mit neun Pferden auf dem Anhänger, vom Trecker gezogen. Bei einem Bauern wurde übernachtet, die Schlafstelle beim Pferd war warm. Erich Wiemann gibt 1970 das Turnierreiten auf und schließt sich dem Fahrverein des Lienener Reitervereins an. Interessant weiß er vieles aus der Vergangenheit zu erzählen.

Hahns

Von Hedwig Reckert

De Hahns sint muorns all fröh an't Kreien,
von wieten häört man se all schreien:
„Ick bin de Boss up düssen Hoff,
kumm blos nich naiger, süss gifft Stoff!"
Willt imponeeren alle mächtig,
iöhr Fiärewiärk is bunt un prächtig.
De Kiällappen hangt äs Backenbaort,
de raude Kamm, he is 'n Staot.
Äs stolte Herrscher gaas alleen
laupt se met Spuoren an'ne Been.
De Stiärt weiht äs 'ne Fahn in'n Wind,
all iöhre Hennen üm iöhr sint.

Iöhrn Harem haolt se gued bineen,
kinn Hönken bruk dao gaohn alleen.
Se sint recht guede Kavaleere,
daobi sint se sogar Chamöre.
Sint iöhre Hennen in Gefaohr,
dann sint se gaas vernienig dao.
Bi circa 25 Hennen
häbbt se des Dages noog to rennen.
Bi so viëll Laupen, so viëll Gang
wätt't se nich dick, dao bliewt se schlank,
so äs't in't Liäben ümmer hett:
Een gueden Hahn is selten fett.

De Maikrabatz

Von Georg Reinermann

An'n Straotenrand lagg up'n Puckel
een Maikrabats gaas jämmerlick,
säss Beenkes spuotelten tohöchte,
wull'n up de Fööte helpen sick.

He wäggede de bruunen Flüëgel,
dai met Gewolt sick hauge büörn,
un wann he sick ümsüss auk kwiälde,
met lëwer göng et boll von vüörn.

Antleste gaff ick em 'n Finger,
he pock met siene Föötkes to
un klaiede up mienen Dummen,
ne gaase Tietlang satt he so.

Nu konn ick siene Fölers tellen,
bekeek mi Buorst- un Rüggenschild,
dao pumpede he up de Flüëgel
un flaug un brusede gaas wild.

Ick keek em nao bes he vöschwunnen
dao buoben tüschken Eekenblaar
un dach: Wann Maikrabatsen flaiget,
is usse Wiält gaas wunnebar.

Wildgaise

Von Georg Reinermann

't is Nacht, düör dat Dunkel een Ruusken gaiht,
de Wildgaise jagt düör de Lucht.
Se roopet un krait,
nao Naoren et gaiht,
se bruust met Gewolt un met Tucht.

Se kuemt ut de Wiämde, ut Afrika,
dao fünnen se Winterkwarteer.
Se roopet un krait,
nao Naoren et gaiht,
dat Flaigen, een grautet Plaseer.

Et is iöhr alltied in de lärsse leggt:
Een Togvuegel nüörnsnich kann staohn.
Se roopet un krait,
nao Naoren et gaiht,
dän Wägg wieset Stääne un Maon.

Wietaf, wao et stillkes un friärvull is,
dao wätt et to't Nösseln nu Tiet.
Se roopet un krait,
nao Naoren et gaiht,
upstunns, wann se ankuemt, wätt friet.

Boll ligg't 'n paar Eier in't Buodennöst,
vandoon is nu Sitten un Bröden.
Se roopet un krait,
üm Tokumst et gaiht,
et gellt nu, de Jungen to höden.

Un äher äs de Summer to Enne gaiht,
de Wildgaise jagt düör de Lucht.
Se roopet un krait,
nao Süden et gaiht,
se jagt met Gewollt un met Tucht.

De Spree

Von Herbert Schürmann

Gaas frö an'n Dag vanmuorn et wöer,
äs mine Spree dai singen,
ik düüdlik iäre Leder häöer,
de wunnerschöön doot klingen.

Ik niëm äs guëtet Teken et
un glaiw, düt döt bedüden,
dat et nu wanners Fröjaor wät,
wiel se is trüg uut'n Süden.

Se flait un rop un krig nich noog,
döt ümmer högger stigen.
Se springt daobi von Toog to Toog
un kan kien Enne krigen.

Slöt met de Flüëgel un se hüpt,
döt iäre Fiädern spraiten.
Iärst äs se in iär'n Kasten slüpt,
is et vüörbi met Flaiten.

Män, ik bruuk blos 'n Augenslag
dat Kastenlok beluern,
dän sai'k, dat se nich wil un mag
daodrin dän Dag vösuern.

Se sät sik up dat Stöksken praot
un döt luuthals vökünnen:
„Düt is mien Huus un rächtefaort
wik 'ne Familge grünnen!"

Mit den Tieren und den Menschen im NaturZoo in Rheine

Von Achim Johann

Bis zu 300.000 Menschen treffen jährlich im NaturZoo Rheine auf rund 900 Tiere. Diese Begegnungen zwischen Menschen und Tieren sind an 365 Tagen im Jahr möglich. Dafür sorgen 32 Mitarbeiter im Zoo und eine ganze Anzahl ehrenamtlich Tätiger in den Gremien des NaturZoo Rheine e.V. und der Stiftung NaturZoo. Einige Zahlen – doch wer sind diese Menschen und die Tiere, die sich hinter diesen Zahlen verbergen?

Mit durchschnittlich 275.000 Besuchern jährlich ist der NaturZoo Rheine die meistbesuchte kulturelle Freizeiteinrichtung im Kreis Steinfurt. Der überwiegende Teil der Besucher – rund 50 % – kommt auch aus dem Kreis Steinfurt, so verraten die Nummernschilder der Autos auf dem Zoo-Parkplatz. Die Anziehungskraft des Zoos reicht aber weiter in das benachbarte Emsland, nach Münster, in die Kreise Warendorf, Borken, Coesfeld und in das nördliche Ruhrgebiet. Zunehmend finden auch Tier- und Zoofreunde aus den Niederlanden den Weg nach Rheine.

Der Zoo ist ein Ziel für einen Familienausflug: Eltern und ihre Kinder bis zum Alter von etwa 13 Jahren machen an den Sonn- und Feiertagen sowie in den Ferien den größten Anteil der Besucher aus.

„Mit den Enkelkindern" kommen auch zumeist die Senioren, aber auch mit Ihresgleichen oder alleine. Der Zoo vermittelt ihnen Lebendigkeit ohne die Schnelligkeit und die Hektik des Alltags, und er bietet eine sichere Umgebung, in der man den Gedanken nachhängen und Inspiration erlangen und Lebensfreude auftanken kann.

Der „junge Single" ist ein seltener Zoogänger, „junge Paare" trifft man da schon eher – auch sie werden sich wohl von dem mannigfaltigen Sozialleben im Tierreich inspirieren lassen.

Besonders in den Wochen zwischen den Oster- und Sommerferien ist der Zoo an den Vormittagen „in der Hand" von Schülern, die in Klassenverbänden im Rahmen von Wandertagen Bekanntschaft mit Tieren und natürlich auch dem großen Spielplatz machen. Über 3000 von ihnen müssen oder besser: dürfen auch an diesen Wandertagen noch die Schulbank drücken, denn so viele erhalten von den Zoo-Pädagogen in jeder Saison Unterricht in der „beliebtesten Schule im Kreis Steinfurt", nämlich in der Zoo-Schule.

Der außerschulische Lernort „Zoo" bietet die besten Möglichkeiten des Heranführens der Kinder und Jugendlichen an Tiere und Natur, der Veranschaulichung von biologischen Themen wie Verhaltenskunde und Ökologie, sowie der Sensibilisierung für den Arten- und

Naturschutz. „Tiere erleben, Natur begreifen": Das Leitthema des NaturZoos wird hier besonders deutlich, es ist aber bei jedem Zoobesuch allgegenwärtig. Der NaturZoo sieht die Rolle als Volks-Bildungsstätte als seine vornehmlichste an. Jeder Besucher soll Freude bei der Begegnung mit Tieren empfinden und somit empfänglich für Informationen werden, die er in den verschiedensten Formen erhält.

Spielerisch lernen

Da gibt es neben Schriften wie Zooführer und Kinderzooführer die klassische Beschilderung an den Gehegen mit den Basisdaten zu den gezeigten Tieren und darüberhinaus die „interaktive Beschilderung", mit der jedermann nicht nur im übertragenen Sinne „spielerisch lernt". Gruppen können Führungen durch Zoomitarbeiter buchen, und man kann sich Themenführungen anschließen, die im Rahmen eines abwechslungsreichen Veranstaltungsprogramms angeboten werden.

In der Saison finden an jedem Sonn- und Feiertag sogenannte „Info-Fütterungen" statt: Zu den Fütterungen verschiedenster Tiere informieren Zoo-Mitarbeiter über diese und stehen für Fragen bereit. Zwischen all den Informations-Angeboten bleibt aber immer noch genügend Freiraum zum eigenen Entdecken und Erfahren und sich einfach dem Erlebnis hinzugeben.

Die Anlässe, warum man überhaupt einen Zoo besucht, mögen so mannigfaltig sein, wie es die Besucher sind. Der Grund, einen Zoo zu besuchen, ist aber immer: Man möchte Tieren begegnen, lebendige Tiere erleben.

Der NaturZoo liegt in einem rechten Ballungsgebiet von öffentlichen Tierhaltungen. Mit dem Auto erreicht man in jeweils etwa 40 Minuten den Allwetterzoo Münster, den Zoo Osnabrück und den Tierpark Nordhorn, und ein paar Kilometer weiter hat man noch die Auswahl zwischen einer Reihe großer Zoos in den Niederlanden. Tiere kann man in jedem dieser Zoos sehen, in den meisten sogar weitaus mehr als im NaturZoo. Warum also zum NaturZoo?

Das Profil, das der NaturZoo in den letzten 30 Jahren seines nunmehr 70-jährigen Bestehens entwickelt hat, zeichnet ihn offensichtlich als etwas Besonderes aus. Die Zoobesucher begrüßen die natürliche Gestaltung der großzügigen Gehege, die ihnen das Gefühl vermitteln, dass sich die Tiere wohlfühlen. Die Nähe zu den Tieren, oftmals unerwartet, ist ein weiteres Merkmal, das den NaturZoo charakterisiert. Der Affenwald, die begehbaren Gehege für Kängurus und Lamas, mehrere Biotop-Volieren und eine in Deutschland einmalige Pinguin-Anlage sollen dafür beispielhaft genannt werden.

Größer ist nicht alles

Es muss nicht immer „viel" sein. Gerade die Überschaubarkeit des NaturZoos wird von den Familien mit kleineren Kindern gelobt. Das Angebot an kindgerechten Lern- und Aktivitätsmöglichkeiten wird zudem als „sehr wertvoll" hervorgehoben. Schließlich sind es auch die familienfreundlichen Eintrittspreise, die den NaturZoo von den anderen vergleichbaren Einrichtungen positiv abheben. Diese sind nur möglich, weil die Stadt Rheine seit Jahren den Zoo finanziell unterstützt. Nur so sind Eintrittspreise gewährleistet, die eigentlich jedem erlauben, den Zoo zu besuchen und „Tiere zu treffen".

Die Zusammensetzung des Tierbestands in einem Zoologischen Garten wird heute von einer ganzen Reihe Faktoren bestimmt und darf nicht mehr dem Zufall oder persönlichen Vorlieben der Entscheidungsträger unterliegen. Die Zoos stehen heute, in einer Zeit der rapiden Umweltveränderung und der Naturzerstörung, in der Verantwortung, einen Beitrag zum Artenschutz zu leisten. Das tun sie zum einen durch Kooperationen im Rahmen von Zuchtprogrammen (z.B. EEP = Europäisches Erhaltungszucht-Programm) und durch die Förderung von Schutzprojekten in den Ursprungsländern der Tiere.

Bedrohte Affenarten

Damit Zuchtprogramme effektiv sind, bedarf es Absprachen zwischen den Zoos und Spezialisierungen. So hat der NaturZoo einen Schwerpunkt auf die Haltung und Zucht bedrohter Affenarten und von Watvögeln gesetzt. Ein Markenzeichen sind dabei die Dscheladas oder Blutbrustpaviane geworden. Diese nur im äthiopischen Hochland vorkommenden Primaten sind von der Ausrottung bedroht – nicht zuletzt durch den Klimawandel, der zu einer Veränderung des Pflanzenwuchses in der Bergwelt und damit zur Reduktion der Nahrungsgrundlagen der Dscheladas führt. Im NaturZoo lebt mit über 30 Tieren die größte Gruppe Dscheladas in einem Zoo weltweit, und von hier aus wird das europäische Zuchtprogramm koordiniert und das internationale Zuchtbuch geführt mit dem Ziel, auch den Zoobesuchern der kommenden Generationen eine eindrucksvolle, einmalige Tierart nahe zu bringen und über sie für Arten-, Natur- und Umweltschutz zu werben.

Im Frühjahr zeigen sich die ansonsten eher unscheinbar gräulich befiederten Kampfläufer in einem auffälligen Prachtkleid. Wie für die Dscheladas gilt auch für diese Watvögel, dass sie eine Besonderheit in Tiergärten darstellen, und in ihrer Haltung und Zucht hat der NaturZoo Pionierarbeit geleistet. Um über sie eine Verbindung zu den „Tieren draußen" zu schaffen, muss man nicht weit schauen. Die Rieselfelder bei Münster sind ein wichtiges Rastgebiet für Kampfläufer und andere Watvögel auf ihrem Zug von den Überwinterungs- in die Brutgebiete und zurück. Gemeinsam mit den Kampfläufern werden auch Rotschenkel und Kiebitze gehalten, denen man mit Glück z.B. auf Fahrradtouren durch den Kreis noch begegnen kann. Vielleicht fordert die nahe Begegnung mit den Vögeln in der Voliere auf, auch im Freiland die Augen auf zu halten und sich Gedanken zu machen, warum man so lange schon keine Kiebitze mehr gesehen hat.

Dennoch: Die Tiere sind nicht nur im Zoo, weil sie selten sind oder das Problembewusstsein schärfen sollen. Vor allem sollen sie den Menschen Freude bereiten. Und deshalb ist es auch notwendig, dass der Tierbestand abwechslungsreich zusammengesetzt und ansprechend präsentiert ist. Die Ziegen und Schafe im Streichelzoo sind die Stars bei den Kindern, Tiger gehören zu den charismatischsten Tieren überhaupt, Zebras haben einen hohen Wiedererkennungswert, Seehunde und Pinguine sind Sympathieträger ersten Ranges. Diese „Attraktionen" erlauben auch die Haltung und Zucht von hoch bedrohten, aber leider weniger auffälligen Arten wie Waldrapp, Bali-Star oder Bartaffe. Praktisch jede der rund 100 Tierarten im NaturZoo spielt so eine definierte Rolle.

Die Präsentation der Tiere in den großzügigen, natürlich gestalteten Gehegen erfordert vom Betrachter schon etwas Bereitschaft zur Beobachtung und zum Entdecken. Die Fülle an Fernsehreportagen aus der Tierwelt, die die „Hauptdarsteller" immer in Aktion zeigen, vermittelt ein nicht zutreffendes Bild. Auch Tiere müssen einmal ruhen, und das zum Teil viel länger, als dass sie aktiv sind. Trotzdem ist die Tierbegegnung im Zoo spannender als die Betrachtung ihres Lebens in Zeitraffer auf dem Bildschirm, denn sie ist „live". Man erfährt die Tiere mit allen Sinnen unmittelbar, man sieht sie, hört sie, riecht sie und kann sie (manchmal!) sogar fühlen. Jeder erfährt ein ihm eigenes Erlebnis, das sicherlich lange nachhält.

Entdecken kann man im NaturZoo aber auch Tiere, die eigentlich gar nicht auf der jährlichen Inventurliste stehen. Die Teiche

Die größte Gruppe Dscheladas in einem Zoo weltweit lebt im NaturZoo Rheine

und Wassergräben sind Zuhause für Teichrallen und Wildenten, die darin lebenden Fische dienen einfliegenden Eisvögeln und Graureihern als Futter. Kleinvögel finden in der abwechslungsreichen Landschaft adäquaten Lebensraum, und in abgeschirmten Tümpeln laichen Frösche und Kröten. Allgegenwärtig sind das ganze Jahr über Störche. Ausgehend vom Storchenreservat, einem Gehege für rund 30 flugunfähige Weißstörche, hat man in den frühen achtziger Jahren damit begonnen, hier nachgezogene Störche freifliegend vor Ort anzusiedeln. Das war auch erfolgreich, so dass sich im Laufe der Jahre eine Kolonie von „ortsansässigen Freifliegern" aufbaute. Sie bleiben auch im Winter in Rheine, wo sie im Zoo immer genügend Futter erhalten. Von diesem Standort aus streifen sie in einem Radius von etwa 15 – 20 km umher und entdecken immer wieder zusätzliche Nahrungsquellen, vor allem, wenn landwirtschaftlich genutzte Flächen bearbeitet werden.

Immer mehr Rückkehrer

Die „Freiflieger" begannen nach ein paar Jahren selbst mit der Brut, und ihr Nachwuchs verhielt sich ganz artgemäß und zog im Herbst Richtung Süden. Folglich können im Frühjahr auch Rückkehrer begrüßt werden, und dies in jedem Jahr mehr! 2007 waren über 50 Nester in den Baumkronen im Zoogelände von Brutpaaren besetzt. Da muss man sich beim „Entdecken" gar nicht mehr anstrengen!

Unmittelbar „mit den Tieren" arbeiten neun TierpflegerInnen und die vier Auszubildende im Beruf „Zootierpfleger". An jedem Tag muss die sachkundige Versorgung des Tierbestandes gewährleistet sein, an Sonn- und Feiertagen wie an Wochentagen, bei Eis und Schnee ebenso wie bei Sommerhitze. Die Reinigungen der Tierunterkünfte und die Futterzubereitungen nehmen den größten Teil der Arbeit ein. Diese Tätigkeiten sind unerlässlich für die Gesunderhaltung der Tiere und überhaupt die Grundlage für erfolgreiche Nachzuchten.

Wissen, Beobachtung, Erfahrung

Ein guter Tierpfleger muss dabei auf ein umfangreiches Wissen über die Biologie seiner Schützlinge zurückgreifen können, um allfällige Beobachtungen und Vorkommnisse richtig zu beurteilen. Hinzu kommen die spezifischen Kenntnisse und Erfahrungen z.B. bei der Aufzucht, beim Fang und Transport, bei der Mithilfe bei veterinärmedizinischen Behandlungen von Tieren. „TierpflegerIn" ist nicht nur Beruf, es ist Berufung. Es bedarf eines sehr hohen Maßes an Idealismus, ein guter Tierpfleger zu sein, der zu unregelmäßigen Dienstzeiten, Sondereinsätzen, manch körperlichen Belastungen und vielen Tätigkeiten, die nicht unmittelbar mit den Tieren zu tun haben, bereit ist.

Statt des zuweilen inflationär herangezogenen Begriffs „Tierliebe" sollte besser „Respekt vor Tieren" und mehr noch „Faszination für Tiere" das Verhältnis zwischen den Pflegern zu ihren Tieren kennzeichnen. Es ist das besondere Merkmal des Berufszweiges „Zootierpfleger", dass die Tierpfleger ihr Augenmerk nicht nur auf das Individuum richten dürfen, sondern auch

Die Rieselfelder bei Münster sind Rastgebiet für den Kampfläufer

Fotos: NaturZoo, Rheine, Achim Johann

eine übergeordnete Aufgabe erkennen müssen, nämlich mitzuhelfen, Wildtiere in ihrer größtmöglichen Ursprünglichkeit in Menschenobhut zu erhalten.

Die unsichtbaren Mitarbeiter

Alleine mit den Tierpflegern läuft der „Betrieb Zoo" natürlich nicht. Die Vorgabe der Entwicklungsrichtung, eine umfassende Kommunikation, die Außenvertretung und Marketing sind die Haupttätigkeitsbereiche des Zooleiters. Sein Vertreter ist der Zooinspektor, der u.a. für den täglichen Arbeitsablauf, die Dienstplanerstellung, Futterdisposition und Lehrlingsausbildung verantwortlich zeichnet. Im Büro obliegt einer Verwaltungsangestellten die Lohn- und Finanzbuchhaltung. Eine Allround-Sekretärin ist die Anlaufstelle für die unzähligen einkommenden Anrufe und Anfragen und die vielfältige Korrespondenz. Zudem bearbeitet sie die Tierpatenschaften und die Mitgliedschaften im Zooverein. Eine Bauingenieurin ist als „technische Assistentin" für die Abwicklung von Bauprojekten verantwortlich. Hauptarbeitsgebiet einer Biologin ist die Vermittlung von Informationen an die Zoobesucher, z.B. im Rahmen von Führungen, bei Veranstaltungen und bei den sonntäglichen „kommentierten Fütterungen". Die gleiche Zielsetzung haben zwei Pädagogen, die, von den Schulbehörden für diesen Zweck zugeteilt, von Montag bis Freitag vormittags Zooschulunterricht für angemeldete Schulklassen erteilen, und dies mit großem Erfolgserlebnis für sie selbst!

Ein Betriebshandwerker erledigt anfallende Reparaturen, sorgt für Instandhaltungen und „bastelt" Lösungen für so manches technische Problem, für das es nichts Passendes „von der Stange" gibt.

Ein Landschaftsgärtner sorgt zusammen mit Helfern und zwei Parkreinigern für den gepflegten Zustand des Geländes und besonders der Anpflanzungen, und er wirkt auch bei der Neugestaltung von Anlagen mit.

Eine Raumpflegerin sorgt für Sauberkeit in den Besucherräumen der Tierhäuser und in den Sozialräumen, und schließlich empfangen wechselweise sechs Kassiererinnen die Besucher am Eingang.

Alle Mitarbeiter sind Angestellte des NaturZoo Rheine e.V., der seit 70 Jahren, damals gegründet als „Tiergartenverein", den Zoo trägt. Die Mitgliederversammlung des Vereins wählt einen Aufsichtsrat, der wiederum einen Vorstand zur Führung der Geschäfte benennt. Die Entwicklung des Tiergartens zum Tierpark und schließlich zum NaturZoo wäre nicht ohne die finanzielle Unterstützung durch die Stadt Rheine möglich gewesen. Diese fördert den Zoo heute über die „Stiftung NaturZoo", die mit ihrem Stiftungszweck Garant für die weitere Entwicklung im Sinne eines seriösen Zoologischen Gartens als Ort für die Begegnung der Menschen mit den Tieren ist.

Grubenpferde im Buchholzer Steinkohlenbergbau

Von Robert Herkenhoff

Uri, Trio, Perle, Viktor, Hugo, Bieber, Trine, Dieter, Gamma, Albert und Benno waren Namen von Grubenpferden. Eingesetzt wurden sie im Westfeld des Ibbenbürener Steinkohlenreviers. Die meisten Grubenpferde erleichterten den Bergleuten im Kohleabbaugebiet „Steinbecker Feld" die Arbeit. Dieses Kohlefeld wurde nach dem Recker Ortsteil Steinbeck benannt und lag unter Tage im Bereich des Buchholzer Forstes. Alle Grubenpferde hatten unterschiedliche Charaktereigenschaften. Welche Aufgaben übernahmen die Vierbeiner unter Tage, welchen Strapazen waren sie in der Grube ausgesetzt und wie war das Verhältnis zwischen dem Bergmann und seinem Kumpel, dem Grubenpferd?

Was heute bei dem Gedanken an die stolzen Tiere mit dem arbeitsreichen Leben unter Tage nicht nur das Herz von Tierschützern rührt, sah im vergangenen Jahrhundert ganz anders aus: Pferde erleichterten dem Menschen die Arbeit und steigerten für das Bergbauunternehmen die Produktivität. In der Blütezeit benötigte der Steinkohlenbergbau viele leistungsstarke Arbeitskräfte. So ist es kaum verwunderlich, dass auch das Pferd schnell ins Blickfeld geriet. Geführt wurden die Grubenpferde überwiegend von jungen Bergleuten, die auch in der Landwirtschaft tätig waren, denn auf den Höfen hatten sich die Pferde als zuverlässiger und starker Partner erwiesen. So war es auch im Bergbau. Das Pferd konnte sich den härtesten Bedingungen anpassen.

Die jungen Bergleute, die für die Führung der Grubenpferde eingesetzt wurden, bezeichneten die Kumpel unter Tage liebevoll als Pferdejungen. Die Aufsicht über den Einsatz der Pferde war einem Steiger übertragen worden, dem sog. Pferdesteiger. Im Westfeld waren überwiegend Bergleute aus Recke, Steinbeck und dem Ibbenbürener Bockraden tätig. Sie stellten auch die Mehrzahl der Pferdejungen.

Die Grubenpferde fuhren mit den Bergleuten zur Frühschicht, Mittagschicht und Nachtschicht an. Auf der Seilfahrt teilten sich die Kumpel den Förderkorb mit dem Vierbeiner. In der Sprache des Bergmannes „fuhren die Pferde an". Schon diese sprachliche Verbindung macht deutlich, dass das Grubenpferd in einem besonderen Verhältnis zum Bergmann stand. Unter Tage angekommen zogen die Grubenpferde die leeren Kohlewagen zum Abhauen. Die Bergleute selbst hatten sich währenddessen auf ihrem Weg vor Ort, der Fahrung, in handgefertigten Sitzgurten, die sie in den Kohlewagen anbrachten, niedergelassen.

Für Mensch und Tier war die Arbeit in der Kohlengrube nicht leicht. Die Abbautechniken im vergangenen Jahrhundert sind mit den heutigen nicht vergleichbar: Der Bergmann folgte der Kohle. Dementsprechend wurde die Strecke geführt, wie das Kohleflöz verlief; die Strecke folgte der Kohle. Das Abbaugebiet Steinbecker Feld war aufgrund seiner geologischen Verhältnisse schwierig. Der Kohleabbau musste nicht nur sehr kurvenreich durchgeführt werden, sondern erfolgte auch bergauf und bergab. Der Bergmann musste sich den Bedingungen zum Abbau der Kohle, begleitet von dem Grubenpferd als Kumpel, anpassen.

Vom Kohleabbau vor Ort wurde die Kohle überwiegend mit Rutschen zur Ladestelle geleitet. Ab Ladestelle übernahmen die Grubenpferde den Transport bis zur Übergabe am Querschlag des Förderberges. Hier wurden die Kohlewagen zusammengestellt und mit Diesellok am Füllort des Rudolfschachtes vorbei zur Kohlenwäsche nach Püsselbüren gebracht.

Acht Wagen durften die Pferde in der Regel ziehen. Übereinstimmend berichten die Bergleute, dass die Grubenpferde genau registrierten, ob mehr Kohlewagen angehängt worden waren: Die Vierbeiner verweigerten dann den Transport. Nur mit List ließen sich eventuell ein oder zwei Wagen zusätzlich anhängen.

Die Transportbedingungen waren manchmal äußerst schwierig und auch gefährlich. Eine ebene Streckensohle gab es kaum, der Gebirgsdruck hatte an vielen Stellen die Sohle hochquellen lassen. Elektrisches Licht gab es vor Ort nicht. Als Grubengeleucht diente die Karbidlampe, die die Bergleute beim Kohletransport an den vorderen Wagen befestigten. Es konnte passieren, dass spritzendes Grubenwasser die Karbidlampe löschte, Pferdejunge und Grubenpferd standen im Dunkeln. Die Grubenpferde kannten die noch zu bewältigende Strecke genau und liefen „blind" mit dem gesamten Transport bis zur Übergabestelle. Der Pferdeführer soll des Öfteren im Dunkeln zurückgeblieben sein und sich mühsam den Weg gesucht haben.

Auf hängigen Strecken wurden die Kohlewagen „geremmelt". Rutschenbolzen, „Remmel" genannt, wurden zu diesem Zweck in die Löcher der Radscheiben geschoben und so das Rad zur Bremswirkung fixiert.

An der Übergabestelle der Kohlewagen zum Weitertransport mit der Diesellok, die am Querschlag in der Nähe des auch über Tage gekennzeichneten Steinbecker Gesenks lag, traten die Pferde automatisch und ohne Zuruf aus den Schienen und ließen die gerade gezogenen Wagen auf die bereits dort stehenden rollen. Das Pferd hatte sich rechtzeitig instinktiv in Sicherheit gebracht.

Der Gebirgsdruck ließ an vielen Stellen die Streckensohle hoch quellen, so dass die Höhe bis zum Hangenden oftmals eingeschränkt war. Die Verletzungsgefahr für den Bergmann und das Grubenpferd war naturgemäß sehr hoch. Die Strecken, in denen auch Leitungsrohre verliefen, waren eng: „Die Füße hatte man frei, den Kopf weniger", pflegte der Bergmann angesichts des teilweise niedrigen Hangendem zu sagen.

Bergmänner mit Grubenpferd Dieter am Seilfahrtschacht um 1950   Foto: Willi Lindemann

Aufgrund der Höhe der Abfuhrstrecken hatten die Grubenpferde ein nicht allzu großes Stockmaß. In Nebenstollen, die niedriger waren als die Hauptstrecken, wurden hauptsächlich Ponys eingesetzt. Nicht immer trugen die Grubenpferde einen Kopfschutz oder auch eine Art Scheuklappe. Die Pferde liefen zumeist mit gesenktem Kopf. Unebene Stollensohlen, das niedriges Hangende, seitliche Grubenwassergräben, der Schub aufstauender Kohlewagen sind nur einige Beispiele, die der Gesundheit der Grubenpferde zusetzten und die auch zu Verletzungen führten. In einem Falle erwies sich ein Grubenpferd als „hangendenscheu". Wenn das Hangende sehr tief stand, d.h. die Höhe zwischen der Gebirgsschicht über dem Kohleflöz, dem Stollen oder über der Strecke gering war, lief das Pferd mit eingezogenem Kopf zu schnell durch diesen Abschnitt und verletzte sich dabei durch Schürfungen am Nacken.

Zum Schichtende nutzten die Kumpel den Fahrweg, der neben dem Seilberg herlief, um herauf zum Schacht zu kommen. Um diesen langen Fußmarsch zu erleichtern, klammerten sie sich an den Schwanz der Grubenpferde und ließen sich bergauf ziehen. Überliefert ist, dass dabei ein Bergmann von einem Pferde getreten wurde und im Krankenhaus behandelt werden musste. Geritten wurde auch, was jedoch verboten war.

Zur Seilfahrt warteten die Grubenpferde nach Schichtende mit den Bergleuten am Schacht auf den Förderkorb. Die Geschirre wurden unter Tage abgelegt. Pferdeställe zum dauernden Aufenthalt waren im Westfeld unter Tage nicht eingerichtet. Gefüttert, gewaschen und bei Verletzungen gepflegt wurden die Grubenpferde über Tage im Pferdestall am Rudolfschacht. Berichtet wird, dass nur bei außerordentlichen Umständen Grubenpferde unter Tage gehalten wurden: So konnten sich nach einem Streckenbruch die Bergmänner befreien, für das Grubenpferd bestand jedoch keine Möglichkeit, durch die verbliebenen Hohlräume „nach oben" zu gelangen. Das Grubenpferd musste deshalb längere Zeit unter Tage versorgt werden.

Die Pferde gehörten nicht der Zeche selbst. „Maug I", wie der frühere Hof und die Gastwirtschaft auf dem Schafberg gegenüber der von Oeynhausen – Schachtanlage genannt wurde, stellte die Grubenpferde bereit. Viele Viehhändler aus dem Bereich des Westfeldes arbeiteten mit Maug zusammen und vermittelten Pferde.

Pferdefreundschaften

Zwischen den Bergleuten und insbesondere dem Pferdejungen und dem „Schützling" Grubenpferd entwickelte sich nicht selten eine besondere Freundschaft. Zu den Vierbeinern hatten viele Kumpel ein inniges Verhältnis. Bergleute berichten, dass sie ohne Grubenpferd hätten nichts machen können. Sie halfen den Bergleuten, „die Kohlen zu bringen", die sie am Tag fördern mussten.

Seit den 30iger Jahren bis zur Schließung des Westfeld im Jahre 1979 wurde von den Bergleuten mit einer Vielzahl von Fotos das Arbeitsleben unter Tage dokumentiert. Zum größten Teil wurden die Aufnahmen unter Tage mit einfachsten Mitteln gemacht. Sprengstoff auf der Grubenschaufel „Piek Ass" oder Magnesium wurde entzündet und rechtzeitig mit dem Blitz der Kameraverschluss geöffnet.

Verein Buchholzer Forst

Dem Bergbauhistorischen Verein Buchholzer Forst 1650 Recke, der sich seit 1989 mit der Historie des Bergbaus im Recker Buchholzer Forst befasst, wurden mit Fotos zu einer zentralen Dokumentation bereitzustellen, u.a. auch eine Anzahl eindruckvoller Bilder von Bergleuten bei ihrer Arbeit mit den Grubenpferden zugeleitet. Zu erkennen ist daraus, dass Bergmann und Grubenpferd Seite an Seite auf engstem Raum arbeiteten und zwar unter den gleichen schweren Arbeitsbedingungen. Das Grubenpferd steht nie abseits, es bildet immer den Mittelpunkt.

Alle arbeiteten unter den gleichen Bedingungen: Staubige Luft, die in den Augen brannte und das Atmen erschwerte und auch schwierige Transportwege setzten Mensch und Tier gleichermaßen zu. Bergmann und Grubenpferd führten unter Tage ein schweres Leben.

Zur Information und Dokumentation des jahrhunderte alten Bergbaus im Recker Buchholzer Forst hat der Bergbauhistorische Verein Buchholzer Forst 1650 Recke e.V. an der gemeinsam mit der DSK Anthrazit Ibbenbüren GmbH und dem Knappenverein Tecklenburger Land e.V. angelegten Bergbau – Wanderroute 3 „Buchholz" bebilderte Informationstafeln aufgestellt. Der Zugang erfolgt in Recke über die Ibbenbürener Straße zum ausgeschilderten Parkplatz Bergbau Buchholz „Im Hagen 30".

Bergbau im Westfeld und angrenzende Nachbarschaft waren eng miteinander verbunden. Während des Krieges, als Mangel an Futter für die Grubenpferde bestand, fütterten die Bergleute die Grubenpferde auf ihren angrenzenden Höfen und setzten sie manchmal auch auf ihrer kleinen Nebenerwerbslandwirtschaft ein.

Miterlebt hat Gertrud Bade geb. Lehmeier aus dem eng an den Rudolfschacht angrenzenden Bockradener Tal die Arbeit mit den Grubenpferden über und unter Tage. Unter Tage fand die Begegnung mit den Grubenpferden während des Krieges statt, als sie mit dreizehn Jahren in den Stollen Schutz vor den Kriegswirren suchte. Sie erinnert sich, dass die Menschen längere Zeit in der Grube ausharrten bei Feuchtigkeit, Grubenlicht mit Karbidlampen und wenig Essen. Verlassen hat die Sicherheit suchende Gruppe die Kohlegrube durch das Mundloch des Steinbecker Stollens, im unteren Teil des Recker Buchholzer Forstes gelegen, der 1752 zur Wasserlösung des Kohleabbaufeldes angelegt worden war und damit der Wasserführung diente. In diesem unteren Abschnitt des Steinbecker Stollens suchten auch Recker und Steinbecker Schutz vor den Kiegsereignissen.

Erwähnt sei hier eine besondere persönliche Wahrnehmung: Gertrud Bade erinnert sich noch heute an den Augenblick, als sie nach tagelanger Dunkelheit unter Tage aus dem Stollenmundloch wieder ans

Hauer am Schacht mit Grubenpferd Uri am 31. Juli 1949   Foto: Herbert Bade

Tageslicht trat. Es war ein Frühlingsmorgen. In der Sonne und in dem Morgentau glänzten die Spitzen der Tannen und das frische Grün der Buchen. Sie berichtet, dass es ihr erschienen sei, als wenn sie im Himmel angekommen wäre.

Die Recker Schwestern Martha Berghaus und Maria Büscher, auf dem elterlichen Hof Saarkamp, heute Garmann, unmittelbar am Rudolfschacht aufgewachsen und mit dem Gelände der damaligen Schachtanlage sehr pvertraut, erinnern sich an eine erste Grubenfahrt, die sie Anfang der 40iger Jahre des vorigen Jahrhunderts auf Vermittlung von Steigern, die mit der Familie befreundet waren, erleben durften. Grubenpferde, die Kohlewagen zogen, seien ihnen begegnet, es seien kleinere Pferde gewesen, die Kopfschutz und „Scheuklappen" getragen hätten. Übertage seien die Pferde am Rudolfschacht in kleineren Boxen aufgestallt gewesen und gepflegt worden.

Mitte des vergangenen Jahrhunderts wurden neue Transporttechniken entwickelt. Lokomotiven und über weite Strecken eingebaute Förderbänder lösten das Pferd in der Streckenförderung mehr und mehr ab. Die einsetzende Mechanisierung rückte an die Stelle der vierbeinigen Kumpel Uri, Trio, Perle, Viktor, Hugo, Bieber, Trine, Dieter, Gamma, Albert und Benno. Unterschiedliche Schicksale begleiteten die Grubenpferde.

In Ehren ging 1957 „Hugo" als letztes Grubenpferd im Westfeld. Mit einem Blütenstrauch geschmückt und einer Tafel um den Hals bedankten sich die Kumpel: „Hugo hast treu gedient, jetzt musst Du scheiden". „Bieber" erhielt ein langjähriges Gnadenbrot auf einer saftigen Wiese des Hofes Bernard Rethmann in Recke – Espel.

Hugo war das letzte Grubenpferd unter Tage – bis zum 30. März 1957   *Foto: Geert Haake*

Das bedeutende Bergbaumuseum im Bochum widmet den Grubenpferden in der ständigen Ausstellung sowie in gezielten Einzelausstellungen große Aufmerksamkeit. Auch das Pferdemuseum in Münster befasst sich mit dem Kumpel auf vier Beinen. Unter anderem sind dort Geschäftsbriefe aus der Bereitstellung von Grubenpferden durch Vertragsfirmen zu sehen.

Polizeihunde haben feine Näschen für nicht so feine Leute

Von Josef Brinker

Der Besuch einer Polizeidienststelle durch Kindergartengruppen ist im Laufe eines Jahres obligatorisch. Die Polizei stellt ihren kleinen Gästen in kindgerechter Form ihre Arbeit und ihre Arbeitsplätze vor. In der Regel sind es die den Kindern bekannten Verkehrssicherheitsberater, die mit pädagogischem Geschick dafür sorgen, dass dabei erst gar keine fremdelnde Zurückhaltung aufkommt. Wie im richtigen Leben auch, kommt bei Kindern erst gar keine Scheu auf, wenn ein Tier mit im Spiel ist. Deswegen schaut gelegentlich auch ein Diensthundeführer mit seinem vierbeinigen Begleiter bei solchen Besuchen vorbei.

Für den Hundeführer und seinen „vierbeinigen Kollegen" ist ein solches Besuchsprogramm ein angenehmes Intermezzo. Aber abends oder des nachts, wenn sie gemeinsam auf Streife sind, nehmen sie ihre klassischen Aufgaben im Polizeidienst wahr.

Die Polizei des Landes Nordrhein-Westfalen verfügt derzeit über etwa 450 Diensthunde. Sie sind seit Jahren als unentbehrliche Helfer und verlässliche Partner von Polizeibeamtinnen und -beamten im Einsatz. Hunde bewegen sich schneller und ausdauernder als Menschen und sind ihnen weit überlegen, wenn es darum geht, Gerüche in der Umwelt wahrzunehmen. Dies sind die Fähigkeiten, die die Polizei, sowohl auf dem Gebiete der Straf-verfolgung als auch bei der Gefahrenabwehr nutzt.

Durch die Möglichkeit, ihnen bestimmte Fähigkeiten anzutrainieren, können sie zu unterschiedlichen Einsatzsituationen hinzugezogen werden. Sie schnüffeln nach Rauschmitteln, führen die Beamten auf die „richtige Fährte", spüren nach vermissten Toten, leisten Unterstützung bei der Festnahme gewaltbereiter Tatverdächtiger, finden versteckte Waffen oder Munition, zeigen Sprengstoff an oder verrichten Spezialdienste als „Geruchsspurenvergleichshund". Auch sind die Diensthunde im rechtlichen Sinne „ein Hilfsmittel der körperlichen Gewalt zur Durchsetzung von polizeilichen Zwangsmaßnahmen".

In der Kreispolizeibehörde Steinfurt versehen fünf Hundeführer ihren Dienst. Sie sind zentral der Direktion Gefahrenabwehr/Einsatz zugewiesen. Ihre Dienstorte sind aus einsatztaktischen Gründen die ihrem Wohnort am nächsten gelegenen Dienststellen.

Ihr Auftrag ist die gezielte Bekämpfung der Straßenkriminalität sowie der Einbruchs- und Rauschgiftkriminalität. Ihre Dienstzeiten orientieren sich an dem Kriminalitätsgeschehen im Kreis Steinfurt,

Manfred Machill mit „Butch"

weswegen sie hauptsächlich in den Abend- und Nachtstunden unterwegs sind. Eigens für ihre Bedürfnisse stehen für sie Funkstreifenwagen zur Verfügung, die auf Bedingungen und Notwendigkeiten eines Dienstes mit Diensthund ausgerüstet wurden.

Die Polizeidiensthunde im Land Nordrhein-Westfalen werden in der Regel zweigleisig ausgebildet und eingesetzt. Mit der Basisausbildung werden sie in erster Linie als Schutzhunde ausgebildet. Darüber hinaus werden sie bei besonderer Eignung zum Sprengstoffspürhund, Rauschgiftspürhund, Leichensuch- und Rettungshund oder Fährtenhund qualifiziert.

Mit einer belastungsbezogenen Kräfteverteilung hat das Innenministerium für den Kreis Steinfurt den Einsatz von insgesamt fünf Diensthunden vorgegeben. Wegen des Flughafens in Greven und der Grenznähe zu den Niederlanden sind zwei Sprengstoffspürhunde und drei Rauschgiftspürhunde vorzuhalten.

Im Jahr 2006 wurden vier junge Hunde gekauft und von den Diensthundeführern im Rahmen der Ausbildung zu Personenspürhunden konditioniert. Sie besitzen allesamt einen enorm hohen Spieltrieb, ein ausgeprägtes Sozialverhalten und eine ausgewogene Umweltverträglichkeit.

Eine recht schwierige und daher lange Ausbildung haben die beiden Sprengstoffspürhunde „Lines" und „Baby" hinter sich. Sie werden hauptsächlich bei Durchsuchungsmaßnahmen im Vorfeld von Großveranstaltungen eingesetzt. Aufgrund ihrer Ausbildung sind sie in der Lage, 32 verschiedene Sprengstoffgerüche (militärische oder gewerbliche Sprengstoffe und Selbstlaborate) aufzufinden und anzuzeigen. Ein weiteres Einsatzfeld ist die Beweissicherung nach einem Schusswaffengebrauch. Hier können die Hunde Schusswaffen, Waffenteile und Munition finden und anzeigen. Wenn die Hunde fündig geworden sind, werden sie je nach ihrer individuellen Ausbildung entweder aktiv, d.h. sie bellen und kratzen, oder sie werden zu Passivität konditioniert, d. h. sie setzen sich unbeweglich neben der Fundstelle hin. Eine solche Ausbildung dauert wegen der schwierigen Wahrnehmbarkeit der unterschiedlichen Sprengstoffe, 70 Tage.

Die Anzahl der Einsätze mit den Sprengstoffspürhunden ist seit den Ereignissen des 11. Septembers drastisch gestiegen. So werden vor Politikerauftritten, Fußballbundesligaspielen oder Rockkonzerten die Veranstaltungsörtlichkeiten nach versteckten Sprengvorrichtungen abgesucht. Das Einsatzgebiet erstreckt sich grundsätzlich über das ganze Land NRW. Sie waren aber auch schon in der gesamten Bundesrepublik und im benachbarten Ausland tätig.

Wird der Hund bei einem Einsatz fündig, treten die Spezialisten auf den Plan. Dann werden die Entschärfer vom Landeskriminalamt dazugerufen.

Die Rauschgiftspürhunde „Leo", „Butch" und „Marie" arbeiten vorrangig im Betäubungsmittelmilieu. Hier zeigen sie bei Durchsuchungen von Wohnungen und Fahrzeugen, wo Rauschmittel versteckt werden. Die Ausbildung wird ständig den aktuellen Entwicklungen und Erfordernissen angepasst, so dass auch neu auf den Markt gekommene Rauschmittel festgestellt werden können.

Bei der Ausbildung zum Rauschgiftspürhund machen sich die Diensthundeführer den besonderen Spiel- und Beutetrieb der Hunde zu Nutze. Sie präparieren einen Spielgegenstand mit Rauschgift, so dass dieser für den Hund nur geruchlich wahrnehmbar ist. Nach jedem erfolgreichen Auffinden schließt sich ein Spiel mit dem Gegenstand als motivationsförderndes Ritual an.

Entgegen einer landläufigen Meinung werden Rauschgiftspürhunde für ihre Tätigkeit nicht abhängig gemacht. Unmittelbarer Kontakt des Hundes mit Rauschgift

Eckhard Rose mit „Marie"

z.B. durch Verschlucken hätte ohne schnelle tierärztliche Hilfe den Tod des Hundes zur Folge.

Die Rauschgiftspürhundeführer arbeiten eng mit den Rauschgiftermittlern des Kriminalkommissariates 31, mit dem Wach- und Wechseldienst und dem Einsatztrupp zusammen. Ihre Einsätze und Aufträge ergeben sich in der Regel aus der alltäglichen Ermittlungsarbeit und aus gezielten Kontrollen. Der Rauschgiftspürhund wird regelmäßig angefordert, wenn es gilt, die Wohnung eines Tatverdächtigen nach Betäubungsmitteln oder sonstigen Sachbeweisen zu durchsuchen. In unzähligen Fällen haben die „feinen Näschen" auch vermeintlich „todsichere" Verstecke aufgespürt.

Reinhard Hecht mit „Lines"

Wegen der Grenznähe zu den Niederlanden hat der Kreis Steinfurt wirtschaftliche Bedeutung als Gütertransitstrecke. Damit einhergehend haben sich die Straßen des Kreises auch als Transitstrecke für illegale Rauschgifte entwickelt. Bei Fahrzeugkontrollen auf der Bundesautobahn 30, der Bundesstraße 54n und anderen bekannten Verbindungsstraßen werden regelmäßig Fahrzeugführer und -insassen angetroffen, die illegale Rauschmittel besitzen oder die Substanzen transportieren. Bei solchen Fahrzeugkontrollen erkennen die Kuriere oder Konsumenten angesichts des vierbeinigen Spezialisten sogleich, dass sie keine Chance haben, schnell noch etwas zu verstecken oder ein Versteck im Fahrzeug nicht bekannt zu geben. Der Hund würde es so oder so finden. So erging es auch dem Rauschgiftkurier, der seine „heiße Ware" in den Außenspiegeln seines Pkw versteckt hatte. Nicht nur er war erstaunt ob der Zielstrebigkeit des Hundes, auch die Polizisten zeigten sich einmal mehr verwundert über den Ideenreichtum von Drogenkurieren. Nahtlos in die Erfolgskette schließt sich der Fund einer größeren Menge Heroin zwischen den Bausteinen einer Stereoanlage an.

Sind die fünf Diensthunde nicht gerade als Spezialisten gefragt, sind sie als Schutzhunde unterwegs. Sie bestreifen das gesamte Kreisgebiet und sind schwerpunktmäßig in der Bekämpfung der Straßen- und Rauschgiftkriminalität tätig. Nicht nur aus dem Dienst heraus können sie von allen Polizeidienststellen zur Unterstützung gerufen werden; nicht selten ereilt sie der Anruf auch in der Freizeit. Dies geschieht insbesondere nach Einbruchdiebstählen, wenn die Gebäude und Gelände nach versteckten Personen abgesucht werden sollen. Als äußerst hilfreich erweist sich ein Diensthund bei der Durchsetzung polizeilicher Maßnahmen unter erschwerten Bedingungen. Ob bei Platzverweisen, Schlägereien oder Festnahmen, bei Anwesenheit eines Diensthundes erübrigen sich in vielen Fällen weitere Zwangsmittel. Auch Angriffe auf Polizeibeamte oder andere Widerstandshandlungen konnten zumeist schon allein durch die Anwesenheit eines Diensthundes verhindert werden; von kläglichen Fluchtversuchen Tatverdächtiger einmal ganz abgesehen.

Die folgende Aufzählung kann nicht vollständig sein, sie zeigt nur einen Querschnitt der Sachverhalte, die erst durch den Einsatz des Diensthundes erfolgreich waren:

- Bei der Täterfestnahme nach einer spektakulären Raubserie war ein Diensthund maßgeblich beteiligt.
- Nach einem Pkw-Aufbruch konnte der Täter durch den eingesetzten Diensthund gestellt werden.
- Ein weiterer Täter flüchtete nach Kraddiebstahl in ein Maisfeld. Nach Einsatz des Diensthundes konnte der Täter festgenommen werden.
- Nach einem Einbruchdiebstahl konnte die versteckte Täterbekleidung durch den Diensthund aufgefunden werden.
- Eine Vielzahl von Schlägereien konnte allein durch die Anwesenheit des lautstark bellenden Diensthundes beendet werden.
- Nach einem Tankstelleneinbruch wurde der Tatverdächtige auf dem Dachboden vom Diensthund aufgespürt.

Ein Fall mit besonderem Erinnerungswert ist eine Wohnungsdurchsuchung mit einem Schutzhund. Durch den Einsatz des Diensthundes konnte ein möglicher Schusswaffengebrauch gegen ein „polizeiliches Gegenüber" verhindert werden. Ein Diensthundeführer war bei einer Durchsuchung hinzugezogen worden, weil nicht ausgeschlossen werden konnte, dass der als gewalttätig bekannte Wohnungsinhaber sich der Festnahme widersetzen würde. Als die Durchsuchungskräfte hinter einer offen stehenden Tür mit Milchglasscheibe eine Person mit einer Schusswaffe

Hero Thaden mit „Baby"

im Anschlag erkannten, galt die höchste Alarmstufe. Zur Eigensicherung wurden vorsorglich die Dienstwaffen gezogen. Auf Ansprache und Zuruf reagiert niemand. Große Anspannung bei den Polizisten. Der Diensthund blieb jedoch so „cool", wie seine sprichwörtliche „kalte Hundeschnauze". Er lief ins Zimmer, schnupperte hier und da und hätte beim Aufstöbern eines gesuchten Bewohners sicherlich entsprechend reagiert. Hier war es nicht nötig, denn die Person hinter der Milchglasscheibe war zwar lebensgroß, aber nicht lebensecht. Es war eine „James Bond-Puppe" mit einer Pump-Gun im Anschlag. Durchatmen war angesagt.

Marcus Kolczak mit „Leo" Foto: Josef Brinker

Dann, wenn sich der Herbst des Hundeslebens neigt oder ihn sonst eine gesundheitliche Beeinträchtigung einschränkt, wird ein Diensthund „pensioniert." Er darf dann mit „kleiner Rente" den Rest des Lebens bei seinem Herrchen verbringen.

Neue Hunde werden aus dem Aufzuchtprogramm der Landespolizeischule für Diensthundeführer in Bielefeld-Stuckenbrock und auf dem freien Markt rekrutiert. Wenn sie danach erfolgreich eine Probezeit absolviert haben, werden die Hunde offiziell eingestellt und aus eigenem Finanzhaushalt gekauft.

Die Diensthunde in der Polizei beweisen sich tagein tagaus als wichtige Helfer im Polizeialltag und zeigen sich ihren zweibeinigen Kolleginnen und Kollegen als stets verlässliche Partner. Eine Voraussetzung dafür ist jedoch ständiges Training. In jährlich 60 Trainingseinheiten, je 90 Minuten, halten sich die Pärchen auf dem hohen Stand der Spezialisierung. Um eine Gewöhnung an Schulungsabläufe und -orte auszuschließen, werden die Trainingsorte ständig gewechselt.

Die Einsatzleiter der Polizei berücksichtigen bei ihrer Einsatzplanung in zunehmendem Maße auch die speziellen Einsatzmöglichkeiten der Diensthunde. Sind auch die Möglichkeiten zum Einsatz eines Polizeidiensthundes fast unbegrenzt, die feinen Spürnasen stoßen bei länger andauernden Einsätzen an ihre natürlichen Grenzen. Durch die hohe Frequenz beim Schnuppern und Riechen erschöpfen die Tiere recht schnell und bedürfen einer Erholungspause.

Dagegen ist der Besuch einer quirligen Kindergartengruppe wahrhaft ein Kinderspiel. Nicht zu vergleichen mit dem Nachtdienst, wenn Herrchen und Hund im Kreis Steinfurt auf Streife sind. Erst recht nicht, wenn über Funk die Kolleginnen und Kollegen um Unterstützung rufen, stehen beide unter höchster Anspannung.

Das „Klicken" der Handschellen eines Festgenommenen ist der finale Hochgenuss.

Und dann, die Hunde kennen das Ritual, kommt das Sahnehäubchen für sie: Der kernige Klaps auf den verlängerten Hunderücken und das anerkennende Kraulen: „Gut gemacht, auf ein nächstes Mal".

Unheimliche Käuze, gefräßige Uhus
Artenschutz bei Steinkauz und Schleiereule

Von Otto Kimmel

Sagenumwoben, geheimnisvoll und doch so nützlich – der Steinkauz, Vogel des Jahres 1972

Eulen sind erdgeschichtlich sehr alte Lebewesen – sie waren bereits Zeitgenossen der Saurier vor 50 Millionen Jahren. Gerade im Vergleich dazu fällt die „Jugendlichkeit" des Menschen auf, der erst vor 80.000 Jahren erste Schritte in Richtung Zivilisation unternahm. Die Zeitspanne, in der Mensch und Eule zusammenleben, ist noch kürzer: In Europa wurde der Mensch vor etwa 5.000 bis 10.000 Jahren sesshaft und schuf durch Rodung und Ackerbau Freiflächen. Getreidespeicher lockten Mäuse an, welche sich gut vermehren konnten und Eulen – insbesondere die Schleiereule – profitierten vom Nahrungsangebot. Zu Recht galten sie deshalb immer als Kulturfolger.

Parallel unterteilte der Mensch – teilweise bis heute! – die Tier- und Pflanzenwelt in gut und böse, nützlich und schädlich. Häufig lag dem eine Wahrnehmung von Tieren als Nahrungskonkurrenten zu Grunde, so beispielsweise, wenn Sperlinge in Massen Weizenfelder verwüsteten oder Komorane Fischern die Edelfische „stahlen". Bei den Eulenvögeln stand der Uhu in dem Ruf, Hasen, Fasane und Rehkitze zu dezimieren. Er wurde deshalb so lange verfolgt, bis er in NRW als ausgestorben galt.

Gab es also beim Uhu anfangs Gründe, ihn als „Feind" zu betrachten, so ist bei den anderen heimischen Eulenarten wie Waldkauz, Steinkauz, Schleiereule und Waldohreule völlig unklar, warum sie zu den „Bösen" gezählt wurden und werden – sie nutzen dem Menschen eindeutig. Sie vertilgen Mäuse, der Waldkauz sogar Ratten. Trotzdem wurden diese Vögel noch bis in die 1950er Jahre an Scheunentore genagelt um Blitz, Sturm und Hagel abzuwenden.

War es der starre Blick oder die Fähigkeit, bei Sternenlicht nach Mäusen zu jagen? Waren es die schaurig-kreischenden oder melodischen Laute? Von bösen Eulen berichten zahlreiche Sagen und Märchen, häufig gelten sie als Boten von Unglück und Tod. Dabei galten den alten Griechen die Eulen als Verkörperung der Weisheit: Besonders der Steinkauz galt als Glücksbote und war der Göttin Athene (mit den Augen einer Eule, alles sehend) geweiht. Noch heute ist er auf der Rückseite der griechischen Ein-Euro-Münze abgebildet.

Heute wissen wir, dass es keine nützlichen oder schädlichen Tiere und Pflanzen gibt. Wir wissen (und sehen), dass Sperlinge nicht mehr in großen Schwärmen vorkommen und deshalb kein Weizenfeld mehr verwüsten können. Wir wissen, dass Komorane vorzugsweise Weißfische jagen, die wegen ihrer vielen Gräten kein Mensch essen will. Wir wissen, dass der Uhu gar nicht in der Lage ist, ausgewachsene Hasen oder Rehkitze zu töten. Wir wissen, dass das „menschliche" Gesicht mit dem starren Blick der Eulen daher rührt, dass die Augen nach vorne gerichtet und mit den Augenhöhlen fest verwachsen sind. Wir wissen, dass der Warnruf „kuwitt" von Wald- und Steinkauz nicht „komm mit" bedeutet und keineswegs ein Omen für den bevorstehenden Tod von Menschen ist.

Und dennoch: Der Ruf des Waldkauzes taugt immer noch dazu, um in Kriminalfilmen den Menschen einen Schauer über den Rücken zu jagen. Nicht nur die „übermenschliche" Fähigkeit des nächtlichen Sehens, auch das geräuschlose, schnelle Fliegen ist vielen Menschen unheimlich.

Bleibt zu hoffen, dass diese meist abergläubischen Gefühle zunehmend verschwinden und der Mensch den Eulen noch lange einen Platz zum Leben einräumt. Damit auch spätere Generationen deren Fähigkeiten bewundern und von ihnen profitieren können.

1972 war der Steinkauz Vogel des Jahres. Einer kleinen Gruppe schlug ich damals vor, unseren heimischen Eulen zu helfen. Die Gruppe bestand aus dem Ehepaar Büscher, Inge Peters, Frau Voßbeck aus Recke und meiner Wenigkeit. Ich hatte bis dahin in freier Natur weder eine Schleiereule noch einen Steinkauz zu Gesicht bekommen. Wir machten eine Bestandsaufnahme in den Gemeinden Recke, Hopsten und Mettingen.

Faszination in dunkler Nacht – die Schleiereule Fotos: Bernhard Volmer

Viehhütten, damals noch reichlich vorhanden, wurden nach Spuren, Gewölle und Kot durchsucht und Landwirte befragt. Das Ergebnis war erschreckend mager, lediglich fünf Standorte des Steinkauzes und vier Brutplätze der Schleiereule konnten wir feststellen.

Um nachzuweisen ob die Eulen gebrütet hatten, fehlte uns die Erfahrung. Die Landwirte berichteten jedoch, dass der Steinkauz und auch die Schleiereule noch in den fünfziger Jahren flächendeckend vorhanden waren. Erst durch das Abholzen von Kopfweiden und Streuobstbeständen brach der Bestand des Steinkauzes zusammen. Die Schleiereule brütete bis dahin überwiegend in Taubenschlägen auch zusammen mit den Tauben.

Der Bestand der Haustauben auf den Bauernhöfen ging in den sechziger Jahren zurück, Tauben waren nicht mehr in. Die Schläge verfielen und waren nicht mehr sicher vor Katzen und Mardern. Den Eulen fehlten Brutplätze. Ihnen konnte recht einfach geholfen werden. Ein Kasten mit einer Grundfläche von ca. 50 x 100 cm abgedunkelt und katzensicher mindestens acht Meter hoch aufgehängt genügte.

Der Steinkauz ist jedoch wählerischer. Nistkästen, die wir in Starenkastenform nur etwas größer als diese bauten, wurden nicht angenommen. Erst ein Herr Schwarzenberg aus dem Saarland baute schließlich eine Steinkauzröhre, die einen hohlen Ast vortäuscht. Diese Niströhre, 100 cm lang und mit einem Durchmesser von 18 cm, wird noch heute in etwas abgeänderter Form von mir gebaut und vom Steinkauz bevorzugt angenommen.

Die ersten Erfolge stellten sich ein und der Bestand beider Eulenarten stieg stetig. Lediglich bei der Schleiereule richtet sich der Bruterfolg nach dem Bestand ihrer Hauptnahrung, der Feldmaus.

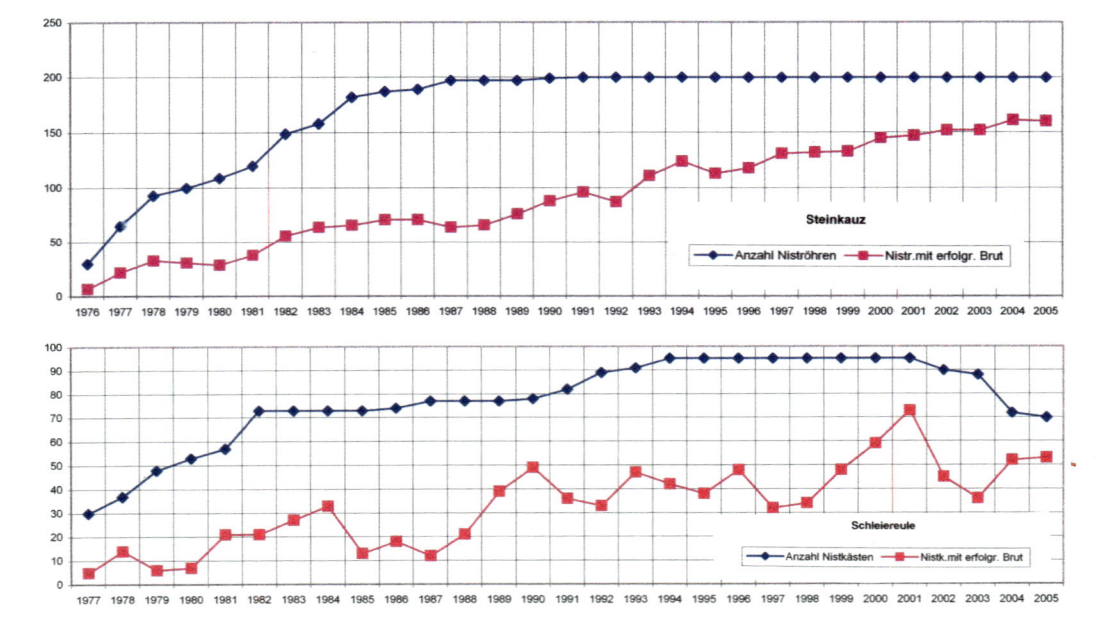

Seit den Jahren 1976/77 schreibe ich die Zahlen über Bestand und Bruterfolg auf.

Sam, der Klassenhund hat viele Fans in der Raphael-Schule in Recke-Steinbeck

Von Claudia Cichosz

Was gibt es für Kinder Schöneres als Tiere! Mit seiner freundlichen, menschenbezogenen Art erobert gerade der Hund schnell ihre Herzen – vor allem dann, wenn er erst acht Wochen alt ist und aussieht, wie ein kleiner Bär. Das konnte auch ich bei meinen Schülern beobachten, als ich im August 2006 meinen jungen Australian Shepherd mit in die Schule brachte.

Die Kinder kümmerten sich in den Pausen sofort hingebungsvoll um das kleine Wollknäuel, sorgten für Wasser und halfen mir, meine Unterrichtsmaterialien in die entsprechenden Fachräume zu transportieren. Ich musste den kleinen Hund tragen, da der ja zunächst noch keine Treppen steigen durfte.

Das Zusammengehörigkeitsgefühl unter den Mitschülern wuchs sofort. Dagegen sank der Geräuschpegel in der Klasse merklich aus Rücksicht auf den kleinen Hund und besonders wegen seines guten Hörvermögens. Inzwischen ist es für die Kinder schon ganz normal, dass Sam jeden Tag mit zur Schule kommt.

Ob ein Hund im Klassenzimmer nun tatsächlich auf lange Sicht die Noten der Schüler verbessert, wie Studien besagen, kann ich noch nicht beurteilen. Auf jeden Fall bietet Sam immer wieder einen interessanten Gesprächsstoff und Anlass für die folgenden Berichte der Kinder.

Zuwachs auf vier Pfoten

Unsere Lehrerin Frau Cichosz hatte eine Überraschung für uns. Mathias, ein Schüler unserer Klasse 4a, sagte von Anfang an, dass wir bestimmt einen Hund bekämen. Wir glaubten das aber nicht. Aber manchmal werden ja die komischsten Sachen wahr:

Am 21. 08.06, um 8.55 Uhr, waren alle Kinder schon sehr aufregt. Frau Cichosz wollte nämlich tatsächlich ihren Hund Sam mitbringen, der von diesem Tag an immer mit zur Schule kommen würde. Endlich kamen sie und die Tiertrainerin Kathrin Böhme mit den Hunden Sam und Aila in die Klasse. Aila ist ein dreijähriger Border Collie, mit schwarzem, weißem und braunem Fell. Sam ist ein acht Wochen alter Australian Shepherd mit schwarzem Fell, weißen und braunen Pfötchen und einem Strich auf der Stirn. Alle hatten sich in einem Kreis auf den Boden gesetzt. Das Wollknäuel schlief noch in dem Schoß unserer Lehrerin. Aila und Kathrin zeigten uns viel Sache, z.B. dass die Hundeohren so viel besser hören können als die der Menschen. Das bedeutet, dass man auch ganz leise mit ihnen sprechen kann, und sie hören es immer noch. Leider mussten die beiden Profis schon nach einer Stunde weg, aber Sammy ist ja geblieben. Das war der schönste Schultag in unserem Leben.

Alexa, Eva-Maria, Mathias, Pascal

Alle lieben Sam   Foto: Claudia Cickosz

Sammy der Star

Am 22. März 2007 kam ein Reporter in der Pause in unsere Klasse. Er interviewte Frau Cichosz und seine Assistentin befragte uns, z. B. ob wir es toll finden, einen Klassenhund zu haben. Natürlich sagten wir ja. Der Reporter machte Fotos von Sammy und uns. Am nächsten Tag standen wir in der Zeitung. Und so sind wir stolz darauf, dass wir Sammy in unserer Klasse haben.

Loreen, Patrick, André

Im Bauch des Hundes verschwunden

Es war am Freitag, dem 08.12.06, während der Probe zu unserer Weihnachtsfeier. Als wir unser Stück aufführten, lag Sammy in der Klasse und war unzufrieden, weil Frau Cichosz ihn alleine ließ. Deshalb war er traurig und jaulte. Als wir wieder in unseren Raum kamen, lag Papier auf dem Boden. Wir dachten, es wären die Papierblumen von Loreen. Aber nein, die waren alle noch da. Auf einmal rief Frau Cichosz, dass ihr Käsebrot verschwunden sei. Vielleicht war es doch das Butterbrotpapier, das wir weggeschmissen hatten? Ja, es war Sammy, der das Käsebrot aus dem Papier pellte und sich schmecken ließ. Tja, wenigstens Sammy ist satt geworden. Nur Frau Cichosz hatte kein Käsebrot mehr, aber alle fanden, dass wir einen sehr schlauen Klassenhund haben.

Hanna, Linus und Lars

Sammy besucht die Ostendörfer Hunde

Nachdem wir am 15.01.07 nach der letzten Stunde noch etwas gegessen hatten, machten wir uns auf den Weg, denn wir wollten mit Sammy, unserem Klassenhund, einen Spaziergang zu Nils machen. Es war ein milder Wintertag. Wir gingen durch den Esch. Nach etwa 20 Minuten kamen wir bei Nils an. Sofort bellten Luzi und Lotte, die Dackel von Ostendorfs Sammy an. Sie rannten unter seinem Bauch und zwischen seinen Beinen her. Eine lange Zeit spielten sie miteinander und wir beobachteten sie dabei. Dann warfen wir den Igelball weg und Sammy brachte ihn zu uns zurück. Als wir uns die Hirsche von Ostendorfs ansehen wollten, musste Sammy hinter „Gitter", damit er die Tiere nicht erschreckte. Nach kurzer Zeit holten wir ihn aber wieder heraus, da er einen Zwinger ja gar nicht gewohnt ist. Nils blieb bei sich zu Hause und wir anderen gingen wieder zur Schule zurück. Das war ein schönes Erlebnis mit unserem Schulhund.

Nils, Nirojan, Alexander, Marcel

Vier Pfoten lernen in der Schule

Ende August bekamen wir einen Klassenhund namens Sammy. Er konnte nur ein bisschen „Sitz", da er erst acht Wochen alt war. Deswegen brachten wir ihm es richtig bei. Inzwischen kann Sam: „lay down", „circle", „ touch", „Pfote", „Schoß", „Warte", „tip" und „come to me". In den Pausen gibt es einen Dienst, der für das süße Wollknäuel da ist. Natürlich ist dieser Dienst von Kindern besetzt. Manchmal gibt es eine Knuddelstunde mit Sam, die meistens ruhig und erholsam ist. Zur Zeit üben wir morgens vor der Schule das „Am-Fahrrad-Laufen". Außerdem darf er nun auch manchmal frei in der Klasse laufen, ohne etwas anzurühren. Das glückt meistens auch, doch auch Sam hat seinen Dickkopf. Kurz nach seiner Erkundungstour legt er sich ein wenig müde aber froh unter das Pult von Frau Cichosz.

Milena und Vanessa

Ein Herz für Weltmeister, den Nachwuchs und die Pferde

Von Michael Meenen

Riesenbeck ist das „Wimbledon des Fahrsports". Zahlreiche Weltmeister an den Leinen wurden auf der herrlichen Reitsportanlage Surenburg als Champion gekürt und kommen gern nach Riesenbeck in ihr „Wohnzimmer" zurück.

Realisierbar wurden und werden die pferdesportlichen Großveranstaltungen durch die engagierte Arbeit des Reitervereins Riesenbeck sowie die großzügige Unterstützung des Hausherrn des Geländes und Schirmherrn der Veranstaltungen, Baron Heereman.

Doch Pferdesport in Riesenbeck ist mehr als nur internationale Leistungsschau. Seit Jahrzehnten unterstützt und fördert der Reiterverein Riesenbeck Reiter- und Fahrer-Nachwuchs aus der Region. Das Engagement des Vereins richtet sich nicht nur auf die pferdegerechte Ausbildung der jugendlichen Sportler, sondern hat auch ihre gezielte Förderung durch die Entwicklung beziehungsweise Durchführung innovativer Jugendveranstaltungen auf Top-Niveau im Blick. Dabei verfolgt der Reiterverein Riesenbeck die drei Hauptziele, Talente hervorzubringen, innovative Jugendveranstaltungen zu initiieren und Championate (z.B. Landesmeisterschaften) organisieren.

Doch ohne gezielte Unterstützung schaffen Talente im Pferdesport selten den Sprung an die Spitze. Bei anderen Sportarten ist das einfacher: Wer als Kind Ballfertigkeit zeigt, bekommt einen Ball geschenkt; andere einen Tischtennisschläger oder Laufschuhe. Aber ein Pferd? Viel zu oft scheitert im Pferdesport die Talentförderung am fehlenden Pony/Pferd. Der Reiterverein Riesenbeck stellt deshalb eine qualifizierte Ausbildung auf vereinseigenen Schulpferden sicher, auf denen der Grundstein für spätere sportliche Erfolge gelegt wird.

So begann beispielsweise Vivien Schockemöhle auf Schulpferden des Vereins und reitet heute internationale Springen. So wurde ein Philipp Weißhaupt Nationenpreisreiter und EM-Medaillengewinner im Nachwuchsbereich. Lars Grafmüller, Denis Huser, Tim Brüggemann, Marlene Kraatz sind weitere Reiter des Vereins, die weit über die Region hinaus bekannt und erfolgreich sind.

Um erfolgreich im Sattel oder an den Leinen zu werden, braucht der Nachwuchs die nötige Praxis. Die stellt der Verein durch zahlreiche innovative Veranstaltungen sicher. Seit Jahren messen sich beim Kreisreiterturnier die besten Nachwuchsreiter der Region auf der Reitsportanlage Surenburg. Im Jahre 2005 rief der Reiterverein Riesenbeck darüber hinaus das „Riesenbecker Jugend-Reitsportfestival" ins Leben. Hier bietet man den besten Nachwuchsreitern in Springen und Dressur aus ganz Deutschland (Ponyreiter, Junioren sowie Junge Reiter) erstmals die einmalige Chance, sich vor großem Publikum auf einer Championats-Reitanlage zu messen. Kommentar Dietmar Gugler, Bundestrainer Springen/Nachwuchs: „Eine tolle Idee und tolles Engagement des Veranstalters. Mit dieser Art der Nachwuchsförderung verdient man kein Geld, allein der ideelle Wert steht hier im Vordergrund."

Mehrfach in den letzten Jahren, so 2000, 2002 und 2004 sowie erneut 2007, richtete und richtet der Reiterverein Riesenbeck parallel zum internationalen Fahrturnier Westfälische Meisterschaften aus. Das Mammutprogramm mit über 50 Prüfungen und fast 1000 Pferden speziell auch für Ponyreiter, Junioren und Junge Reiter der Disziplinen Springen, Dressur und Voltigieren fördert die Entwicklung der Nachwuchsreiter und bereitet sie so auf noch größere Aufgaben vor. Wie beim „Riesenbecker Jugend-Reitsportfestival" steht hier die Nachwuchsförderung, also der ideelle und nicht materielle Nutzen für den Verein im Vordergrund.

Dadurch kommt der Reiterverein Riesenbeck seiner Verantwortung für den Reiternachwuchs und die Basisarbeit mit Schulpferden in weit überdurchschnittlichem Maße nach, tut dies gern und kann dabei auf eine große Schar ehrenamtlicher Helfer zählen.

Und helfende Hände werden tatsächlich immer gebraucht. Denn ein Blick in die Historie des Vereins zeigt, dass nationale und internationale Großveranstaltungen nicht die Ausnahme, sondern die Regel sind.

Über 20 Jahre ist es her, da veranstaltete Riesenbeck die erste Deutsche Meisterschaft auf der Reitsportanlage Surenburg. Das war im Jahr 1980 – und nach der Vierspänner-WM 1972 in Münster das herausragende Pferdesport-Ereignis der ganzen Region. Mit 23 Vierspännern war bereits damals ein stattliches Fahrerfeld vertreten. Und wenn sich auch seitdem in Sachen Professionalität im Fahrsport einiges bewegt hat, so waren doch damals genau wie heute heiß diskutierte Richterurteile in der Teildisziplin Dressur ein besonderes Thema.

So befand die regionale Presse nach der ersten Teilprüfung zur DM, der Dressur, mit fetten Lettern: „Falsches Gespann liegt an der Spitze." Doch wie immer bei derartigen Aufregungen war am Ende der Veranstaltung anfänglicher Zorn verraucht, und die erste Deutsche Meisterschaft der Vierspänner in Riesenbeck hatte ihren „richtigen" Sieger. Meister wurde Bernd Duen, gefolgt von Michael Freund und Ernst Fath. Der damalige Bundestrainer Franz-Hermann Hahn war beeindruckt von der Kulisse und konstatierte: „Einen solchen Andrang haben Fahrmeisterschaften in ihrer bisherigen Geschichte noch nicht erlebt."

Prominente Gäste waren 1980 natürlich auch vor Ort. Allen vornan der damalige Bundesminister Ertl, der zwar von Berufswegen als Schirmherr angereist war, aber durchaus das Nützliche mit dem Angenehmen zu verbinden wusste. Noch bevor die ersten Räder der Meisterschaft rollten, also in aller Herrgottsfrühe, habe Ertl, selbst passionierter Jäger, einen kapitalen Bock geschossen, wie ein gut recherchierendes Fernsehteam zu berichten wusste.

Vor großen Aufgaben haben sich Riesenbeck und der Reiterverein nie bange gemacht. Wenn andere Veranstalter eine Meisterschaft zurückgeben mussten, wie geschehen bei der Zweispänner-WM 2001, sprang Riesenbeck mit seinem routinierten Veranstalter-Team in die Bresche und garantierte ein erstklassig organisiertes Championat. Breits 1983 war dies nicht anders. Damals war die Deutsche Vierspänner-Meisterschaft nach Holstein vergeben worden. Erst kurzfristig, zu Beginn des Jahres 1983, sprang Riesenbeck als Ersatzort ein, weil die ursprünglichen Veranstalter aus organisatorischen Gründen passen mussten.

Die DM 1983 war zugleich das Modell für aktuelle Turniere und Meisterschaften auf der Surenburg, die durch ihre Vielfalt begeistern. Denn schon damals, vor knapp 25 Jahren, beschränkte sich der Reiterverein nicht auf die Deutsche Meisterschaft allein, sondern hatte auch die Zweispännerfahrer zu Gast, die eine Sichtungsprüfung für ihre erste internationale Wertung in Rom ausfuhren. Des Weiteren gab es exzellenten Springsport im Großen Preis der Surenburg und auch Dressurprüfungen zu sehen.

Am Ende war die Fachpresse voll des Lobes: „Riesenbeck hielt wieder einmal, was man sich von diesem Austragungsort versprochen hatte: Eine herrliche Anlage, eine hervorragende Organisation, Gastfreundschaft und ein sachverständiges und interessiertes Publikum…"

Bei der dritten Deutschen Vierspänner-Meisterschaft im Jahr 1990 war es auf den ersten Blick wie immer, auf den zweiten Blick aber irgendwie doch anders. Am Geländetag waren die großen Parkflächen auf den Wiesen rund um die Surenburg mit Autos prall gefüllt. Aber anders als in den Jahren zuvor, mischten sich zahlreiche Trabis und Wartburgs unter die West-Karossen. Mit anderen Worten: Erstmals und endlich erlebten Fahrsport-Freunde wirklich aus ganz Deutschland das nationale Championat auf der Surenburg.

Die zahlreichen Besucher wurden durch eine überaus spannende Meisterschaft belohnt. Lange sah es so aus, als könne Christoph Sandmann bis zum Ende den Platz an der Sonne, sprich den Gold-Kurs, halten. Doch in der letzten Teilprüfung, dem Hindernisfahren, patzte Sandmann und der Aachener Janosch Böhler sicherte sich doch noch den Meistertitel vor Sandmann und Toni Bauer.

Und erneut wurde auch in Springparcours und Dressurviereck großer Sport geboten. Was den heutigen Fahrsport-Bundestrainern Ewald Meier und Eckard Meyer bei Championaten in Riesenbeck in ihrer aktiven Zeit verwehrt blieb, der Platz ganz oben auf dem Treppchen, dies schaffte der heutige Bundestrainer der Springreiter, Kurt Gravemeier, auf dem legendären Wum. Das Paar triumphierte im Großen Preis von Surenburg. Und in der Dressur überstrahlte der Meister aller Klassen, der viel zu früh verstorbene Dr. Rainer Klimke alles und stellte mit seinem Sieg auf Rocco Granata im Kurz Grand Prix die Konkurrenz in den Schatten.

Vierspanner-Wettkämpfe sind immer spannend   Foto: Julia Rau

„Ein Rädchen griff wieder ins andere...", so wurde Christa Kerkhoff nach der vierten Deutschen Meisterschaft der Vierspännerfahrer 1994 auf der Surenburg in der Presse zitiert. Gemeint waren die erneut perfekten und reibungslosen Abläufe, die das eingespielte Turnierteam steuerte. Die erstklassigen Bedingungen für Pferde, Fahrer und Reiter, die Herzlichkeit aller Beteiligten veranlasste die hippologische Fachpresse damals zum Resümee: Riesenbeck sei derzeit der Turnierbegriff schlechthin.

Zum Fahrer schlechthin war in den Jahren zuvor Michael Freund aufgestiegen. Der damals 39-jährige Neu-Isenburger gewann 1994 bereits seine sechste Meisterschaft. Das Championat in Riesenbeck war zugleich die entscheidende Sichtung für die Weltreiterspiele von Den Haag, wo Freund bekanntlich Weltmeister sowohl in der Einzelwertung als auch mit Sandmann und Hammann mit der Mannschaft wurde. Die Silbermedaille in Riesenbeck gewann Christoph Sandmann. Auf dem Bronze-Rang folgte Peter Tischer. Einen letzten Test für die Weltreiterspiele in Den Haag absolvierte im Dressurviereck auch Isabell Werth, die zwar nur in der Kleinen Tour antrat, aber naturgemäß das Hauptinteresse auf sich zog.

Für die entsprechende Begleitmusik sorgte in diesem Jahr die Blaskapelle des St. Petersburg Zentral-Militär-Orchesters, die in typisch russischer Manier auftrat und auch mit „Kalinka" begeisterte. Wie so oft war das Organisationstalent der Veranstalter bei der Unterbringung des riesigen Orchesters gefragt, und kurzerhand wurden über 60 Feldbetten in der Riesenbecker Turnhalle für die Gäste aus Russland aufgestellt.

Das Turnier-Jahr 2001 war für Riesenbeck ein Jahr mehrerer Superlative. Nach 1997 fand die Weltmeisterschaft der Zweispänner nach nur vier Jahren zum zweiten Mal auf der Surenburg statt. Allein dieser Umstand, bedingt durch die Absage des ursprünglichen Veranstalters, war schon außergewöhnlich. Einzigartig aber wurde die Veranstaltung durch die Tatsache, dass parallel zur Zweispänner-WM auch noch die Deutsche Meisterschaft im Vierspännerfahren ausgetragen wurde. Natürlich stand diese Deutsche Meisterschaft etwas im Schatten der WM, die ihrerseits auch ein ganz anders dimensioniertes Schauprogramm als bei einem „normalen" Turnier zur Folge hatte. Das „Fahrfestival" am Freitagabend jedenfalls war noch lange nach Ende der Meisterschaft in aller Munde. Diese phantastische Zeitreise auf Rädern unter Flutlicht wurde von über 5000 Pferdeenthusiasten verfolgt. Altmeister Hans-Heinrich Isenbarth kommentierte einfühlsam das Leben mit Pferd und Wagen, angefangen vom Einsatz auf dem Hofe bis zum heutigen Leben mit Pferden im Hochleistungssport.

Die anspruchsvolle Hindernisstrecke der Marathonfahrt („Ich möchte, dass die Fahrer mit Köpfchen fahren", so Parcours-Chef Joop Brink) musste nicht nur dem DM-Feld der Vierspänner, sondern auch dem der Zweispänner gerecht werden, was gut gelang. Bei den Zweispännern setzte sich erneut der Ungar Vilmos Lazar durch und wurde mit der WM-Goldmedaille geehrt. Und dass Michael Freund bei der Vierspänner-DM den Thron bestieg, war sicher alles andere als eine Überraschung. Dennoch: So spannend verlief selten ein Meisterschafts-Finale. Der Kampf um den Titel endete so knapp zugunsten von Freund gegenüber dem Vize-Meister Christoph Sandmann, dass selbst der neue Meister hinterher bedauernd feststellte: „Für den Christoph tut es mir echt leid. So eng war es noch nie. Aber Wimpernschläge entscheiden eben oft eine solche Meisterschaft." Den Bronzerang sicherte sich Rainer Duen.

Nur zwei Jahre später, im Jahre 2003, schrieb Riesenbeck erneut Fahrsport-Geschichte. Denn erstmals fanden zwei Deutsche Meisterschaften zeitgleich auf der Surenburg statt; die nationalen Titelkämpfe der Vierspänner sowie der Einspänner. Für das internationale Feld der Zweispännerfahrer war Riesenbeck außerdem die letzte und damit entscheidende Sichtung für die Weltmeisterschaft. Attraktiver Springsport und die Hohe Schule der Dressur wurden in diesem Jahr ebenfalls geboten. Dazu Musik, Schau, Marathonparty und Ausstellung – Riesenbeck, wie es die Pferdefreunde lieben.

Definitiv nicht das letzte nationale und internationale Championat wird dies zurückliegende Meisterschaft für Riesenbeck gewesen sein. Denn nach wie vor arbeiten der langjährige Vorsitzende, Heinz Kerkhoff und seine Mitstreiter engagiert und mit viel Herz an der pferdesportlichen Zukunft.

Die Emsaue bei Saerbeck — *Foto: Peter Schwartze*

Artenschutz
durch Vielfalt im Kreis Steinfurt

Von Peter Schwartze

Die Veränderungen in unserer Landschaft sind untrennbar mit dem Wirken der Menschen verbunden. Wenn man bedenkt, dass auch der Kreis Steinfurt von Natur aus fast reiner Wald wäre – mit Ausnahme der Hochmoore und Gewässer – stellt sich hier die Landschaft heutzutage in vielfältiger Weise dar. Durch Urbarmachung und Bewirtschaftung hat sich in historischer Zeit ein Landkreis mit einer Vielzahl unterschiedlicher Lebensräume entwickelt: Man findet Wälder, Wiesen, Moore,

Fließ- und Stillgewässer, Auen, Äcker und vieles mehr. Damit hat der Mensch durch seine Tätigkeit stets zur Bereicherung der Artenvielfalt beigetragen. Der Wechsel von der traditionellen Landbewirtschaftung in Richtung zunehmender Intensivierung sowie die sich ausweitenden Flächenverluste durch Besiedlung und Versiegelung tragen heute jedoch zu einem immer stärker werdenden Artenverlust bei. Das Verschwinden vielfältiger Lebensräume führt zu einer Gefährdung zahlreicher Tiere und Pflanzen. Je nach Seltenheit, Rückgangstendenzen und ihrer Anpassungsfähigkeit an veränderte Bedingungen werden die verschiedenen Arten unterschiedlichen Gefährdungsstufen zugeordnet, die in den Roten Listen zusammengefasst sind. Hier sind die ausgestorbenen, verschollenen und gefährdeten Tier- und Pflanzenarten verzeichnet. Die Roten Listen stellen somit den aktuellen Erhaltungszustand der biologischen Vielfalt unter dem Einfluss des Menschen dar.

Umfangreiche Schutzmaßnahmen

Um dem rasanten Artenschwund der letzten Jahrzehnte entgegenzuwirken, wurden auch im Kreis Steinfurt Naturschutzgebiete ausgewiesen und darüber hinaus in der freien Landschaft Vernetzungsstrukturen geschaffen. Allein 108 Schutzgebiete nehmen heute im Kreis Steinfurt eine Fläche von rund 11.000 ha ein, das sind etwas mehr als 6 % der Kreisfläche. Von den mehr oder weniger noch intakten Strukturen profitieren viele gefährdete Tierarten, seien es Vögel, Amphibien, Heuschrecken, Schmetterlinge, Libellen oder andere Tiergruppen. Da die landschaftliche Vielfalt im Kreis Steinfurt auf seiner Nutzung durch den Menschen beruht, sind die meisten Naturschutzgebiete nicht nur Wald oder Moore, sondern auch Feuchtwiesenkomplexe, Gewässerauen oder Heidelandschaften.

Der Erhalt und die Weiterentwicklung dieser reich strukturierten Kulturlandschaft führen in großen Teilen zu faunistisch und vegetationskundlich wertvollen Biotoptypen mit einer hohen Ausstattung zahlreicher gefährdeter Tier- und Pflanzenarten sowie Pflanzengesellschaften. Im Feuchtwiesenschutz wird die landesweit herausragende Bedeutung des Kreises Steinfurt dadurch unterstrichen, dass hier mit 278 festgestellten Paaren des Großen Brachvogels allein 45 % des Brutbestandes von Nordrhein-Westfalen leben. Auch die Uferschnepfen sind hier mit rund 70 Paaren zu einem Anteil von mindestens 25 % des Landesbestandes vertreten.

Die landschaftliche Vielfalt und die Größe der Schutzgebiete machen im Kreis Steinfurt eine umfangreiche Flächenbetreuung erforderlich, da speziell die extensiv bewirtschafteten Grünlandbestände mit hohem Aufwand gemanagt werden müssen. Insbesondere in landwirtschaftlich genutzten Kulturbiotopen reicht es eben nicht aus, diese nur zu schützen. Die Betreuungsaufgaben werden von der Biologischen Station Kreis Steinfurt e.V. wahrgenommen, die zur Zeit mehr als 80 Naturschutzgebiete auf einer Fläche von über 9800 ha betreut. Hierzu gehören vor allem Feuchtwiesen, Hochmoore und Gewässerauen.

Rundblättriger Sonnentau   Foto: Peter Schwartze

Beim Management der Feuchtwiesen wird unter anderem die Mahd der Wiesen geregelt, indem der Schnittzeitpunkt den Fortschritt bei der Jungenaufzucht der Wiesenvögel berücksichtigt. Diese Form des Artenschutzes trägt zur Erhöhung des Bruterfolges von Bodenbrütern wie dem Großen Brachvogel bei.

Im Rahmen der Schutzgebietsbetreuung werden auch Hinweise zur Verbesserung der Lebensbedingungen für Tierarten gegeben. Neben der angepassten extensiven Bewirtschaftung oder der Pflege verschiedener Lebensräume werden auch Wiedervernässungsmaßnahmen auf Flächen der öffentlichen Hand durchgeführt oder zahlreiche Gewässer angelegt. Gerade Teiche und Flachgewässer sind Anziehungspunkte für viele seltene, meist auf der Roten Liste stehende Tierarten. Dazu gehören neben den Wiesenvögeln wie Bekassine, Uferschnepfe, Kiebitz und Großer Brachvogel der Laubfrosch, die Kreuzkröte, die Glänzende Binsenjungfer und die Gefleckte Heidelibelle. Hier zeigt sich, dass von den für die Wiesenlimikolen getroffenen Optimierungsmaßnahmen auch viele andere Tiergruppen profitieren. Es werden Lebensräume geschaffen oder verbessert, und hier fühlen sich in einem ökologischen Miteinander (Symbiose) viele Tiere und Pflanzen wohl. Beispiele für gut entwickelte Feuchtwiesengebiete sind das Strönfeld bei Metelen, die Düsterdieker Niederung bei Westerkappeln, die Haverforths Wiesen in Riesenbeck-Birgte, die Wiesen am Max-Clemens-Kanal bei Emsdetten oder das Feuchtgebiet Saerbeck. Optimierungsmaßnahmen in ehemaligen Hochmooren kommen wiederum vielen anderen Tierarten zu Gute. Hier seien das Schwarzkehlchen, der Moorfrosch, die Schlingnatter, die Torf-Mosaikjungfer und das Wiesenvögelchen genannt. Zum einen wird durch Anlage von Stauen und Torfdämmen das Regenwasser in den Mooren zurückgehalten. Zum anderen bewirken die regelmäßig durchzuführenden Entkusselungsarbeiten, bei denen aufkommende Birken und Faulbäume entfernt werden, eine Verbesserung der Lebensbedingungen für die moortypischen Tier- und Pflanzenarten. Denn die Gehölze tragen zusätzlich zur Entwässerung des Moores bei und beschatten seltene Moorpflanzen wie z.B. den Rundblättrigen Sonnentau.

Die Moore im Kreis Steinfurt befinden sich heute überwiegend in Kreiseigentum. Bedeutende Gebiete sind hier das Recker Moor, das Emsdettener Venn, das Halverder Moor und das Borghorster Venn.

Auch in den Gewässerauen, und hier insbesondere in dem großen Naturschutzgebiet Emsaue, lassen sich hervorragend Maßnahmen zur Wiederbelebung eines dynamischen Fließgewässers verwirklichen, die wiederum zur Erhöhung der Lebensraumvielfalt im Kreis Steinfurt beitragen. Wichtige Ansätze dabei sind Flusslaufverlängerung durch Anbindung von Altarmen, Entfesselung der Ems durch Entfernen der Böschungsbefestigungen, Umbau der Auwälder durch standortgerechte Gehölze, aber auch die Wiedervernässung und Extensivierung angrenzender landwirtschaftlich genutzter Flächen in der Aue. Solche Maßnahmen lassen sich nur im Bereich von Flächen der öffentlichen Hand verwirklichen. Da die Ems und ihre Seitenbäche im Kreis Steinfurt durch Sandlandschaften verlaufen, haben die Fließgewässer hier leichtes Spiel. Durch Erosion an den Prallhängen und Sedimentation an den Gleithängen entstehen zahlreiche Kleinlebensräume wie Kolke, Inseln, Steilwände, Sand- und Schlammbänke. In solch reich strukturierten Lebensräumen kommen viele hoch spezialisierte Arten der Fauna und Flora vor. Zu den gefährdeten Tieren der Emsaue zählen Nachtigall, Eisvogel, Flussuferläufer, Gemeine Keiljungfer und Sumpfschrecke.

Nun stellt sich die Frage, wie die letzten Kleinode mit ihren vielen, meist gefährdeten Tierarten im Kreis Steinfurt vor ihrer Zerstörung bewahrt werden können. Denn

Auch der bedrohte Kiebitz ist auf Schutz und Rücksicht angewiesen   *Foto: Christian Kipp*

neben den Anforderungen aus der intensiv genutzten Agrar- und Siedlungslandschaft werden in unserer heutigen Gesellschaft weitere Ansprüche des Menschen zunehmenden Druck auf die letzten Oasen der Natur ausüben. Hierzu zählen Freizeitaktivitäten wie Wandern, Radfahren, Angeln, Kanu fahren, Klettern und vieles mehr. Der Einfluss des Menschen ist in erster Linie bei den mobilen Tierarten zu spüren. Neben der großen Gruppe der Vögel sind auch Säugetiere und teilweise Reptilien und Amphibien betroffen. Insbesondere die Anwesenheit von Menschen kann ein generelles Fernbleiben der seltenen und dementsprechend stark gefährdeten Arten aus ihren Biotopen bedeuten. Auch die direkte Beeinflussung von Standorten als Lebensraum wie z.B. Bodenverletzungen, Bodenverdichtung, Müllablagerungen oder Gewässerunreinigung können zum Ausbleiben bestimmter Tierarten führen.

Um ein harmonisches Miteinander von Mensch und Tier zu ermöglichen, sind viele Anstrengungen nötig. Deshalb braucht die Natur in unserem Kreis weiterhin unsere Schutzbemühungen, damit wir auch künftig ihre Vielfalt und Schönheit genießen können. Der sanfte Tourismus, der aufgrund geänderten Freizeitverhaltens zunehmende Bedeutung erlangt, bietet dabei gute Alternativen für Erholungssuchende. Das Erleben der heimischen Natur lässt sich jedoch nur dann verwirklichen, wenn dabei auch ein Mindestmaß an Rücksicht auf die Tier- und Pflanzenwelt genommen wird. Nur das Verständnis für den richtigen Umgang mit unserer belebten Kulturlandschaft wird langfristig die Nachhaltigkeit funktionaler Lebensräume sichern. Aus diesem Grund bieten die Mitarbeiter der Biologischen Station Kreis Steinfurt geführte Exkursionen in die zahlreichen Naturschutzgebiete des Kreises an. Dabei sollen einerseits ökologische Zusammenhänge und das Wissen über die Mensch-Natur-Beziehungen vermittelt werden, um andererseits die emotionale Wertschätzung für das Naturerbe zu steigern. Es werden auch die Bemühungen um den Erhalt der Vielfalt im Kreis Steinfurt erläutert, die letztlich Ausgangspunkt für einen umfangreichen Artenschutz sind und damit Grundlage für eine lebenswerte Heimat darstellen.

De Gaitling

Von Herbert Schürmann

Von widen häöer'k 'n Gaitling flaiten.
He flait sien Laiwesleed.
Niks anners kan et sien un haiten,
wan he döt sine Flüegel spraiten
un't gase Fiäderkleed.

He löt nich nao, singt stuuw von Niën
un gönt sik kinne Ru'.
Mi dücht, dat he is aone Schüen
luuthals an't Locken un döt frien.
He wil et wiëten nu.

Nich up he hölt un wil nich wiken,
luut he nao't Wiewken flait.
Gään do ik lustern un bekiken,
do vüörsichtig mi naiger sliken,
so naige äs et gait.

He is bes gaas nao buoben stiëgen,
häw dao sien Beste daon.
Ik aober häb nich met et kriëgen,
of't Wiewken em kam lük engiëgen,
of wöer nich invöstaon.

Sehnsucht nach Laer

ich vermisse euch
stolze Laerer Pferde

auch die putzigen Ponys
und niedlich schauenden Hunde
im Dorf fehlen mir genau so sehr
wie die raschen Begegnungen
mit Hasen, Rebhühnern und Rehen
an den Maisfeldern am Wald

ich möchte wieder Froschkonzerte
an warmen Maiabenden erleben

in meinem Balkonnest sitzend
von netten Nachbarn umgeben
den Duft der Lindenbäume
und die ländliche Sonntagsruhe
genießen

Wie die Schwalben

wenn ich graue Träume mische
mit den Regenbogenfarben

dann entstehen meine Verse
klein und einfach wie die Schwalben

wohl behütet reifen lange
werden langsam flügge

zart gefiedert mit dem Segen
„singt und macht Vergnügen"

Küken

du legst
das Küken der Liebe
vertrauensvoll
auf meine Hand

es wirkt so schwächlich
zart zerbrechlich

das Herz verschließt sich
vor lauter Angst

In schwarz

die Nacht ist schwarz
wie dein samtweiches Fell
mit schwarzer Nase dicht
an schwarzen Pfützen
ziehst du mich in die
sternenlose schwarze Nacht
und von der kohlenschwarzen
Himmelschlucht
schallt das Quaken
der unsichtbar schwarzen Enten
über uns herab

lange wandern wir zusammen
in die schwarze Frühlingsnacht
du – fröhlich wedelnd
vierbeiniger Vertrauter mein
ich – durch dich in Schwung
gebrachtes Frauchen dein

Texte: Aleksandra Bielachowicz-Holtzmer

Schwäne

*Anmutig gleiten zwei Schwäne
besonnen auf der Wasserfläche
wie im Spiegelbild.*

*Mit den gleichen Bewegungen,
immer aufeinander bedacht,
genießen sie ihre vollkommene
Zweisamkeit im ungestörten Glück.*

*Manchmal entfernen sie sich voneinander
aber nie verlieren sie sich aus dem Blick.
Welcher Einklang, welche Harmonie
geht von ihnen aus!*

*Mit wachsender Bewunderung und etwas
neidisch,
beobachte ich jeden Tag
das weißgefiederte Liebespaar.*

Foto: Karl-Heinz Wilp

Eine faszinierende Begegnung mit der Wunderwelt der Bienen

Von Heinrich Wilmer

Da leben bis zu 50.000 Bienen in einem Volk. Nach einer genau geregelten Arbeitsteilung leistet jede Biene in diesem Insektenstaat ihre Arbeit: Die Königin – es gibt nur eine einzige in einem Bienenvolk – sorgt für die Fortpflanzung: Sie legt über 2.000 Eier pro Tag. Das ist mehr als ihr eigenes Körpergewicht. Alle anderen weiblichen Bienen – die Arbeiterinnen – sind unfruchtbar. Sie haben andere Aufgaben: Zellen putzen, Waben bauen, die junge Brut füttern, für die richtige Temperatur im Stock sorgen, Nektar in Honig umwandeln, den Bienenstock bewachen, Feinde vertreiben, Nektar, Pollen, Wasser etc. holen und vieles mehr. Die männlichen Drohnen leben nur im Frühjahr und im Sommer in einem Bienenvolk. Ihre einzige Aufgabe besteht darin, junge Königinnen zu begatten. Ein Traumjob? Wohl kaum, denn unmittelbar nach dem Begattungsakt stirbt der Drohn.

Der Fleiß der Arbeiterinnen ist sprichwörtlich, ihr exaktes Arbeiten enorm: Wenn sie Waben bauen, hat jede Zelle einen Durchmesser von genau 5,37 mm. In diesen Zellen wächst entweder die neue Bienenbrut heran, oder es wird Honig oder Pollen eingelagert. Dazu wird von blühenden Pflanzen zuckerhaltiger Nektar eingetragen. Daraus stellen die Bienen Honig her, indem sie Wasser entziehen und wertvolle körpereigene Stoffe zusetzen. Um den Nektar für 1 kg Honig zu sammeln, müssen die Bienen bis zu 150 Millionen Blüten aufsuchen. Dazu legen sie 60.000 km Flugstrecke zurück. Wer ein Honigbutterbrot isst, verzehrt die Lebensleistung von 30 Bienen.

Wenn eine Biene eine ergiebige Trachtquelle entdeckt hat, teilt sie dies im Bienenstock den anderen Sammlerinnen mit. Sie tut das durch einen Tanz, mit dem sie die Richtung und die Entfernung angibt. Außerdem zeigt sie ihren Stockgenossinnen durch eine mitgebrachte Nektar- und Pollenprobe, um welche Blüten es sich handelt. Sofort machen sich weitere Bienen auf den Weg und finden zielsicher die Nektarquelle. Bienen arbeiten sich förmlich zu Tode. Im Frühling und Sommer haben sie eine Lebenserwartung von weniger als sechs Wochen. Die ersten drei Wochen verbringen sie mit vielfältigen Arbeiten im Stock. Die letzten Wochen sind sie im Außendienst tätig: Sie holen Nektar, Pollen, Propolis und Wasser. Es ist die gefährlichste Zeit im Leben der Bienen, und es ist kein Zufall, dass sie in die letzte Lebensphase fällt. Irgendwann kehrt dann die durch Arbeit zu Tode erschöpfte Biene von einem Ausflug nicht mehr zurück.

Honig ist eines der ältesten natürlichen Nahrungs- und Heilmittel. Er gehört heute zu den ganz wenigen Lebensmitteln, die noch völlig naturbelassen sind. Laut Verordnung darf der Imker dem Honig weder etwas zusetzen noch etwas entziehen. Er verkauft ihn rein, wie die Natur ihn gibt.

Honig enthält zwar viel Zucker, ist aber mit unserem Haushaltszucker nicht zu vergleichen. Dafür gibt es gleich mehrere Gründe:

Der Zucker im Honig liegt in einer leicht verdaulichen Form (Fructose, Glucose) vor, die der Körper unmittelbar verwerten kann. Honig ist also ein extrem schnell wirkender Energiespender. Sportler wissen das zu schätzen, weil sie hier Energie bekommen, ohne dass der Körper erst aufwendige Verdauungsarbeit leisten muss. Auch geistig Tätige helfen sich mit einer Portion Honig schnell und wirksam über ein Leistungstief hinweg.

Ein zweiter Grund liegt darin, dass der Honig neben dem Zucker noch eine Fülle weiterer wertvoller Stoffe enthält. Die Inhibine beispielsweise, die aus den Kopfdrüsen der Bienen stammen, haben eine Bakterien tötende bzw. -hemmende Wirkung: Wir alle wissen um die wohltuende Wirkung, die ein Glas warmer Milch mit Honig bei Erkältungskrankheiten hat. Wer eine Wunde mit Honig bestreicht, beschleunigt die Heilungsprozesse erheblich.

Da Honig auch Spuren von Pollen der einheimischen Pflanzen enthält, wirkt regelmäßiger Honigkonsum desensibilisierend auf Pollenallergiker. Dass ausländische Honige mit einem ganz anderen Pollenspektrum das nicht leisten können, versteht sich von selbst.

Auch in der Schönheitspflege wird Honig eingesetzt, z.B. bei Auflagen und Masken. Damit sind die Einsatzmöglichkeiten des Honigs aber bei weitem noch nicht erschöpft. Wer nachts nicht schlafen kann, sollte einmal einen Esslöffel Honig essen, evtl. zusammen mit einem Glas Milch. Schon manchem hat dieses alte Hausmittel zu einem gesunden Schlaf verholfen.

Neben den schon genannten Inhibinen enthält Honig noch eine Fülle weiterer Stoffe, z.B. Aminosäuren, Fermente, Mineralien, Vitamine, Säuren usw. Wir sollten uns den Reichtum, den uns die Natur im Honig bietet, zunutze machen, für unser Wohlbefinden und für die Natur, zu deren Erhaltung wir dadurch einen Beitrag leisten.

Gelée Royale – das Zaubermittel

Wer hat nicht schon einmal davon geträumt, einen Zaubertrank zu nehmen und damit ewig jung zu bleiben? Ein Märchentraum? Eine wirklichkeitsferne Spinnerei?

Es gibt dieses Mittel. Die Bienen stellen es täglich her – wenn nicht gerade Winterruhe ist. Es trägt den Namen „Gelée Royale" oder „Königinnenfuttersaft". Was hat es aber damit auf sich? Kann man sich wirklich damit ewige Jugend erkaufen?

Die Wirkung dieser Substanz ist in der Tat verblüffend. Schauen wir doch einmal in ein Bienenvolk hinein: Die Königin legt in der warmen Jahreszeit täglich über 2000 befruchtete Eier. Aus jedem Ei schlüpft eine Arbeitsbiene, die zwei in diesem Zusammenhang wichtige Merkmale hat: Sie hat nur eine Lebenserwartung von 6 Wochen, und sie ist unfruchtbar, sie kann sich also nicht fortpflanzen. Einzig und allein die Königin ist privilegiert: Sie hat eine Lebenserwartung von über vier Jahren, und sie hat voll ausgebildete Sexualorgane (Eierstöcke etc.), mit denen sie im Laufe ihres Lebens viele hunderttausend Eier legt.

Verblüffende Eigenschaften

Wie kommt es zu diesem Unterschied? Genau hier kommt „Gelée Royale", dieser ewige Jungbrunnen ins Spiel. Wenn nämlich eine Königin ein befruchtetes Ei gelegt hat, so entsteht daraus normalerweise eine kurzlebige, unfruchtbare Arbeiterin. Wenn die Bienen aber die aus dem Stift geschlüpfte Made von Anfang an nur mit dem Königinnenfuttersaft füttern, dann wächst eine Königin heran mit verblüffenden Eigenschaften: Sie ist nicht nur, wie wir schon hörten, langlebig und fortpflanzungsfähig. Sie wird auch deutlich größer als die anderen Bienen – und das alles in nur 16 Tagen Entwicklungszeit, also noch fünf Tage schneller als eine Arbeitsbiene. Diese braucht nämlich vom Ei bis zum fertigen Insekt 21 Tage. Ganze fünf Tage lang wird die zukünftige Königin mit diesem Wundermittel gefüttert, und ganz allein diese Tatsache führt zu den erstaunlichen Eigenschaften.

Als man diese Zusammenhänge entdeckte, wurden sofort menschliche Sehnsüchte und Träume wach: Wenn dieses Mittel einer Biene die begehrten Eigenschaften der Langlebigkeit und einer ungebrochenen sexuellen Aktivität verleiht, könnte dann der Mensch nicht auf ähnliche Wirkungen hoffen? Liegt hier der Schlüssel, den uralten Menschheitstraum von der ewigen Jugend und von der ungebrochenen Vitalität zu verwirklichen? Kann man die Bienen veranlassen, es in größerer Menge zu produzieren, um es für menschliche Verwendung zu bekommen? Kann man es vielleicht sogar synthetisch herstellen?

Künstlich herstellen kann man diesen Zaubertrunk nicht, aber man kann ihn im Bienenvolk gewinnen. Die Bienen produzieren ihn in körpereigenen Drüsen. Wenn man sie dazu bringt, möglichst viele Königinnen heranzuziehen, kann man aus diesen Weiselzellen den Königinnenfuttersaft abschöpfen – natürlich immer nur kleine Mengen. Jetzt hat man dieses Zaubermittel – und dann?

Bevor wir uns in Spekulationen und falschen Hoffnungen verlieren, müssen wir aus unseren Träumen zurück auf den Boden der nüchternen Realität: Auf uns Menschen wirkt es – leider – nicht so wie auf Bienen. Es fördert unsere Gesundheit und unser Wohlbefinden, aber unser Leben können wir damit nicht verlängern. Schade! Da war doch der Jungbrunnen greifbar nahe – und dann zerplatzt alles wie eine Seifenblase. Wir sind eben keine Bienen.

Damit aus einer Apfelblüte ein Apfel entstehen kann, muss sie bestäubt werden. Für diesen Vorgang sind Bienen erforderlich. Sie transportieren den Blütenstaub in ihrem Haarkleid und übertragen ihn beim Nektarsammeln auf die Blüte. Natürlich können Blüten auch von anderen Insekten, z.B. Hummeln, bestäubt werden, aber der Löwenanteil wird von den Bienen geleistet.

Ohne Bienen gibt es kein Obst und keine Blumen   Foto: Norbert Niehues

Wenn Ende April die Obstblüte beginnt, ist das Bienenvolk einige Zehntausend Bienen stark. Mit geballter Kraft kann das Volk die Blüten befliegen. Zu diesem Zeitpunkt ist die Hummelkönigin dagegen noch allein, sie muss sich erst ein neues Volk aufbauen. Wenn dieses schließlich einige hundert Tiere umfasst, ist das große Blühen längst vorbei. Der zweite Grund liegt darin begründet, dass Bienen blütenstet sind. Das heißt: Sie bleiben bei einer Blütenart. Die Biene, die bei einer Apfelblüte zu Gast war, bleibt bei dieser Sorte. Sie fliegt nicht zwischendurch beispielsweise zu einer Kirschblüte, zu einem Löwenzahn oder sonst wohin. Das bedeutet, dass der Pollen, den die Bienen mitbringen, immer zu arteigenen Blüten kommt. Was sollte auch der Löwenzahn mit Apfelpollen. Diese Blütenstetigkeit ist bei anderen Insekten nicht gegeben.

Vor einigen Jahren gab es im Sommer keine Kirschen. Das lag nicht etwa daran, dass die Blüten erfroren waren. Vielmehr war zur Zeit der Kirschblüte ständig schlechtes Wetter, so dass die Bienen nicht fliegen konnten. Die Folge: Die Kirschblüten wurden nicht bestäubt, und es gab keine Kirschen.

Wie wichtig Bienen in diesem Bereich sind, wird auch daran deutlich, dass die Obstbauern aus den großen Anbaugebieten (Altes Land an der Unterelbe, am Bodensee usw.) den Imkern Bestäubungsprämien zahlen, damit sie mit ihren Bienenvölkern zur Obstblüte in die Plantagen wandern.

Der Imker hält Bienen, und er erntet den Honig. Zehnfach höher ist aber der wirtschaftliche Wert der Bestäubungsleistung. Es ist eine Leistung, die die Imker im Land mit ihren Bienen als kostenlosen Dienst für die Allgemeinheit erbringen.

Aber nicht nur die Obstblüten sind auf die Bestäubung durch Bienen angewiesen. Das trifft in gleicher Weise auf die gesamte Pracht unserer wild blühenden Blumen zu. Sie können nur dann Samen produzieren und damit ihre Art erhalten, wenn sie zuvor bestäubt worden sind. Gäbe es keine Bienen, sähe es schlimm aus um die Arterhaltung und um die Artenvielfalt unserer heimischen Flora. Und mit jeder Pflanze, die ausstirbt, gehen auch Tierarten zugrunde, die auf, mit und von dieser Pflanze leben.

Was wir alle tun können

Was können wir tun, damit die Bienen auch in Zukunft diese wichtige ökologische Aufgabe leisten können? Es wäre schön, wenn der ein oder andere sein Herz für Bienen entdeckt, sich als Imker ein wunderbares Hobby schafft. Wir alle sollten für die Anpflanzung und Erhaltung von bienenfreundlichen Blumen – auch im eigenen Garten – sorgen. Jeder aber kann die hiesigen Imker unterstützen, indem er bei ihnen Honig kauft. Dadurch trägt er dazu bei, dass die Imkerei ihrem Betreiber einen bescheidenen Gewinn abwirft und damit Bestand hat. Wie heißt es doch in dem Werbeslogan: Einheimischer Honig - der Beginn einer Freundschaft mit der heimischen Flora.

„Papa, komm schnell, deine Bienen hauen ab!"

Mit diesem Schreckensruf kommt der sechsjährige Simon an einem wunderschönen, sonnigen Tag im Mai kurz nach

Mittag ins Haus gestürmt. Der Vater, der gerade seine Mittagsruhe hielt, ist sofort hellwach. Ohne nachzusehen weiß er auch so schon, was los ist: die Bienen schwärmen.

Als er zu seinem Bienenstand hinten im Garten kommt, sieht er Tausende von Bienen in einem wilden Wirbel in der Luft durcheinander fliegen, und es werden immer noch mehr. Aus einem Bienenkasten quellen förmlich die Bienen heraus und schließen sich dem Treiben an. Der Vater schaut sich das grandiose Schauspiel an und tut – nichts, jedenfalls zunächst nicht. Er kann auch gar nichts unternehmen, er muss abwarten.

Nach einer Viertelstunde hat sich die Situation völlig verändert. Die vielen Bienen – es mögen 10.000, vielleicht auch 20.000 gewesen sein – haben sich am Ast eines nahen Apfelbaums zu einer großen Traube niedergelassen und sitzen dort seelenruhig, ohne jede Hektik. Nichts mehr ist zu merken von dem Wirbel und dem Brausen, das noch Minuten vorher die Luft erfüllte.

Jetzt ist der Zeitpunkt gekommen, wo der Imker eingreift. Er holt sich einen leeren Bienenkorb oder eine Kiste und hält sie unter die Schwarmtraube. Dann schüttelt er mit einem kurzen Ruck an dem Ast, und der gesamte Schwarm fällt in den Kasten. Er hat ein neues Volk gewonnen.

Was ist denn nun eigentlich in dem Bienenvolk passiert, dass es sich so ungewöhnlich verhält? Im Grunde ist es etwas sehr Natürliches. Das Bienenvolk hatte – schon zwei Wochen vorher – beschlossen, sich zu teilen. Dazu hat es eine neue Königin herangezogen. Bevor diese aus ihrer Zelle schlüpft, zieht ein Teil des Volkes mit der alten Königin aus, um sich eine neue Behausung zu suchen.

Was wäre denn geschehen, wenn der Imker nicht eingegriffen und den Schwarm „eingeschlagen" hätte, wie es in der Fachsprache heißt? Nun, dann hätten sich aus der Schwarmtraube Suchbienen auf den Weg gemacht, um eine neue Unterkunft auszukundschaften. Das kann ein hohler Baum sein, ein hohles Mauerwerk, eine leere Bienenkiste. Dort zieht das neue Volk dann ein und beginnt sofort mit der Arbeit: Wabenbau, Vorratsbeschaffung, Eiablage der Königin, Brutpflege usw. Ein Schwarm ist übrigens unglaublich fleißig. Wenn er früh kommt, z.B. Anfang Mai, kann er noch einen nennenswerten Ertrag bringen. Das hat zu der Imkerweisheit über den unterschiedlichen Wert eines Schwarms geführt: „Ein Schwarm im Mai – ein Fuder Heu. Ein Schwarm im Jun' – ein Suppenhuhn. Ein Schwarm im Jul' – ein Federspul."

Die wichtigste Leistung der Imker über die allerdings am wenigsten gesprochen wird und die als selbstverständlich genommen wird, besteht darin, dass sie durch die Bestäubungsleistung der Bienen dafür sorgen, dass es in Ihrer Umgebung noch Obst und die vielen wild blühenden Blumen gibt. Dies ist ein kostenloser, aber ungemein wertvoller Dienst an der Natur und für die Gesellschaft.

Weiterhin bieten die Imker Honig aus heimischer Natur an, der nicht nur frei von Rückständen und sehr gesund, sondern auch sonst konkurrenzlos gut ist. Wer Honig mag und qualitätsbewusst ist, kommt an diesem naturreinen Produkt nicht vorbei.

Die folgenden beiden Beiträge von Manuela Petzel aus dem Pegasus Reit- und Therapiezentrum in Steinfurt und Herbert Göcke über den Reitstall des St. Josefshauses in Wettringen verdeutlichen die große Bedeutung des Pferdes in der heiltherapeutischen Arbeit.

Leben in Balance mit Pferden

Von Manuela Petzel

Im Leben ist alles eine Frage der Balance und wir sollten uns fragen, ob wir uns in der heutigen Zeit im Gleichgewicht befinden. Wir leben in einer leistungsorientierten und häufig wertenden Gesellschaft. Sind wir nicht oft im „Außen", abhängig von Urteil oder Beachtung anderer?

Diese bewertenden Erfahrungen fangen früh an. Schon in der Schule lernen Kinder, sich zu vergleichen und Erlebnisse negativ oder positiv zu werten. Hier entstehen u.a. Verhaltensmuster, die das Selbstbild prägen. Der Kreislauf beginnt und der Mensch verlernt, sich selbst und seinen Fähigkeiten zu vertrauen.

Ein vermindertes Selbstwertgefühl, Angst und Unsicherheit führen oft zu psychischen und physischen Störungen. Auch für Menschen mit Handicap ist es in unserer leistungsorientierten Welt nicht leicht, ihren Platz zu finden und sich liebevoll so anzunehmen wie sie sind. Hier setzen wir auf die Arbeit mit den Pferden. Die wichtigsten Partner in der Therapeutischen Arbeit sind Pferde, für die müssen wir sorgen und ihnen eine adäquate, pferdegerechte Haltung ermöglichen. Pferde sind klar und authentisch. Sie reagieren sensibel und unverzüglich auf alle Situationen im „Hier und Jetzt".

Damit spiegeln sie unsere Befindlichkeit direkt und wertfrei. Sie reagieren auf uns ganz individuell, besser gesagt auf unsere häufig unbewusste Angst, Aggression oder Unsicherheit und helfen uns damit, uns selbst besser kennen zu lernen. Das Pferd begegnet den Menschen unvoreingenommen, ist aber dennoch in der Lage „Unmut" über „unangemessenes" Verhalten deutlich zu machen. Das Schöne ist, Pferde bewerten uns nicht, sondern nehmen uns so an, wie wir sind. Dies ist für viele Menschen ein ganz neues Erlebnis.

Auf der Basis: „Ich bin o.k. – Du bist o.k. ganz egal wie ich aussehe oder was ich kann!"

Hier wird der Grundstein gelegt, die eigene Handlungskompetenz zu erweitern, lernen Verantwortung zu übernehmen und damit sich selbst zu vertrauen. Grundlage dieser Methode ist das Pferdisch Prinzip, entwickelt von Dr.Christine und Friedhelm Pohl aus Warendorf.

In der Beziehung zum Pferd lernt der

„Ich bin o.k. – Du bist o.k., ganz egal wie ich aussehe oder was ich kann!" Foto: Karl-Heinz Wilp

Mensch, klare Grenzen zu setzen und erlebt, wie wichtig es ist – wie in jedem Miteinander – die Balance zwischen Respekt und Vertrauen zu finden. Diese neuen Erfahrungen lassen sich bereits beim Umgang mit dem Pferd an der Hand erleben.

Auf dem Pferd lassen sich die Bewegungsimpulse des Pferdes gezielt nutzen. Z.B. bei der Förderung körperlicher Einschränkungen, sensorischer Integration oder dem Lösen von Spastiken. Als zusätzliche Therapeutische Maßnahme wird seit neustem im Zentrum getrommelt und mit Klangschalen und Gongs nach Peter Hess gearbeitet. Es kann durchaus vorkommen, dass mit Begleitung von afrikanischen Trommelrhythmen geritten wird. Das hilft im Kopf loszulassen, bei sich zu bleiben und entspannter zu reiten. Diese vielfältigen Möglichkeiten haben nur ein Ziel, den Menschen zu helfen ihren Weg zu sich selbst leichter zu finden und mit viel Spaß und Freude und weniger Angst und Unsicherheit ihr Leben zu meistern. Die Pferde sind in diesem Kontext hervorragende Lehrmeister.

Im Jahre 1999 wurde der Integrative Reitverein Steinfurt e.V. als gemeinnütziger Verein mit damals sieben Mitgliedern gegründet. Mittlerweile verfügt das Pegasus Reit- u. Therapiezentrum über sechs eigene Therapiepferde und drei qualifizierte Trainer und viele Helfer unterstützen die Arbeit des Vereins. Es ist eine vom Deutschen Kuratorium für Therapeutisches Reiten und der Deutschen Reiterlichen Vereinigung (FN) anerkannte Einrichtung.

www.pegasus-steinfurt.de

Ein Tag im Reitstall des St. Josefhauses in Wettringen

Von Herbert Göcke

Es ist Montagmorgen. Im Reitstall des St. Josefshauses in Wettringen herrscht schon reger Betrieb. Zehn Pferde sind bereits versorgt worden. Einige von ihnen zermahlen die letzten Haferkörner zwischen ihren breiten Zähnen. Sie gehören verschiedenen Rassen an und blicken schon auf ein höheres Alter zurück. Sie sind über zehn Jahre alt. Lebenserfahrung haben sie und einfach die Ruhe weg. Das ist notwendig, denn sie stehen für das therapeutische Reiten zur Verfügung.

Zwei von ihnen, Jasper, das Fjordpferd und Astor werden gerade von Herbert Heitkötter und dem Zivi Marc Koberstein aufgesattelt, denn es steht die Therapiestunde für Bewohner des Betreuungszentrums St. Arnold auf dem Tagesplan. Aufgesattelt heißt in diesem Fall, es wird der Voltigiergurt aufgelegt und zwar auf dicken Reitdecken. Das ist notwendig, weil er viele Möglichkeiten bietet, sich festzuhalten. Und ohne Sattel spürt man mehr die Körperwärme des Pferdes und seine Bewegungen.

Draußen fährt der Kleinbus des Betreuungszentrums vor. Hermann geht sofort ins Reiterstübchen, er fühlt sich hier schon zu Hause, alles ist ihm vertraut. Andere Bewohner eilen in die Reithalle, begrüßen die Pferde. Die Betreuer holen die Rollstuhlfahrer aus dem Spezialfahrzeug. Dirk streichelt Jasper. Man erkennt in seinem Gesicht die Freude, die ihm der Umgang mit dem Fjordpferd bringt. „Du musst ihn unter dem Kinn kraulen, dann schläft er im Stehen ein", lacht Herbert Heitkötter.

Jasper genießt offensichtlich diese Liebkosungen, schließt die Augen. Hermann begibt sich auf die Rampe, die den Menschen mit Behinderungen das Aufsteigen erleichtert. Es dauert nicht lange und er blickt stolz in die Runde. Geschafft! Herbert Heitkötter fährt Dirk ebenfalls auf die Rampe. Ihm ist es nicht möglich, alleine auf den Rücken von Jasper zu kommen. Herbert Heitkötter weiß, wie er helfen kann und helfen muss. Es dauert einige Zeit, dann sitzt auch Dirk im „Sattel".

„Heute gehen wir bei dem schönen Wetter nach draußen", sagt Heitkötter. Seine Helfer führen die Pferde, bei Dirk geht Heitkötter nebenher. Wichtig ist, dass die Reiter gelöster werden, dass sie Selbstvertrauen gewinnen und auch einmal die Griffe des Voltigiergurtes loslassen. Dazu bietet sich eine gute Gelegenheit. Es geht zu den Apfelbäumen, in deren Grün die Äpfel leuchten. Selbst vom Rücken eines Pferdes sind sie nicht so ohne weiteres zu pflücken.

Die Helfer führen auf Geheiß des Reit- und Voltigier-Lehrers, der mehrere Zusatzprüfungen für das therapeutische Reiten erfolgreich bestanden hat, zu den Bäumen. „So, jetzt pflückt einmal ein paar Äpfel!", fordert er sie auf. Für Hermann und Dirk ist das alles andere als eine leichte Übung. Nicht einmal ein Reiter ohne Behinderungen würde das so einfach hinbekommen. Dirk streckt erst die eine Hand aus, hält sich noch mit der anderen fest. Sich gar nicht mehr festhalten? Dann aber siegt das Selbstvertrauen, er lässt die Griffe los und pflückt mit beiden Händen Äpfel. Ein guter Erfolg. Dirk ist sichtlich stolz. Weiter geht es, der Weg führt durch die angrenzenden Waldungen des Hauses zurück zur Reithalle, wo die nächsten Reiter bereits warten.

Nicht nur Menschen mit körperlichen Gebrechen nehmen das Angebot des therapeutischen Reitens wahr. In der integrativen Gruppe geht es ganz anders zu. Lebhaft sind die meisten Kinder, einige hyperaktiv, andere wirken ängstlich. Ihnen fehlt das Vertrauen in die eigene Leistungsfähigkeit, das Vertrauen in die Mitmenschen, das Vertrauen zum Pferd.

Zu zweit, zu dritt geht es auf den Rücken des Pferdes. Soziale Kontakte sollen empfunden werden, sollen entstehen. Wer besonders ängstlich ist, setzt sich in die Mitte.

Spielerische Übungen machen bewusst: Man ist leistungsfähig, kann sich was zu-

Herzlich begrüßt Dirk das geduldige Fjordpferd Jasper   *Foto: Herbert Göcke*

trauen, kann sich auf den Mitmenschen und das Pferd verlassen. Ziel der Stunde ist es, dass die Haltegriffe am Longiergurt losgelassen werden. Den Kindern das zu befehlen, wäre eine sinnlose Sache. Spielerisch muss es zugehen. Ein dicker Ball, er lässt sich nicht mit einer Hand halten, ist über die Köpfe von vorne nach hinten weiterzugeben. Und mit luftigen Tüchern in den Händen wird mit ausgestreckten Armen geritten und gewunken. Nicht jeder schafft diese Übung schon heute. Was soll's? Nächste Woche gibt es ja auch noch eine Reitstunde. Vielleicht dann.

Disziplin muss sein

In der freien Gruppe geht es munter zu. „Die meisten von ihnen sind hier nach dem Reitunterricht hängen geblieben, trainieren weiter und wechseln irgendwann zu einem Reitverein", sagt Herbert Heitkötter und legt Wert auf größte Disziplin. „Du hast das schnellste Pony der ganzen Bundesrepublik, halte Anschluss!", fordert er einen etwas drömmelnden Reiter auf.

Die im Hause wohnenden Schüler haben sich vorgenommen, im Verlauf des Oktoberfestes mit einigen Darbietungen zu überraschen. Training ist notwendig, Training und nochmals Training für sie und die Pferde. Welches Pferd springt schon ohne Vorbereitung über einen brennenden Balken? Voltigierübungen sind zu absolvieren, in einer langen Kette vor- und rückwärts muss mit dem Pferd gelaufen werden. Das sieht so leicht aus, ist aber schwer, besonders wenn es rückwärts geht. „Hüpfen müsst ihr, hüpfen!" mahnt Heitkötter. So kann man mit einem leicht dahingaloppierenden Pferd mithalten. Zum Schluss der Übungsstunde stellen sich die Schüler gerne einem Pressefoto.

„Bereits seit 1965 hat das therapeutische Reiten am St. Josefshaus in Wettringen Tradition", sagt Herbert Heitkötter, der seit 1988 die Verantwortung für den Reitstall des Josefshauses und den Unterricht hat. „Mit Hilfe des ‚Partners' Pferd wird daran gearbeitet, den Kindern, Jugendlichen und den Menschen mit Behinderungen Freude an der Bewegung, an Aktivität und an sozialen Kontakten zu vermitteln und das zu fördern. Angstfrei und ohne Leistungsdruck muss alles laufen. Es wird versucht, Lebensfreude und Lebensmut zu vermitteln und dadurch das Selbstbewusstsein und das Selbstwertgefühl der Kinder und der Menschen mit Behinderungen zu stärken. Ihr eigener Umgang mit ihren Schwächen und Behinderungen soll positiv beeinflusst werden."

Wer eine Reittherapiestunde beobachtet, bemerkt schnell: Zwischen dem Reitlehrer und seinen Schutzbefohlenen besteht ein gutes mitmenschliches Verhältnis. Das erkennen auch die Eltern und die Betreuer. Man kommt gerne wöchentlich zu den therapeutischen Reitstunden, die von Jugendlichen des Hauses, von Wohnheimen für Menschen mit Behinderungen, von integrativ arbeitenden Kindergärten und Schulen der näheren Umgebung seit Jahren besucht werden.

Was hat der Mensch mit den Tieren gemacht?

Von Friedrich Wilhelm Spelsberg

In der Schöpfungsgeschichte heißt es in Genesis 1 Vers 26 und 27: Der Mensch „... soll über die ganze Erde verfügen, über die Tiere im Meer, am Himmel und auf der Erde. So schuf Gott den Menschen nach seinem Ebenbild..." (1).

Der Schutz vor Raubtieren einerseits und die Jagd nach Fleisch als Nahrungsmittel hat den Menschen Fähigkeiten entwickeln lassen, die in ihrer Perfektion heutzutage beides überflüssig macht: Weder Schutz noch Jagd ist in unserer Region notwendig, um Fleischnahrung zu beschaffen. Im Gegenteil sind Raubtierarten ausgerottet und Fleischlieferanten wie Schweine, Rinder und Schafe werden Tag und Nacht zu den Schlachthöfen gefahren und ergeben sich willig ihrem Schicksal. Die Massentierhaltung hat zu einer Sterilität zum Beispiel in den Schweineställen geführt, die Hygienevorschriften wie in einem Krankenhaus gleichkommt. Diese Hygienepraxis führt dazu, dass die domestizierten Tiere anfälliger für Krankheiten werden.

Im Falle eines Falles schlägt die Vorschrift alles: Der Verdacht auf eine Epidemie der Maul-und-Klauen-Seuche führt zu einer Keulung aller befallenen oder nichtbefallenen Tiere in einem bestimmten Umkreis. Die Keulung hat zur Konsequenz, dass die toten Tiere ordnungsgemäß entsorgt werden müssen. Bei der BSE-Krise wurden haldenweise Rinder verbrannt. Der Fleischmarkt ist ein Markt unter enormem Preisdruck. Entscheidungen für oder gegen ein konsequentes Vorgehen sind also entweder den Vorschriften unterworfen oder / und Marktinteressen. Die Menschen können etwas gegen diese Zustände tun: Sie können regionale Produkte einkaufen. Kleinere Tiereinheiten minimieren das Risiko von Tiererkrankungen und deren Übertragung auf den Menschen. Außerdem bedeutet regionales Einkaufen weniger CO^2-Ausstoß, da lange Transporte entfallen.

Lange Transporte muss auch der Viktoriabarsch zurücklegen, dessen massenhafte Züchtung im Viktoriasee dort zur Umweltzerstörung führt. Regionale Fischkäufe bedeuten Klimaschutz, da weniger Flüge anfallen. Das Infektionsrisiko mit Parasiten wird reduziert.

In der kleinen Welt eines Familien- oder Singlehaushaltes sieht die Welt ganz anders aus: Das Haustier wird vom Objekt mit Ohrmarke zum Subjekt erhoben. Ein Streicheltier wie ein Meerschweinchen oder Kaninchen kann pädagogisch eingesetzt werden, Verantwortung für Hege und Pflege zu übernehmen. Ein Wellensittich kann der akustischen Bereicherung eines sonst so stillen Gemaches dienen und zum Kommunikationspartner werden. Ein Hund bringt Bewegung ins Leben, Besorgungen werden zu Fuß erledigt. Das Herrchen tut etwas für seine eigene Gesundheit. Erziehung findet statt, eine Beziehung entwickelt sich. Katzen sind freiheitsliebend einerseits, schnurrend ein Kosetier andererseits.

Verhalten und Verantwortung

Das Tier als Partner des Menschen tritt in den Vordergrund. Der Gewinn entsteht über die Beziehung zum Tier. Das Verhalten gegenüber dem Tier ist von Verantwortung gegenüber dem Tier und seiner Umwelt geprägt. Manchmal wächst einem sein Tier so ans Herz, dass es am Lebensende sogar eine Beerdigung bekommt und auf einem Hundefriedhof begraben wird. Die Trauerprozesse laufen ähnlich wie bei Verlusten lieber Menschen ab.

Die Chancen einer persönlichen Beziehung zu einem Tier liegen auf der Hand. Sie sind ein Symbol für die natürliche Entwicklung eines Lebewesens und uns als Menschen meist voraus, sodass wir im Umgang mit dem Tier den Lebenszyklus des Werdens und Vergehens unmittelbar ablesen können. Tiere bedeuten im persönlichen Umfeld Aufgabe und Verantwortung. Die Gefahren sind ebenso offensichtlich: Wenn eine Bindung nicht durchgehalten wird, droht Verwahrlosung. Tierheime zeugen davon, wie sich die Mentalität einer Wegwerfgesellschaft auswirken kann. Tiere bedeuten aber auch ein Reservoir von Krankheitserregern wie Parasiten, Bakterien und Viren. Einfache Hygieneregeln verhindern Ansteckung: Hände waschen nach jedem Tierkontakt und vor jedem Essen! Wird ein Tier offensichtlich krank, darf die Bereitschaft zum Tierarzt zu gehen nicht am Geldbeutel scheitern.

Wie wir mit Tieren umgehen ist ein Spiegelbild unserer Gesellschaft, wie wir miteinander umgehen. Gesundheit als hohes Gut hat seinen Preis: Sind Sicherheit und Geld der Maßstab unseres Handelns? Inwiefern spielt die von Albert Schweitzer betonte „Ehrfurcht vor dem Leben" eine Rolle und wird das Tier in seiner Geschöpflichkeit überhaupt wahrgenommen? Bei der Ausbildung von Drogenspürhunden spielt die persönliche Ansprache und die Beziehung zum Tier eine entscheidende Rolle, nur so können die Tiere ihre Spürnase erfolgreich einsetzen.

Tiere in der Medizin

Tierbestandteile haben in der Geschichte zum Wohl der Menschen beigetragen. Bis in die jüngste Vergangenheit waren Diabetiker mit Schweineinsulin gut eingestellt gewesen. Biologische Herzklappen stammen ebenfalls vom Schwein und werden dankbar besonders von älteren Menschen angenommen, da das Blut nicht in dem Maße ungerinnbar gemacht werden muss wie bei einer künstlichen

Herzklappe. Transplantationsforscher arbeiten fieberhaft an der Möglichkeit, Organe von Schweinen zu transplantieren. Jenseits der Stofflichkeit werden in der Homöopathie Tierbestandteile oder ganze Tiere als Ausgangssubstanz gewählt. Apis (Biene), Bufo (Kröte), Calcium carbonicum (Kalk der Austernschale), Crotalus horridus (Klapperschlange), Lac caninum (Hundemilch), Lachesis (Buschnatter), Naja (Kobra), Sepia (Tintenfisch), Vespa crabro (Hornisse).

Im Dienste der Wissenschaft werden Tiere „geopfert". In der Arzneimittelforschung sind Tiere weiterhin wichtiger Bestandteil, um Folgen der Einnahme neuer Medikamente dem Menschen vorwegzunehmen, bevor ein Mensch mit einer bestimmten Krankheit eine solche geprüfte Substanz zu sich nehmen darf.

Ein Symbol der Harmlosigkeit soll wohl die Rinderherde vor dem Ahauser Zwischenlager für Castorbehälter darstellen, ähnlich dem Wellensittich unter Tage, der zuerst stirbt bevor der Bergmann Schaden nimmt.

So bleibt der beste Schutz vor Krankheit durch Tiere ein wacher Zeitgeist und ein geschöpflicher Umgang mit den Tieren. Das ist in diesen Zeiten gleichbedeutend mit einem Protest gegen die Habgier unserer Konsumgesellschaft.

De Zegenmelker

Von Rita Harbecke

Man mott ja watt för siene Bildung daun und drüm häv ick mi dacht, makse es ne Exkursion von Schoale no Hopsten tau datt Hilge Meer geis met.
Also nix wi hän. Ick was ja mächtig beeindruckt, watt mi de Leiter van de Station vertellde, wu datt dann so wen was mit de Entstehung van datt Hilge Meer.
Aber nun wer tau den Vordrag. Ick was ganz hin und her und lusterte watt hei mi dor so vertelde. Doch up einmal wört ick hellhörig. Watt har hei do jüst sägt. Siet twe Joahre giff ett kienen Zegenmelker mehr an't Hilge Meer. Dunner und Doria, dachte ick, för alles häv de Gemeinde Geld, aber an de armen Zegen denkt kiener. Dor moste doch wer son Zegenmelker her. Ick was all an't Overlegen, ob ick nich ne Sondersitzung van den Gemeinderat inberaupen loaten school. Sowatt drofte et doch wall nich geben. Zegen ohne Zegenmelker. De Kerl der den Vordrag hölt, keik mi so an und hei merkte wall, datt ick mit miene Gedanken häl wo änners wör. „Ick sehet wall, de Zegenmelker makt di Koppzerbrecken. Nun dann will ick di mol up de Sprünge helpen", säeg hi. „De Zegenmelker is kien Kerl, de hier de Zegen melkt, sondern de Zegenmelker, datt is en Vogel, den et hier all siet twe Joahre nich mehr gifft." Dunnerschlag, da föllt mi aber en Stein van't Hatte – wegen de Zegen, is doch kloar. Aber nun mal ehrlich, hann jie wüßt, datt en Zegenmelker en Vogel is?

Ein kleines Haus in Burgsteinfurt mit stadtgeschichtlicher Bedeutung

Von Gottfried Bercks und Günther Hilgemann

Auf dem Friedhof in Burgsteinfurt, der sich längs der früheren Ausfallstrasse nach Horstmar entwickelt hat, steht auf der westlichen Seite ein seit Jahren leer stehendes Fachwerkhaus, das wegen der außergewöhnlichen Fassade dem Betrachter ins Auge fällt.

Beim Friedhof selbst handelt es sich nicht, wie man annehmen könnte, um einen Begräbnisplatz, sondern um einen Ort mit Vorstadtcharakter. Der Name geht auf einen, durch religiöses Gesetz „befriedeten", unter Asylrecht gestellten Bereich zurück. Es könnte sich ehemals um einen geheiligten Bezirk bei einer altgermanischen Kultstätte gehandelt haben, an deren Stelle später die Große Kirche getreten ist.

Da der Friedhof älter als die Stadt ist, waren die Friedhöfe schon immer vom Grafen mit Sonderprivilegien ausgestattet. Im 17. Jahrhundert hatten sie sogar einen eigenen Magistrat und eigene Bürgermeister. So heißt es in Urkunden von 1391 „up den Vridhove to Steinforde" oder um 1600 „bynnen de stadt und Freithof".

Andreas Eiynck hat in seiner Dissertation „Häuser, Speicher, Gaden – Städtische Bauweisen und Wohnformen in Steinfurt und im nördlichen Münsterland vor 1650", dieses kleine Haus auf die Zeit um 1600 datiert. Neuere Forschungsergebnisse des Westfälischen Amtes für Denkmalpflege kamen auf eine spätere Bauzeit, Mitte bis Ende des 17. Jahrhunderts. Weitere Erkenntnisse zur Datierung und Entwicklungsgeschichte des Baukörpers werden sich sicherlich dann ergeben, wenn alle einzelnen Bauteile freigelegt sind und untersucht werden können.

Der Kernbau ist ein giebelständiger, zweigeschossiger Fachwerkspeicher von knapp vier Meter Strassenfront, der am Giebel zweimal übergesetzt ist, so dass sowohl das Obergeschoss als auch der Spitzboden jeweils um etwa 35 cm versetzt in den Straßenraum hineinragen. Die Baukonstruktion erfolgte dabei über Hakenbalken, die mit zweifach gekehlten Taubandknaggen abgestützt sind. Die Gebäudetiefe ist mit fünf Gebinden von etwa 1.40 m Abstand vorgegeben. Die Verzimmerung erfolgte dabei über eingezapfte Geschoss- und eingehälste Dachbalken, wobei der Querverbund durch Kopfbänder gesichert ist. Über dem Hausgerüst erhebt sich ein steiles Sparrendach ausgesteift mit einem einfach verzapften Hahnenholz.

Im späten 17. oder frühen 18. Jahrhundert wurde das Haus am Rückgiebel verlängert und an der Südseite um eine Abseite verbreitert, deren Giebelschräge von einer kleinen Knagge mit Doppelkarniesprofil gehalten wird.

Der enge Baukörper des Ursprunghauses wurde im 18. Jahrhundert durch eine Abseite erweitert
Foto: Günther Hilgemann

Die kleinen mehrfach geteilten Sprossenfenster spiegeln die innere Raumstruktur wieder, die offensichtlich kleinbürgerlich ausgerichtet ist und kaum zwei Meter Geschoßhöhe aufweist. An der linken Seite des Kerngebäudes befindet sich ein Flur und rechts daneben eine Stube, die vom Straßengiebel her belichtet und nur von der Küche zugänglich ist.

Der Flur mündet im hinteren Teil des Hauses in eine 3.40 m hohe Küche mit ehemals offenem Wandkamin an der Stubentrennwand. Sie wird vom Rückgiebel aus belichtet und besitzt eine Ausgangstür zum Hof. Von der Küche aus erschließt sich das Oberschoss durch eine steile Treppe, die dort zu zwei Schlafkammern führt. Die später angebaute Abseite schaffte im Erdgeschoß eine vom Flur zugängliche weitere Stube und im hinteren Bereich einen 40 cm eingetieften Vorratskeller, den man von der Küche her erreichen kann.

Da diese Raumstruktur fast unverfälscht vorhanden ist, gibt sie uns heute ein gutes Beispiel, wie die Menschen in früheren Zeiten gewohnt und gelebt haben.

Trotz des bescheidenen Raumprogramms hebt sich dieses Kleinstwohnhaus jedoch von den übrigen Friedhofshäusern durch seine besondere Eigenart ab. Offensichtlich ist es nicht für einen Ackerbürger gebaut worden, vielmehr müssen ihre Bewohner in der Bürgerschaft eine Sonderrolle eingenommen haben. Das wird auch dadurch unterstrichen, dass sich dieser Haustyp in Burgsteinfurt nur noch einmal und zwar im Kornschreiberhaus auf dem Bütkamp wiederholt. Dieses Haus ist nachweislich von einem gräflichen Beamten gebaut, aber insgesamt aufwändiger konstruiert. Beide Häuser haben gemein, dass sie sehr schmale Grundrisse haben, etwa gleiche Aufteilung im Erdgeschoss ausweisen, zwei Geschosse als neues Bauelement besitzen und in den Straßenkörper vorkragen.

Burgsteinfurt erhielt 1347 das Stadtrecht verliehen. Danach erfolgte die Befestigung der Siedlung durch Wälle, Gräben und Stadtmauern. Die um den Ortskern verstreuten größeren Bauernhöfe richteten sich in der Stadt „hofsteden" = Hofstätten oder „liftuchten" = Leibzuchten ein, die nach dem sonntäglichen Kirchgang aufgesucht und in Kriegszeiten als Zufluchtstätten oder auch als Altenteiler dienten. In der ersten Wachtrolle von 1402 werden mehrere Höfe, die solche Wohnstätten in der Stadt hatten, aufgeführt.

In einem Protokoll der Gemeinen Armenstiftung aus dem Jahre 1457 wird das Haus des „coninghes to veltorpe (König aus Veltrup) genannt, wobei es sich wahrscheinlich, wenn man die seinerzeit übliche Lesart in ähnlichen Fällen vergleicht, um eine solche Leibzuchtstätte handelt. In der gleichen Urkunde wird die Lage des Hauses „...up den vriedhove tusschen husen johans des costers unde des coninghes to veltorpe". Dazu schrieb 1956 der frühere Stadtarchivar Fritz Hilgemann in einer Abhandlung: „Eine ergänzende Urkunde gibt uns die Möglichkeit, das Haus, das damals den Könings gehörte, zu bestimmen, ist doch in dieser Urkunde die Rede von Conynges Haus auf dem Friedhof neben Lenneps Lehnhaus. Wenn nun das Haus des Könings einmal neben Lenneps Haus und zum anderen neben dem Küsterhaus, der heutigen Besitzung Heermann, liegt, dann kann es sich dabei nur um das hier beschriebene Bollmannsche Haus, Friedhof 34 handeln". Den Hof Köninck gibt es noch heute in der Bauerschaft Veltrup. Aus der Funktion der Leibzuchtstätte lässt sich auch die Bauweise erklären. Ernten und Vorräte mussten nicht im Haus gelagert werden. Die Versorgung erfolgte vom Stammhof aus; nur in Kriegszeiten wurde soviel eingelagert, dass man die Belagerung schadlos überstehen konnte.

Seit etwa 25 Jahren steht das Haus leer und ist dem Verfall preisgegeben. Der Heimatverein Burgsteinfurt hat daher in den Jahren 2005 und 2006 in einigen Presseveröffentlichungen auf den mangelnden Bauzustand hingewiesen. Er vertrat die Meinung, dass eines der ältesten noch erhaltenen Häuser in Burgsteinfurt wegen der Stadtbild prägenden Architektur und der exemplarischen Darstellung eines Leibzughauses mit unverfälschter Raumaufteilung unbedingt erhalten werden muss. Im Rahmen seiner Bemühungen ist im vergangenen Jahr nach dem Investorentag das Bollmannsche Haus an einen Privatmann verkauft worden, der die Gewähr dafür bietet, dass eine denkmalgerechte Restaurierung bei Erhalt der vorhandenen Struktur gewährleistet ist.

Carl Pröbsting
ein Grevener Mundartdichter

Von Paul Baumann

Der Mundartdichter Carl Pröbsting wurde am 7. Aug. 1853 in Greven geboren. Er war der Sohn des Medizinalrats Dr. Johannes Pröbsting und dessen Ehefrau Juliane, geb. Schrönder.

Dr. Johannes Pröbsting, so wird ihm nachgesagt, ritt gewöhnlich mit einem Schimmel zu seinen Patienten und wenn es vonnöten war, nahm er schon mal den kürzeren Weg und durchquerte die Ems. Aus den frühen Jahren ist über den Sohn Carl wenig bekannt, jedoch meldete er sich lt. Melderegister am 13. Februar 1879 von seinem Elternhaus ab und verzog nach Greven, Westerode 2.

Unter dieser Angabe verbirgt sich die frühere Brauerei „Hanhoff & Co.", die im Jahre 1866 durch den Kaufmann Eduard Schrönder, Julius Hanhoff und den Sanitätsrat Dr. med. Johann Pröbsting, dem Vater des Dichters, gegründet worden war. Am 12. Juli 1889 verzog Carl Pröbsting, jetzt Kaufmann, nach Münster.

Hier betätigte er sich als General-Agent für Herrenbekleidung, wechselte jedoch später über zum Weinhandel. Seit 1894 war er mit Agnes Kaufmann aus Paderborn vermählt, aus deren glücklicher Ehe drei Kinder entsprossen: Maria (Franziskanerin), Agnes (Studienrätin), und Wilhelm (Kaufmann).

Carl Pröbsting verkörperte den Typ des Münsterländers schlechthin: Nicht allzu wortreich, doch immer liebenswürdig, hilfsbereit und aufgelegt zu einem heiteren Wort. Zu dem Letzteren trug sein Beruf als Weinhändler wohl bei. So fuhr er in jedem Jahr zur Mosel, um hier die besten Tropfen auszuwählen. Aus dieser Erfahrung heraus war es ihm grundsätzlich vorbehalten, im Zweilöwenclub die Bowle anzusetzen.

Diese Aufgabe war ihm ebenso übertragen wie das Reimen der Begrüßungsworte oder -lieder. Auch die feurigen Büttenreden für diesen Club verfasste er. Ansonsten rollte sein Leben still, vergnügt und zufrieden ab. Wohl fuhr er hin und wieder für ein paar Tage nach Friesoythe und machte hier Urlaub, blieb aber sonst daheim. Mit Karl Wagenfeld und August Vollmer wurde er Mitbegründer des Plattdeutschen Vereins.

Er war mehr als 30 Jahre im Musikverein, lange in der Literarischen Gesellschaft, im Kegelklub und in einer Stammtischgesellschaft bei Appels. Auch war Carl Pröbsting Mitglied der Musikalischen Deutschen Ecke bei Jans Müller (Pinkus Müller, Kreuzstrasse) und nicht zuletzt im „Trampelklub", mit dem er bis in seine letzten Lebensjahre gern ins Münsterland hinaus „pättkete".

Zu all diesen Gelegenheiten begleiteten ihn seine „lange Piepe vull Oldenkott".

Carl Pröbsting (sitzend) im Kreise seiner Familie
Foto: Familienbesitz Stephan Pröbsting

Carl Pröbsting besaß die Gabe, sich die Reime so „aus dem Ärmel schütteln" zu können, und ähnelte in seinem Humor Wilhelm Raabe. Wollte ihm jemand etwas vormachen, so antwortete er gern: „Kärl, ick häör diene Wäörde!"

Dabei konnte sein Gegenüber selbst von ihm denken, was Carl Pröbsting von ihm hielt. Was er aber nicht ausstehen konnte, war jede Art von Unruhe:

„Nu sind se all wier an't Hassebassen", ärgerte er sich dann. Trotz allem blieb er ruhig und zufrieden wie der bekannte „Öhm anne Müer".

Carl Pröbsting war eine Seele von Mensch. Von ihm stammt der kleine Vers unter dem Balken bei Pinkus Müller:

„Dat man dat Drinken nich to bieten bruk, dat is doch mähr äs prächtig! Ick faoll de Hände üövern Buk un priese Gott andächtig".

Carl Pröbsting hinterließ uns ein ganzes Bändchen in plattdeutscher Sprache unter dem Titel: „Geschichten und Gedichte", erschienen im Jahre 1928 beim Verlag August Greve. Es ist ein Strauß köstlicher Betrachtungen, die er so gern bei einem guten Tropfen und der langen Piepe „so ganz stillkes" machte.

Carl Pröbsting starb am 27. Januar 1931 auf tragische Weise infolge eines Unfalls auf der Wolbecker Straße in Münster im Alter von 77 Jahren. Mit ihm starb ein Westfale von echtem Schrot und Korn, der als plattdeutscher Heimatdichter bekannt war und sich in der Blütezeit des Plattdeutschen Vereins vor dem Ersten Weltkrieg um diesen verdient gemacht hat.

Vom Nachrufschreiber Paulheinz Wanzen ist Folgendes überliefert:

„Ich wüßte in der stadtmünsterschen Literatur nichts, was ihm an inneren Wohlbehagen und schmunzelnder Zufriedenheit gleichkäme!"… und weiter: „So war Carl Pröbsting selbst und so war sein ganzes Leben: Nach arbeitsreichen Jahren ein beschauliches Gottpreisen im Alter, eine einzige Freude an des Schöpfers Natur und Menschen, an der niederdeutschen Heimat, die er mit der ganzen Kraft seines treuen Herzens geliebt hat und in deren Schoße er jetzt der Auferstehung entgegen schläft".

Quellen:
* *Stadtarchiv Greven*
* *Stadtarchiv Münster/ Artikel „Kärls un Köppe" von Walter Werland, „WN" vom 22. Juni 1968*
* *Münstersche Zeitung*
* *Herr Stephan Pröbsting, Hamburg, Enkel von Carl Pröbsting*
* *Industrialisierung in Greven/ Volker Innemann M.A.*

Die Stiftskammer an Ss. Cornelius und Cyprianus in Metelen

Von Bernward Gaßmann

Der ostfränkische König Arnolf von Kärnten, der vierte Nachfolger Karls des Großen, unterzeichnete am 16. August 889 in Corvey die Stiftungsurkunde des Klosters Metelen. Eine Frau Friduwi gründete auf ihrem Besitz ein Frauenkloster, das sich – wie es damals üblich war – eine eigene Regel gab. Als das 4. Laterankonzil 1215 die Unterwerfung aller Klöster unter eine anerkannte Ordensregel forderte, folgten die meisten französischen Klöster, die deutschen jedoch weniger. Das Metelener Kloster nahm Teile der Augustinerregel an, so dass es in einigen Urkunden des 14. Jahrhunderts als Niederlassung des Augustinerordens angesprochen wurde.

Aus dem ehemaligen Kloster war freilich inzwischen ein freiweltlich kaiserliches Damenstift geworden. Ihm gehörten bis zu 16 Kanonissen an, die gräflichem, später freiherrlichem Adel entstammten. Seine Gottesdienste wurden geleitet von einem Dechanten und vier Kanonikern oder Vikaren.

Während eine Reihe von Frauenklöstern – von Flandern über Frankreich und Deutschland bis nach Italien – durch ihre Handschriften und deren Illuminationen vom achten bis zur ersten Hälfte des 16. Jahrhunderts berühmt wurde, gibt es keine Anzeichen dafür, dass unser Stift in dieser gelehrten und künstlerisch bedeutsamen Landschaft seinen Platz gehabt hätte. Als aber 1193 Bischof Hermann II. von Münster sein Bistum in neun Archidiakonatsbezirke einteilte, übertrug er einen dieser Bezirke der Metelener Äbtissin Uda und ihren Nachfolgerinnen.

Damit besaßen sie u.a. das Vorrecht, Geistliche anzustellen und später auch Küster und Lehrer. Allerdings ist erst um 1570 das Amt eines Scholasters nachweisbar, da die schriftlichen Zeugnisse vor dieser Zeit sehr lückenhaft sind. Dennoch dürfen wir eine Lateinschule am Stift annehmen, die nicht nur der Ausbildung von Klerikern diente (die Schüler wurden „Klerken" genannt). Belege hierfür finden sich in den Beständen der Stiftsbibliothek und in der ältesten vorhandenen Handschrift. Hierin bittet eine „Skriptrix" (Schreiberin) einer Antiphon, ihrer bei deren Gesang zu gedenken.

Fast ein Jahrtausend übte das Stift die Herrschaft über Metelen aus. Nach dem Regensburger Reichsdeputationshaupt = schluss musste 1803 die letzte Äbtissin Anna Elisabeth von Droste-Hülshoff, Tante und Taufpatin der Dichterin Annette von Droste-Hülshoff, seine Aufhebung erleben. Ein Dekret Napoleons besiegelte am 14. November 1811 die endgültige Auflösung. 1812 wurde der Besitz des Stifts an ärmere Gemeinden unentgeltlich verteilt.

So ging an die Gemeinde Neuenkirchen – zwei Quittungen darüber sind erhalten – ein Teil der Bibliothek. Ausweislich einer 1829 vom Bürgermeister Wessendorf erstellten Liste waren schließlich noch 377 Bücher vorhanden. Davon wurden 56 Bände von der Coesfelder Gymnasialbibliothek ausgewählt, weitere kamen zur Universitätsbibliothek Münster. Nachforschungen blieben 1986 leider ergebnislos. Das Pfarramt Neuenkirchen teilte mit, es befänden sich keine Bücher aus Metelen dort.

Auch in der Universitätsbibliothek Münster sind solche nicht bekannt; sie seien eventuell im Krieg mit vernichtet worden. Im Nepomucenum Coesfeld war schließlich nur ein Band zu entdecken, der eindeutig aus Metelen stammt: eine Historia Westfaliae von 1680.

In Metelen hielt sich jedoch das Gerücht von einer Silberkammer. Darauf angesprochen, erwiderte um 1970 der damalige Pastor Bernhard Böckmann: „Haben Sie im Goldhook (eine Metelener Straße) schon einmal Gold gesehen?" Sein Nachfolger, Pastor Hermann Gescher, hatte die Absicht, für die in Tresoren, im Pfarrhaus und im Kirchturm lagernden Schätze einen Raum in der Altentagesstätte herzurichten. Das Vorhaben scheiterte an den hohen Sicherheitsauflagen seitens der Denkmalschutzbehörde. Erst der Tatkraft seines Nachfolgers, Pastor Erich Elpers, gelang eine überzeugende Lösung mit dem Anbau an die im Nordosten der Kirche gelegene Sakristei. Zur 1100-Jahr-Feier 1989 konnte die mit Unterstützung der Diözese Münster errichtete Stiftskammer durch Bischof Reinhard Lettmann eingeweiht werden. Nun stellte sich heraus, dass der Gemeinde trotz der verschenkten Besitztümer des Stifts noch ein bedeutsamer Schatz verblieben war.

Wie die Geschichte der Metelener Kirche und ihrer Gläubigen, so steht auch unsere Stiftskammer unter dem Zeichen des Kreuzes, sichtbar durch die Gestaltung des Fußbodens und des Raumes. An den Enden des Längsbalkens stehen zwei steinerne Plastiken vom ehemaligen Kalvarienberg. Vor dem südlichen Schiff der Kirche standen sie als Kreuzigungsgruppe mit einer Pieta und einer Geißelsäule aus dem beginnenden 16. Jahrhundert.

Geißelsäule

Wegen der zunehmenden Luftverschmutzung wurden die Figuren 1936 in die Kirche geholt, nur die Geißelsäule stand bis in die siebziger Jahre des 20. Jahrhunderts noch auf dem Kirchplatz. Die Kreuzigungsgruppe fand ihren Platz über dem südlichen Seitenaltar, Pieta und Geißelsäule in der Stiftskammer. Den Querbalken des Kreuzes schmücken kostbare Gefäße zur Aufbewahrung und Verehrung der Eucharistie. Hervorzuheben sind ein Meßkelch und ein Ziborium aus der ersten Hälfte des 17. Jahrhunderts sowie eine Monstranz von 1733. Inmitten der vergoldeten Strahlenscheibe bewahrt sie die Hostie in einer Herzform auf, über der, silbergetrieben, der Gnadenstuhl thront.

Von schlichter Schönheit ist ein silbernes Altarkreuz, das eine Partikel des Kreuzes Christi enthalten soll. Vermutlich wurde es zugleich mit den sechs großen Silberleuchtern gestiftet, die eine 1748 datierte Widmung der Äbtissin Anna Odilie Theresia Freiin von Nagel zu Ittlingen tra-

Geißelsäule, Anfang des 16. Jahrhunderts

schering zu verdanken sein, die von 1688 bis 1733 regierte und 1748 in Metelen starb; ihr Epitaph befindet sich an der nördlichen Chorwand.

Ebenfalls aus Silber sind eine Marienkrone – um 1750 – und Votivgaben des 18. Jahrhunderts. An Festtagen schmückten sie die Pieta vom nördlichen Seitenaltar bis in die siebziger Jahre des vorigen Jahrhunderts. Weitere Silberschätze sind die Brustkreuze der Äbtissinnen und die Ringe der Stiftsdamen.

Ein Kleinod des Stiftsschatzes ist das Taschenreliquiar in Bursenform. Es stammt aus dem beginnenden 11. Jahrhundert und steht am Anfang christlich orientierter plastischer Kunst in Westfalen. Bei einer Länge von 22,5 cm ist es 21 cm hoch und 8,5 cm tief. Sein Holzkern, der an der Unterseite eine Öffnung zur Aufnahme von Reliquien besitzt, ist mit vergoldetem Kupferblech beschlagen. Die Vorderseite zieren Halbedelsteine und Bergkristalle; in der Mitte bilden sie ein gleichschenkliges Kreuz. Der mittlere Stein wurde im Barock durch einen Kupferstich der Gottesmutter ersetzt. Seine bedeutende Stellung in der Kunstgeschichte macht das Reliquiar zu einem begehrten Exponat. So wurde es 1999 in der Karolinger-Ausstellung in Paderborn, 2003 in der Kloster-Ausstellung in Dortmund und 2005 zum Bistumsjubiläum in Münster gezeigt.

Nicht zu übersehen ist die Pracht der Paramente: Pluviale, Kaseln und Dalmatiken vom frühen 16. bis zum 20. Jahrhundert füllen Vitrinen und Laden. Wir dürfen annehmen, dass die Brokat- und Nadelarbeiten von den Kanonissen ausgeführt wurden. 1736 stifteten die Äbtissin von Na-

gen. Zwei silberne Leuchterengel kamen um 1730/40 aus der Werkstatt des Goldschmieds Johann Biller; sie dürften der Äbtissin Cornelia Anna Freiin Droste zu Vigel und die Kanonisse von Twickel eine Kasel und zwei Dalmatiken aus weißgrundigem Brokat mit Gold- und Silberfäden. Eine rote gotische Kasel trägt auf dem Rücken ein Kreuz aus farbiger Seidenstickerei mit fünf stehenden Aposteln. Die ältesten erhaltenen Gewänder sind zwei Dalmatiken aus blauem italienischem Samt mit vertieftem Granatapfelmuster. Um 1500 wurden ihre Stäbe in farbiger Seidenstickerei mit Goldfäden aufgebracht. Jede dieser Dalmatiken zieren zwölf stehende Heilige und zwei Wappen. Eine dazu passende Kasel zeigt das Diözesanmuseum Münster.

Auffallend ist, dass aus stiftlicher Zeit nur wenige Gemälde überkommen sind. Offensichtlich konzentrierte sich das Interesse der Stiftsdamen auf die Ausschmückung der Kirche mit Plastiken. Außer den großen romanischen, gotischen und barocken Figuren in der Kirche finden wir in der Stiftskammer eine Anzahl kleinerer Exponate: u.a. einen hl. Sebastian, entstanden um 1450 in Westfalen; die Stiftspatrone Cornelius und Cyprianus, um 1500 vom Niederrhein, wurden früher in einer Prozession durch den Ort getragen. Zwei große huldigende Barockengel aus Eiche – Westfalen um 1750 – waren Teil eines Altars, der um 1890 aus der Kirche entfernt wurde. Er soll über die Mauer des angrenzenden Stiftsgartens geworfen worden sein. Der damalige Amtmann Martels ließ sich aus dem Holz des Altars Möbel zimmern, die er später der politischen Gemeinde schenkte. Die Figuren Gottvater und Sohn sind durch ihn in den Besitz der politischen Gemeinde gelangt.

Dass die Bemühungen der Stiftsdamen sowohl der würdigen Gestaltung der Gottesdienste als auch der Bildung ihrer „Untertanen" galten, beweisen die erhaltenen Teile ihrer Bibliothek. Ein Gutachten der Arbeitsstelle „Historische Bestände in Westfalen" der Universitäts- und Landesbibliothek Münster von 1995 stellt fest, dass es sich „um einen als relativ selten einzustufenden Buchbestand handelt". Die „interessanten und für die historische Forschung wertvollen Bestände" bedürften dringend der sachgerechten Erschließung und Pflege - waren sie doch durch die unzulängliche Aufbewahrung im Turm der Kirche in einem beklagenswerten Zustand. Neben Bibeln und Messbüchern vom 15. bis zum 19. Jahrhundert findet man Predigt- und Erbauungsbücher – so ein 1684

Niederdeutsches Evangeliar,
Handschrift auf Pergament und Bütten um 1430,
Ausschnitt aus dem Kalendarium

in Antwerpen für Frederic van Metelen gedrucktes. Doch nicht nur theologische Werke enthielt die Bibliothek, sondern auch philosophische, z.B. ein Enchiridion des Erasmus von Rotterdam von 1535 (also noch zu seinen Lebzeiten erschienen), wie auch astronomische, mathematische und geschichtliche Lehrbücher aus dem 16. und 17. Jahrhundert. In Metelener Privatbesitz befindet sich gar ein medizinisches Handbuch von 1688 aus der Stiftsbibliothek, in dem u.a. die Operation des Steinschneidens beschrieben wird.

Von lokalem Interesse ist eine mehrfach vorhandene Handschrift der Ordnung der Herbstprozession in Metelen. Aus 1520 stammt ein Missale mit zahlreichen schönen Holzstichen zu den Festtagen und Initialen. Handkolorierte Initialen mit Gold und Silber zeigt der Frühdruck eines Psalters, während die Inkunabel eines Missale von 1490 zwei handkolorierte Holzschnitte von Heiligen in Messgewändern aufweist. Eine Handschrift des Neuen Testaments in niederdeutscher Sprache dürfte aus der Zeit um 1430 stammen. Dem biblischen Text vorangestellt ist ein Kalendarium mit Namenstagen der Heiligen, das durch Miniaturen der Tierkreiszeichen verziert ist. Der Text zeigt verschiedene Handschriften.

1996 ermöglichte die Kulturstiftung der Sparkasse Steinfurt die Restaurierung der kostbarsten Handschrift der Stiftsbibliothek, des „Metelener Graduale". Der niederländische Pergamentrestaurator Peter Schrijen konnte dies Kleinod retten.

Der Kodikologe (Handschriftenkundige) Dr. Wilfried Schouwink aus Barcelona datiert in einem ausführlichen Gutachten den Codex auf die zweite Hälfte des 13.

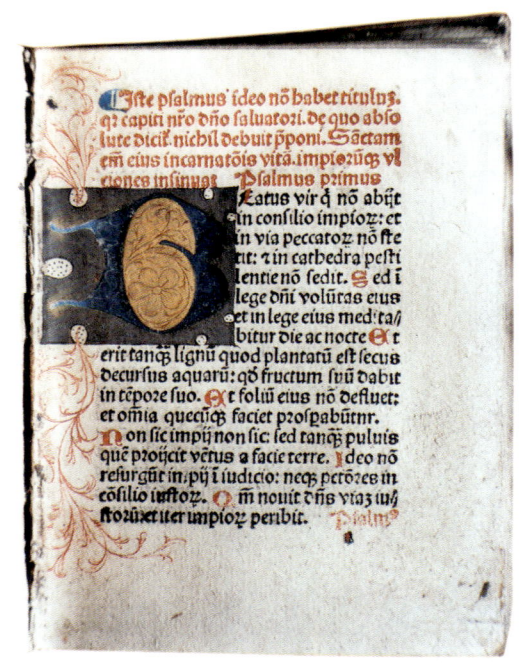

Zwischentitel aus einem Brevier, Frühdruck mit von Hand colorierten Initialen mit Rankenwerk
Repros: Bernward Gaßmann

Jahrhunderts. Mit hoher Wahrscheinlichkeit ist diese Schrift mit allen dem Chor bzw. der Schola zugewiesenen gesungenen Teilen der Messfeier am Paulusdom in Münster entstanden. Sie wurde vermutlich der Äbtissin Gertrud II. übereignet oder von ihr erworben. Dies Graduale ist wahrscheinlich der älteste in der Diözese Münster befindliche liturgische Codex.

Für die Liturgiegeschichte interessant ist dieser typische Gebrauchscodex, weil er bis zum 15. Jahrhundert immer wieder überarbeitet wurde. Da das Pergament teuer war, wurden Texte, die wegen veränderter liturgischer Bräuche nicht mehr benötigt wurden, ausgeschabt. Diese Rasuren wurden mit Texten für neu eingeführte Feste (z.B. Fronleichnam 1317) überschrieben.

Die Invasion

schon vor hundert Jahren
und immer noch
Krieg im Kreis

ihr tragt den Tod
zu allen Ufern

auch wenn in den Fängen der Fallen
unserer Armee aus achtzig Mann
zehntausend Tote, keine Gefangenen
Jahr für Jahr für Jahr
verlieren wir dennoch
den Kampf
mit euch
Bisamratten

Auf den Menschen gekommen

Dein Hund
lass mich sein
wie er werde ich
mein Futter zu deinen Füßen essen
selbst Wasser
aus deiner Toilette
wäre schon genug
entwurmen und impfen genug
für mich
fast verhungert und verdurstet
als ich noch ein Kind war
aus Äthiopien

ich bin Qwara
dein Hund

Texte: Angelika Scho

Groß

Sogar der Himmel kniet nieder
beim Anblick dieses Sommers
denn zu schwach
ist der Berg
um zum Licht
aufzusteigen

der Schmetterling aber…

Warten im Winter

Wie schlafende fledermäuse
dunkel wie dezembertage
hängen akazienhülsen noch am ast

in ihrem innern
schwarz auf weiß
reift das echo aller nächte

bis das jahr fällt
in leere himmel
und raum sich sammelt

Alte Kirche neuer Blick

Zu lange hat der Frühling
einen Bogen
um diese Tür gemacht

wie Geier
umkreisen
Vögel den Turm

der Wetterhahn dreht

Stellvertretend

*Auch aus dem Abglanz
eurer Darstellung
die in Stein gemeißelt
uns immer ausschließt*

das Wahre schließt uns ein

Foto: Karl-Heinz Wilp

Marie Torhorst aus Ledde war die erste Ministerin in Deutschland

Von Horst Wermeyer

Pfarrer Arnold Friedrich Ernst Torhorst (1841 – 1909), Sohn des Westerkappelner Pfarrers Eberhard Torhorst, trat am 22. 09. 1872 seinen Dienst in Ledde an. Er war verheiratet mit Luise geb. Smend (1847 – 1923), die aus einer alten Pastorenfamilie stammte. Die Familie Smend stellte im Tecklenburger Land über lange Zeit bedeutende Theologen.

Aus der Ehe Torhorst gingen insgesamt sieben Kinder hervor, die alle in Ledde – heute Ortsteil von Tecklenburg – aufwuchsen. Der Sohn Arnold Friedrich Florenz wurde – wie sein Vater – Pfarrer und setzte damit die Familientradition fort. Bekannter wurden aber die beiden jüngsten Schwestern Adelheid (1884 – 1968) und Marie (1888 – 1989). Die beiden Schwestern pflegten zeitlebens eine innige Freundschaft und stimmten vor allem in ihren politischen Auffassungen und Vorstellungen überein. Die jüngere Schwester, Marie Torhorst, veröffentlichte 1980 ihre Erinnerungen, denen sie den Titel gab: „Pfarrerstochter – Pädagogin – Kommunistin".

Bei der Abfassung ihrer Memoiren wurde die damals 92-Jährige vom Herausgeber Karl-Heinz Günter unterstützt. Dieser führt in einem Nachwort u.a. aus: „Professor Dr. Marie Torhorst begann Erinnerungen aus ihrem Leben und dem ihrer

Prof. Dr. Dr. hc. Marie Torhorst im Alter
Foto: Geschichts- und Heimatverein Tecklenburg

Schwester Dr. Adelheid Torhorst nieder zu schreiben, nachdem sie das 91. Lebensjahr vollendet hatte. Die Grundidee der Darstellung ist es, den Weg zweier bürgerlicher Mädchen – erzogen in sozialer Gesinnung und humanistischem Geist, in guter Tradition des deutschen Bildungsbürgertums – zum Sozialismus zu beschreiben. Dieser komplizierte Weg nötigt Respekt ab, regt zum Nachdenken an, vermittelt aus ganz persönlicher Sicht Erkenntnis und Erfahrung aus der Geschichte der deutschen Arbeiterbewegung".

In ihren Erinnerungen schildert Marie Torhorst ihre unbeschwerte Jugend im Ledder Pfarrhaus. Gern erinnerte sie sich an die häuslichen Musikabende, denn alle Geschwister spielten ein Instrument. Sie war auch ein sehr naturverbundenes Kind, das Kontakt zur Dorfjugend pflegte. Dabei zeigte sie schon viel Verständnis für die sozial Schwächeren, und so überraschte es auch nicht, dass eine enge Freundin aus einem Heuerhaus stammte.

„Meine beste Schulfreundin war Rika Leismann, die Tochter eines Heuerlings. Ein Heuerling war ein landloser Bauer, der von einem Großbauern ein Stück Land mit Wohnhaus und Stallung pachtete und sich dafür zur Lohnarbeit beim Großbauern verpflichten mußte. In meiner Erinnerung habe ich sie als ein stattliches und begabtes Mädchen vor Augen. Bei der Sitzverteilung, die von den Lehrern nach den Leistungen der Schüler vorgenommen wurde, wechselten wir uns immer auf Platz eins und zwei ab.

Es war erschütternd für mich, als ich sie nach Beendigung meines Studiums wiedersah. In der elenden Heuerlingskate kam sie mir entgegen; obwohl erst 30-jährig eine Frau mit gekrümmtem Rücken, mit müden Augen und das Gesicht voller Runzeln. Und dabei waren wir doch gleichaltrig. Ihr Mann war im Krieg gewesen. Allein hatte sie für ihre Kinder sorgen und beim Großbauern Heuerlingspflichten, im Grunde waren dies Frondienste, ableisten müssen. Das waren Klassenunterschiede auf dem Dorf, die ich als Kind, ohne sie damals als solche zu erkennen, erlebt habe".

Erfahrungen dieser Art berührten das soziale Empfinden Maries. In jenen Kindheitseindrücken sah sie am Ende ihres Lebens einen ersten Impuls für die spätere Zuwendung zum Kampf der Arbeiterklasse für eine sozialistische Gemeinschaft. Ihrer Schwester Adelheid erging es ähnlich.

Marie Torhorst führt in ihren Erinnerungen u.a. aus: „Frage ich mich, was ich aus der Kindheit an Bleibendem mitnahm, dann antworte ich: Sozialen und humanistischen Sinn, Bildungsstreben, Liebe zur Natur, zu den Naturwissenschaften und der Mathematik, Blick für die Realitäten des Lebens".

Studium in Bern und Göttingen

Im Anschluss an die Dorfschule in Ledde besuchte Marie Torhorst die Internatsschule Stift Keppel bei Hilchenbach im Siegerland. Nach dem Tod des Vaters am 01.06.1909 siedelte Marie Torhorst mit ihrer Mutter nach Bonn über. Als Studentin erlebte sie den Ersten Weltkrieg. Viele ihrer Studienkollegen sind an der Front, vor allem 1914 bei Langemark in Belgien, gefallen. Diese Erlebnisse und Erfahrungen blieben nicht ohne Einfluss auf ihr politisches Leben und Wirken. Sie schloss sich nach dem Krieg einer Gruppe religiöser Sozialisten an. Das Studium in Bonn und Göttingen beendete Marie Torhorst 1918 mit der Promotion. Sie hatte die damals für Frauen sehr ungewöhnlichen Fächer Mathematik, Physik und Geographie gewählt.

Eine beginnende Tuberkulose musste Marie Torhorst 1923 in einem halbjährigen Kuraufenthalt im Schweizer Kurort Arosa auskurieren. Dort widmete sie sich dem gründlichen Studium der drei Bände des „Kapitals" von Karl Marx und fand so endgültig den Weg zum Sozialismus. Mit dem Eintritt in den Schuldienst im Frühjahr 1924 begann für sie ein neuer Lebensabschnitt, in dem sie sich bis 1933 dem gewählten Beruf widmen konnte.

Es blieb ihr aber genügend Raum, sich auch politischer Arbeit zu widmen, und so trat sie 1928 der SPD bei. Den Wechsel zur KPD vollzog sie 1931. Damit folgte sie in etwa der politischen Linie ihrer Schwester Adelheid, die schon 1922 der SPD beigetreten war und 1931 Mitglied der KPD wurde. Dabei verlor sie ihr Amt als Beigeordnete für Schulen und Bildung der Stadt Düsseldorf und emigrierte in die Niederlande.

Marie Torhorst ließ sich Anfang 1932 für ein halbes Jahr von ihrer Schule beurlauben, um einer Einladung der Moskauer Lehrergewerkschaft in die Sowjetunion zu folgen. Sie betrachtete den Studienaufenthalt in der Sowjetunion als wichtigen Abschnitt ihrer politischen Entwicklung. Mit der Machtübernahme der NSDAP im Jahre 1933 wurde sie aus dem Schuldienst entlassen. Sie schlug sich bis 1945 mit verschiedenen Aushilfstätigkeiten durch und war im Kriege auch für kurze Zeit inhaftiert.

Bald nach der Besetzung Berlins im Jahre 1945 bekam Marie Torhorst in dieser Stadt vom Hauptschulamt die Abteilung Lehrerbildung übertragen. Später unterstand ihr im SED-Zentralsekretariat die Abteilung Schule und Erziehung. Es war ihre Aufgabe, ein demokratisches Schulsystem mit aufzubauen. Dabei halfen ihr die in der Sowjetunion gesammelten Erfahrungen.

Den Höhepunkt in ihrer Karriere erreichte Marie Torhorst im Mai 1947, denn sie wurde damals auf Vorschlag der SED vom Thüringer Landtag zur Ministerin für Volksbildung gewählt. Bis dahin hatte sie sich ausschließlich auf Schul- und Erziehungsfragen konzentrieren können. Als Ministerin für Volksbildung war sie dagegen für allgemein bildende Schulen mit Kindergärten, Horten und Heimen für die Berufs-und Fachschulen, die Universitäten und Volkshochschulen, die Theater, Museen und Bibliotheken sowie für das Verlagswesen zuständig.

Das Goethe-Jubiläum

So hatte sie u.a. das gesamtdeutsche Studententreffen auf der Wartburg ebenso vorzubereiten, wie die Eröffnung des Nationaltheaters in Weimar im August 1948. Ein besonderer Höhepunkt war für sie 1949 die Vorbereitung und Durchführung des Goethe-Jahres aus Anlass des 200. Geburtstages von Johann Wolfgang von Goethe.

Thomas Mann, Besucher in Weimar, schreibt über die Begegnung mit Marie Torhorst: „In der Flucht der Erscheinungen hat sich mir eine andere gewinnende Gestalt noch eingeprägt: Es war Frau Dr. Torhorst, frühere Lehrerin am Karl Marx-Gymnasium in Berlin, jetzt eingesetzt für das gesamte Erziehungswesen in Thüringen. Sie war es, die mich gleich nach unserer Ankunft in Weimar begrüßte. An ihrer Seite, immer unter großem Zulauf der Bevölkerung und organisiert jubilierender Jugend, besuchte ich die Goethe-Stätten. Was meine symphatische Begleiterin betrifft, so habe ich sie nicht lächeln sehen.

Das alte Ledder Pfarrhaus wurde von den „Ledder Werkstätten" denkmalgerecht saniert.
Foto: Dorothea Böing

Es lag ein asketischer Ernst auf ihrem Gesicht, strenge Ruhe, Entschlossenheit und eine der Verbesserung des Irdischen zugewandte Frömmigkeit".

Der nach den Volkswahlen 1950 in Thüringen gebildeten neuen Regierung gehörte sie nicht mehr an. Vor Marie Torhorst gab es in Deutschland keine Ministerin. In der Regierung der Bundesrepublik Deutschland trat mit Elisabeth Schwarzhaupt 1961 die erste Ministerin ihr Amt an.

Nach ihrem Ausscheiden in Thüringen ging Marie Torhorst nach Berlin zurück und leitete dort gut sechs Jahre die Abteilung für internationale Beziehungen im Ministerium für Volksbildung. Aus diesem Amt schied sie auf eigenem Wunsche aus, um sich auf pädagogisch-wissenschaftliche Aufgaben zu konzentrieren. Darüber hinaus übernahm sie zahlreiche ehrenamtliche Funktionen. So war sie u.a. auch Mitglied der Schulkommission des Politbüros des Zentralkomitees (ZK) der SED.

Ihre Arbeit wurde mit dem Karl-Marx-Orden, dem Orden „Großer Stern der Völkerfreundschaft" und anderen hohen staatlichen und gesellschaftlichen Auszeichnungen gewürdigt. Die Akademie Pädagogische Wissenschaften verlieh ihr 1987 den Ehrendoktor.

Kurz nach ihrem 100. Geburtstag, den Marie Torhorst im Clara-Zetkin-Altenheim in Ostberlin feiern konnte, erhielt die Jubilarin Besuch aus dem Tecklenburger

Land. Die Hauptschullehrer Rainer Münzberg, Rudi Berse und Rudi Grunden machten sich auf den Weg nach Berlin, um von der alten Dame herzlich und mit großer Freude begrüßt zu werden. In den Gesprächen wurde schnell klar, dass sie sich noch an viele Einzelheiten in ihrem früheren Heimatdorf Ledde erinnerte.

Die Gäste hatten ihr viele Fragen zu beantworten. Sie nahmen den Eindruck mit, dass Marie Torhorst zu dieser Zeit zur DDR-Politik ein etwas distanziertes Verhältnis hatte. Dagegen sprach sie euphorisch über die Demokratisierungsbemühungen der Sowjetunion. Vor allem über Michael Gorbatschow äußerte sie sich begeistert.

Ihre Begegnung mit den Besuchern aus der alten Heimat, dem Tecklenburger Land, hatte Marie Torhorst so bewegt, dass sie ihre Tränen beim Abschied nicht verbergen konnte. Den Zusammenbruch der DDR und den Fall der Mauer erlebte sie nicht mehr, denn Professor Dr. Dr. h.c. Marie Torhorst starb am 7. Mai 1989 in Ost-Berlin.

Das alte Ledder Pfarrhaus, in dem Marie Torhorst aufgewachsen ist, übernahmen vor einigen Jahren die „Ledder Werkstätten" des Diakonischen Werks im Kirchenkreis Tecklenburg. Es handelt sich dabei um eine Einrichtung zur Betreuung von behinderten Menschen. Gut 1000 behinderte Mitarbeiter werden in den Werkstätten und Einrichtungen beschäftigt. Darüber hinaus verfügen die Werkstätten über annähernd 250 Wohnheimplätze. In den verschiedenen Arbeitsbereichen sorgen 330 hauptamtliche Mitarbeiter für das Wohl der ihnen anvertrauten Menschen. Die „Ledder Werkstätten" haben das als Baudenkmal eingestufte alte Pfarrhaus gründlich denkmalgerecht saniert. Heute werden in dem Haus Veranstaltungen für behinderte Mitarbeiter angeboten.

Die alte Friseurstube von Lindermanns Heini in Langenhorst

Von Irmgard Tappe

In unserer Diele steht ein alter Friseurstuhl. Schade, dass er nicht reden kann. Dann würde er wahrscheinlich interessante Geschichten erzählen aus der Zeit, als sein Platz noch in der alten Friseurstube meines Vaters war. Ich selbst habe diesen Raum nie kennen gelernt, denn Anfang der fünfziger Jahre des vorigen Jahrhunderts zog Vater mit seinem Friseurbetrieb in ein neues Gebäude. Aber die älteren „Paohlbüörger" aus Langenhorst und Welbergen, die reden noch heute gern von der alten Stätte. „Wat was dat doch schön in Lindermanns Heini sin Büdken", sagen sie dann. Und in ihrer Stimme schwingt eine leise Wehmut mit.

Das viel zitierte „Büdken" war ursprünglich eine Scheune. Im Fachwerkstil errichtet, lag sie mitten im Dorfkern von Langenhorst. Vater war 21 Jahre alt, als er im Jahre 1935 die Scheune mietete und dort einen Friseurbetrieb gründete. Das Gebäude wurde renoviert und erhielt ein neues Gesicht. Eingangstür, Fenster, ein Holzfußboden, und die Wände bekamen ein helles Tapetenkleid. Die Leute sagen, dass es drinnen urgemütlich war. Zwei Kabinen bildeten den Arbeitsplatz. Für die wartende Kundschaft standen etliche Stühle bereit, und im Winter sorgte ein Ofen für behagliche Wärme. Außerdem wärmte Vater auf der Ofenplatte das Wasser auf, das er für die Haarwäschen der Damen benötigte. Die erforderlichen Wassermengen holte er in Eimern beim Bäcker schräg gegenüber oder nebenan bei der Vermieterin Gertrud Wellerdick. Denn in der alten Friseurstube gab es kein fließendes Wasser. Kaum vorstellbar für die Menschen unserer Zeit. Aber in der ersten Hälfte des letzten Jahrhunderts störten derart dürftige Umstände weder den Friseur noch seine Kundschaft.

„Es war eine schöne Zeit, trotz der vielen Arbeit. Früher wirkten die Leute zufriedener als heute", sagte meine Mutter.

Es störte auch niemanden, wenn in der Friseurstube bis tief in die Nacht das Licht brannte. Für Öffnungszeiten interessierten sich die Kunden erst recht nicht. Wenn zum Beispiel die Bauern auf dem Feld und im Stall Feierabend gemacht hatten oder die Fabrikarbeiter der Gebrüder Laurenz von der Spätschicht kamen, dann war es selbstverständlich, dass der eine oder andere ans Büdken-Fenster klopfte und rief: „Heini, mak de Düör loss, ick mott de Haor runner häbben."

Heinrich Lindermann in seiner Friseurstube
Foto: Maria Lindermann

Manchmal kamen die Männer auch nur ins „Büdken", um ein Pläuschchen zu halten. Gesprächsstoff gab es reichlich und es war höchst unterhaltsam.

Hochbetrieb herrschte besonders an den Tagen vor Weihnachten, vor Allerheiligen und erst recht vor Ostern. „Zuerst zur Beichte, damit das Innere sauber wird, und danach sind Haare und Bart an der Reihe", so verlangte es die Tradition. Wie am Fließband schnitt Vater die Haare, schäumte die Bärte und wetzte das Rasiermesser. Auch die Damen ließen sich vor den Festtagen gern ihre Dauerwelle legen, so dass der Platz in der Friseurstube oft nicht ausreichte. Bei gutem Wetter setzten sich die Kunden dann gern auf die Mauer, die sich rund um das historische Stiftsgebäude zog und direkt vor der Haustür der Friseurstube lag. War das Wetter schlecht, kam es schon mal vor, dass die Männer ihren Warteplatz etwa hundert Meter weiter in die Stiftsschänke Teupe verlagerten.

Die Entwicklung einer geologischen Sammlung am Comenius-Kolleg in Mettingen

Von Pater Donat Kestel

„Sie haben ja nicht einmal eine Schulsammlung!"

Als wir Franziskaner der nordostbrasilianischen Franziskanerprovinz im Jahre 1972 das Comenius-Kolleg, d.h. das Institut zur Erlangung der Hochschulreife in Mettingen eröffneten, besuchte uns auch ein Herr Dr. Sonnenschein vom Schuldezernat in Münster. Da unsere Schulausstattung wirklich noch sehr prekär war - wir mussten sie fast gänzlich neu gestalten - hatte natürlich niemand am Kolleg an eine Schulsammlung gedacht. Und in Bezug auf Erwachsenenbildung, welche Schulsammlung sollte es denn sein? Ausgestopfte Tiere, eine Käfer-oder Schmetterlingssammlung, gepresste Pflanzen, also ein Herbarium?

Ich hatte in dieser Zeit Biologie studiert und kam von einer botanischen Exkursion aus dem Engadin zurück. Dem Schulleiter P. Osmar Gogolok sagte ich: „Ich hab' im Rucksack ein paar Steine, man könnte ja eine Gesteinssammlung anlegen. Davon könnten die Biologen, die Chemiker, vielleicht auch die Physiker Nutzen ziehen." Dass es sich bei diesen „Steinen" um Mineralien handelte, wusste ich damals selbst noch nicht. Ich suchte nun eine Gelegenheit, wie man sich neben der Schultätigkeit geologisch weiterbilden konnte.

Ich erfuhr, dass es in Georgsmarienhütte eine Gruppe der Vereinigung der Freunde der Mineralogie und der Geologie (VFMG) geben solle. Die VFMG hat (seit 1950) ihren Sitz in Heidelberg, ihre Mitglieder sind in Ortsvereinen zusammengeschlossen. Im Jahre 1973 war der Ortsverein Georgsmarienhütte gegründet worden. Treibende Kräfte waren Karl-Heinz Rose und Claus Peter Gödecke. Dieser Bezirksgruppe stellte ich mich also vor mit der Bemerkung, von Tuten und Blasen keine Ahnung zu haben, aber gewillt sei, mitzuarbeiten und mich im Rahmen des Möglichen fachkundig zu machen. Außer Neugierde, Interesse und dem Auftrag, eine mineralogische Sammlung aufzubauen, brächte ich nichts weiter mit. Ich wurde dennoch herzlich willkommen geheißen.

Die zum Teil sehr erfahrenen Gruppenmitglieder erzählten dem wissbegierigen Neuling, sie hätten sich vorgenommen, das Phänomen des Bramscher Pluto, bzw. Bramscher Intrusiv, näher zu erkunden. Das Interesse war geweckt und soweit es die oft karg bemessene Zeit erlaubte, machte der Pater bei der Erkundung dieses geowissenschaftlichen Phänoms gerne mit. Damit war auch der erste Teil der mineralischen Sammlung bereits vorgegeben.

Die umfangreiche geologische Sammlung wurde auf dem Schultenhof in Mettingen erstmals öffentlich präseniert.

Da oberflächlich, weit und breit, von einem Bramscher Intrusiv oder von einem Bergland, geschweige denn von einem Gebirgsmassiv nichts zu sehen ist, bleibt Uneingeweihten dieser Begriff: Bramscher Intrusiv oder Pluto, ein Rätsel. Es muss einem schon gesagt werden, dass auf Grund von Messungen, von geomagnetischen Anomalien, bis zu einer Tiefe von ca. 4000 bis 5000 m ein glutflüssiger Magmapfropf aus dem Erdmantel aufgestiegen war. Laienhaft könnte man sagen, dieser Pluto hatte nicht mehr die Kraft als Vukankegel die Erdoberfläche zu durchstoßen, er blieb im Untergrund stecken und tritt deshalb gebirgsbildend nicht in Erscheinung.

Durch Erkundungen, Exkursionen und Sammeleifer wurden immer mehr Fundstücke zusammengetragen. Im Hause des Comenius-Kollegs mussten immer wieder neue Räume bereit gestellt werden. Auch wurde die Frage der Einteilungsgesichtspunkte immer dringender. Es stellten sich durch die Sammlungsstücke bedingt, vier Ordnungsgesichtspunkte heraus.

Die erste Abteilung der Sammlung, selbstverständlich durch das Sammelgebiet bedingt und vorgegeben, kann als lagerstättenkundliche Sammlung oder Sammlung der Mineralien rund um das Bramscher Intrusiv bezeichnet werden.

Da diese Mineralien in den unterschiedlichsten Gesteinsschichten zu finden waren, stellte sich die Frage nach dem Alter dieser Gesteinswelten, welche Bildungsgeschichte sie bereits durchlaufen haben: Die zweite Abteilung bildet die Gesteinssammlung.

In den Sedimenten, in den Ablagerungen der Erde, findet man auch versteinerte Zeugen der Evolution. So wurde es durchaus verständlich, dass eine dritte Abteilung folgte: Die Versteinerungen, die Fossilienkunde. Dabei nehmen natürlich die wunderbar einmalig gut erhaltenen pflanzlichen Abdrücke aus der Karbonzeit unserer Umgebung einen ganz besonderen Stellenwert ein.

Die vierte Abteilung der Sammlung ergab sich aus der Frage nach der Systematik: Nach welchen Gesichtspunkten lassen sich die Mineralien einordnen.

1. Lagerstättenkundliche Sammlung

Das Naturwissenschaftliche Museum Osnabrück hat unter Federführung von Dr. Horst Klassen 1984 einen Gesamüberblick über die Geologie des Osnabrücker Berglandes veröffentlicht. Für eine lagerstättenkundliche Sammlung bot es sich an, den Einteilungsgesichtspunkten dieses Standartwerkes zu folgen.

2. Gesteinssammlung

Die Gesteinskunde (Petrographie) untersucht die Beschaffenheit und die Entstehung der Gesteine. Die äußere feste Erdkruste bildete sich aus ganz bestimmten Ausgangsstoffen und dank besonderer Bildungsvorgänge. An der Gesteinsbildung ist auch der unter der festen Erdkruste liegende Erdmantel mitbeteiligt, insofern schmelzflüssige Magma in die feste Kruste eindringen kann und hier zu Gesteinen erstarrt. Andrerseits kann aber auch der unterste Teil der Kruste wieder aufgeschmolzen werden.

3. Fossilien

Den dritten Teil der Sammlung bilden die Fossilien. Versteinerungen aus Flora oder Fauna sind nur in Absatz- oder Sedimentgesteinen längst vergangener Zeiten zu finden. Die Bedingungen müssen so günstig gewesen sein, dass eine Zersetzung, ein Verfall, verhindert wurde. Die in Vorzeiten abgelagerten Sedimente erlebten einen Umwandlungs-, bzw. Alterungsprozess: Aus tonigem Material wurde Schieferton, aus Kalkschlamm Kalkgestein, aus Sand Sandstein. Dieser Diagenese (Umwandlung) waren naturgemäß auch die Organismenreste unterworfen. Bei den hartteilbildenden Lebewesen (z.B. Muscheln, Ammoniten) blieben als Fossil normalerweise nur die Hartteile bestehen: Schalen, Skelette, Zähne. Das Negativ eines Körpers im Gestein wird als Abdruck bezeichnet. Auf den vielen Pflanzenabdrücken des Karbons liegt ein feines Kohlehäutchen, das den Abdruck im Gestein tiefschwarz heraushebt. Je feinkörniger das Sediment, umso mehr Einzelheiten der jeweiligen Gestalt lassen sich erkennen.

4. Mineralien

Gesteine setzen sich aus Mineralien zusammen, und so wurde es sinnvoll, der geologischen Sammlung des Comenius-Kollegs einen vierten Teil anzugliedern: Die mineralogische Sammlung. Mineralien sind dadurch gekennzeichnet, dass sie eine einheitliche Zusammensetzung aufweisen, dass sie von fester Konsistenz sind und dass sie unter natürlichen Bedingungen entstanden sind. Die meisten Mineralien verfügen über ein dreidimensionales Kristallgitter, in denen verschiedene

Achate der Quarzfamilie

Fotos: Dorothea Böing

Kristallgitter. Weitere gediegene elementare Mineralien sind Gold, Silber, Kupfer, Schwefel oder Quecksilber. Gediegenes Eisen oder Blei sind mineralogisch extrem selten anzutreffen.

Die Einteilung der Mineralien, auch der Sammlung des Comenius-Kollegs folgt den international bewährten Mineralogischen Tabellen, wie sie von H. Strunz aufgestellt wurden. Sie beruht auf einer Kombination von chemischen und kristallographischen Gesichtspunkten.

Die geologische Sammlung des Comenius-Kollegs, wurde inzwischen an die Gemeinde Mettingen übergeben und im Mai 2007 in einer Sonderausstellung im Schultenhof erstmals der Öffentlichkeit präsentiert. Sie soll ihren endgültigen Standort in Kürze im neu errichteten Rathaus, dem ehemaligen Hotel Telsemeier erhalten.

Atomarten nach geometrischen Gesetzmäßigkeiten ganz bestimmte Punkte besetzen, die die Struktur des Kristalles bestimmen. Bei gut ausgebildeten Kristallen, die im Wachstum nicht behindert wurden, finden wir geometrisch, ebene Flächen, bei amorphen Mineralien dagegen konnte sich noch kein regelmäßiges Kristallgitter herausbilden, die Atome sind noch nicht geregelt angeordnet.

Die weitaus meisten Mineralien, beschrieben sind etwa 4000, setzen sich aus verschiedenen Elementen zusammen. Nur einige wenige stellen Elemente in ihrer Reinform dar, man nennt sie gediegen. Dazu zählen der Diamant und der Kohlenstoff, mit der chemischen Formel C: Der Unterschied zwischen beiden liegt im

Danksagung:

Ohne die vielseitige Mitarbeit der Mitglieder der VFMG – Ortsgruppe Osnabrück wäre die Sammlung des Comenius-Kollegs, die jetzt an die Gemeinde Mettingen übergegangen ist, undenkbar gewesen. Neben Claus Peter Gödecke gebührt mein ganz besonderer Dank dem leider zu früh verstorbenen Karl-Heinz Rose, der mit seinem Wissen, Eifer, seinem Interesse und mit seiner unermüdlichen Hilfsbereitschaft auf viele Fragen eine Antwort wusste, der seine Zeit und sein Können vor allem auch bei Exkursionen zur Verfügung stellte, der mir in langjähriger Freundschaft, in Gesprächen und Diskussionen herzlich verbunden war. Ohne ihn wäre unsere Sammlung um ein Vielfaches ärmer geblieben. Mein Dank gebührt aber auch den langjährigen Teilnehmern an der Arbeitsgemeinschaft Mineralogie. Über das Volkbildungswerk Ibbenbüren war es uns möglich, semesterlang mineralogische Kenntnisse zu erarbeiten.

Schwierige Zeiten für Arbeiterschaft und Bürgertum in Rheine

Anmerkungen zur Rede des Gymnasiallehrers Johannes Hoffmann im April 1920

Von Hartmut Klein

Die Wochen der Revolution 1918/19 waren in Rheine vergleichsweise friedlich verlaufen, in offenbar recht enger Absprache, ja Kooperation zwischen dem Bürgermeister und dem Arbeiter- und Soldatenrat. In einem gemeinsam unterzeichneten Aufruf an die „Soldaten, Arbeiter, Bürger" sind die Worte „Ruhe" und „Ordnung" an zentraler Stelle zu lesen. Hervorgehoben wird die Angst vor Plünderungen, angesichts der von der Front zurückflutenden Truppen leicht verständlich. Noch größer war – nach zwei Hungerwintern – die gemeinsame Sorge um eine geregelte Lebensmittelversorgung.

Nach revolutionären Unruhen in Berlin ergaben die Wahlen zur verfassungsgebenden Nationalversammlung am 19. Januar 1919 eine deutliche Mehrheit für die Parteien, die sich für eine parlamentarische Republik aussprachen. Die Nationalversammlung nahm im Februar 1919 in Weimar ihre Arbeit auf, eine der ersten Handlungen war die Wahl Friedrich Eberts zum Reichspräsidenten, am 31. Juli 1919 wurde die Weimarer Verfassung mit überwältigender Mehrheit angenommen.

In dieser unruhigen Zeit bildete sich am 18. März 1919 in Rheine eine ehrenamtliche Einwohnerwehr, stellvertretender Vorsitzender wurde der Sozialdemokrat Gustav Monien. Die Einwohnerwehr übernahm die „polizeilichen Aufgaben des Arbeiter- und Soldatenrates", sie war aber wenige Monate nach der Novemberrevolution nun „eindeutig antikommunistisch" ausgerichtet: „Tatkräftig muss jeder einzelne der bolschewistischen Welle widerstehen, um unser Vaterland vor tiefstem Elend zu bewahren." So zitiert Lothar Kurz einen Zeitzeugen. Man mag diese scharfe Wendung gegen Links den Berichten über den grausam geführten russischen Bürgerkrieg zuordnen, mit Nachrichten, die sicher auch die Provinzstadt Rheine erreichten. Andererseits werden sich auch in Rheine viele Arbeiter brüskiert gefühlt haben, Menschen, die große Hoffnungen mit der jungen Republik verbanden – immerhin waren auch in Rheine die Gewerkschaften nun erstmals als Tarifpartner anerkannt worden, immerhin wurde am 30. Oktober 1919 erstmals ein Tarifvertrag für die Textilindustrie unterzeichnet, der u.a. den Achtstundentag brachte.

Trotzdem waren viele Arbeiter, wahrscheinlich auch in Rheine, von der politischen Entwicklung enttäuscht, sie hatten sich mehr von der neuen Republik versprochen – aber auch viele Soldaten: Denn nach dem am 28. Juni 1919 von der deutschen Delegation unter massivem Druck der Siegermächte unterzeichneten Versailler Vertrag mussten Hunderttausende Soldaten entlassen werden, oft durch den Krieg entwurzelte junge Männer, die für sich keinen Weg zurück in die Zivilgesellschaft sahen – fast alle späteren Nazi-Größen entstammten dieser Generation.

Kapp-Putsch und Generalstreik

In dieser brisanten Lage putschte der Rechtspolitiker Kapp am 13. März 1920 gegen die gewählte Regierung in Berlin und wurde von kaisertreuen Freikorps unterstützt. Die republiktreuen Parteien riefen zum Generalstreik dagegen auf und so musste Kapp nach vier Tagen wieder aus Berlin abziehen.

Streikaktionen gab es auch in Rheine: In 11 Betrieben traten am 15. März 1919 3300 Arbeiter in den Ausstand, aufgerufen von einem am Tag zuvor gebildeten „Aktionskomitee der sozialistischen Arbeiterschaft Rheine", dem Vertreter aller drei sozialistischen Parteien, der SPD, der USPD und der KPD angehörten. Also auch die „Kommunisten schlossen sich den Widerstandsaktionen an, verfolgten dabei jedoch eigene Ziele, was insbesondere durch die Bildung der ‚Roten Ruhrarmee' deutlich wurde," so Lothar Kurz.

Nun geht es Schlag auf Schlag: Eine „Volksversammlung" fordert am 15. März die Herausgabe von Waffen – dies lehnt Bürgermeister Schüttemeyer ab. Darauf öffnet der stellvertretende Kommandeur der Einwohnerwehr, der Sozialdemokrat Monien, den Arbeitern ein geheimes Waffendepot dieser Wehr und so kommen 128 Gewehre und zwei Maschinengewehre, aber auch jede Menge Munition in die Hand der Arbeiter, „was praktisch die Bildung einer eigenen Arbeiterwehr bedeutet" (Lothar Kurz). Noch einmal scheint es ohne weiteren Konflikt abzugehen: Verhandlungen führen zu einer gemeinsamen Absichtserklärung, beide Wehren zu verschmelzen. Am 18. März kommt es 1919 aber zu einer Auseinandersetzung, die unterschiedlich dargestellt wird: Angeblich hat die Einwohnerwehr einen Angriff der Arbeiterwehr auf einen Eisenbahnzug abgewehrt, der Reichswehrtruppen gegen die „Rote Ruhrarmee" transportieren sollte. Die Arbeitervertreter werfen der Bürgerwehr vor, sie habe versucht, Waffen der Arbeiterwehr zu beschlagnahmen.

Offensichtlich bleibt es in Rheine bei gespannter Ruhe, und schließlich setzt sich die Einwohnerwehr durch: „Zwei Nächte um die Ohren geschlagen mit Wachestehen, Patrouille gehen usw. Die Bürgerwehr ist nun doch eine wirksamere Waffe geworden, als ich glaubte," schreibt der Gymnasiallehrer Hermann Rosenstengel in sein Tagebuch. Am 30. März 1920 rückt Major von Kleist mit Reichswehrtruppen in Rheine ein und verkündet das Standrecht. Die Arbeiterwehr der Stadt wird am 1. April 1920 entwaffnet. In Rheine ist der Konflikt offenbar ohne Blutvergießen zu Ende gegangen, im Ruhrgebiet tobt ein blutiger Kampf noch bis Mitte April. Die Reichswehr, die sich beim Kapp-Putsch völlig zurückgehalten hatte, schlägt die Reste der „Roten Ruhrarmee" nun mit äußerster Härte nieder: Über 1000 Arbeiter sterben; die Reichswehr und die mit ihr verbündeten Freikorps haben etwa 250 Tote zu beklagen.

In dieser Lage hält der Gymnasiallehrer Johannes Hoffmann die im Stadtarchiv Rheine überlieferte, hier abgedruckte Rede wahrscheinlich vor Mitgliedern und Sympathisanten der Bürgerwehr.

M(eine) H(erren,)
Tage von histor(ischer) Bedeutung für d(ie) E(in)w(ohner) Rheines liegen hinter uns. Wenn es notwendig war, irgend einmal die Existenzberechtigung u(nd) den Nutzen der Wehr allen Einwohnern sichtbarlich vor Augen zu führen, so ist es, Gott sei Dank, nunmehr geschehen, so deutlich, so kräftig, dass wohl niemals mehr der feige Ehrlose hinter dem Ofen es wagen wird, mit nörgelnder Kritik die Wehr und ihr Kommando zu verfolgen.

M(eine) H(erren), diese gewaltschwangeren Tage bedrohten, wie Sie wissen, nicht allein die Ruhe u(nd) Ordnung in unserer Stadt, sie waren eine riesengroße Gefahr für das ganze Deutsche Reich. Noch niemals hat (sic!) sich die junge deutsche Republik u(nd) die demokr(atische) Verfassung in solcher Gefahr befunden. Es ging um ihr Sein u(nd) Nichtsein. Einmal Putsch von Rechts und gleich darauf ein unendlich gefährlicherer von Links suchten das mühsam Erreichte zu vernichten, (jener) durch die Militärdiktatur, dieser durch die Diktatur des Proletariats.

Man sage nicht, was hatte das mit Rheine zu tun? Wissen Sie doch ganz genau, dass es z.B. zur Taktik des Bolschewismus gehört, an möglichst vielen Orten und zu möglichst (gleicher) Zeit die Diktatur des Proletariats auszurufen. Und, meine Herren, wer noch jetzt daran zweifelt, dass es am bewussten Donnerstagmorgen auch in Rheine der Fall gewesen wäre, u(nd) wie leicht das möglich war ohne eine auf dem Posten befindliche, starke Einwohnerwehr, (dem) seien doch einige Ereignisse in nicht zu fern liegenden Städten ins Gedächtnis gerufen: S. Münster(ischer) Anzeiger Nr. 142 (die hier offenbar aus der Zeitung vorgetragenen Einzelheiten sind nicht erwähnt) .

M(eine) H(erren), was nun wäre hier geschehen, wo durch den Herrn aus (mit) dem dicken (Pelz) ein Aktionskomitee, eine bewaffnete Arbeiterwehr gegründet und die Einigung der 3 sozial(istischen) Parteien so vollzogen war (sic!), dass offenbar die Kommunisten das Heft in der Hand hatten, wo fortwährend die Fäden mit dem kommunistisch terrorisierten Industriebezirke hin- u(nd) hergesponnen wurden nicht durch einen Rheinenser, sondern durch einen Herrn Curt Rho(n)e, dem doch sicherlich an dem kleinen Rheine weniger gelegen war, sondern der das große strategische Ziel des Bolschewismus wohl im Auge behielt ? Wer das nicht begreift, ist ein polit(ischer) Kindskopf !

Hoffentlich wird es jetzt hier in Rheine keinen oder keine mehr geben, wie 1918, der da wieder zu sagen wagt: Nun, es wäre auch wohl alles ruhig geblieben ! Nein meine Herren, es wäre genau so gekommen, wie anderswo auch, wo die Bürgerschaft feige, die Einwohnerwehr nicht zur Stelle war. Und wer das Verbrechertum von Rheine kennt, der weiß auch, dass es hier bei einem polit(ischen) Putsch nicht ge-

Bild rechts: Rheine heute in einer Aufnahme von 2005
© Stadt Rheine

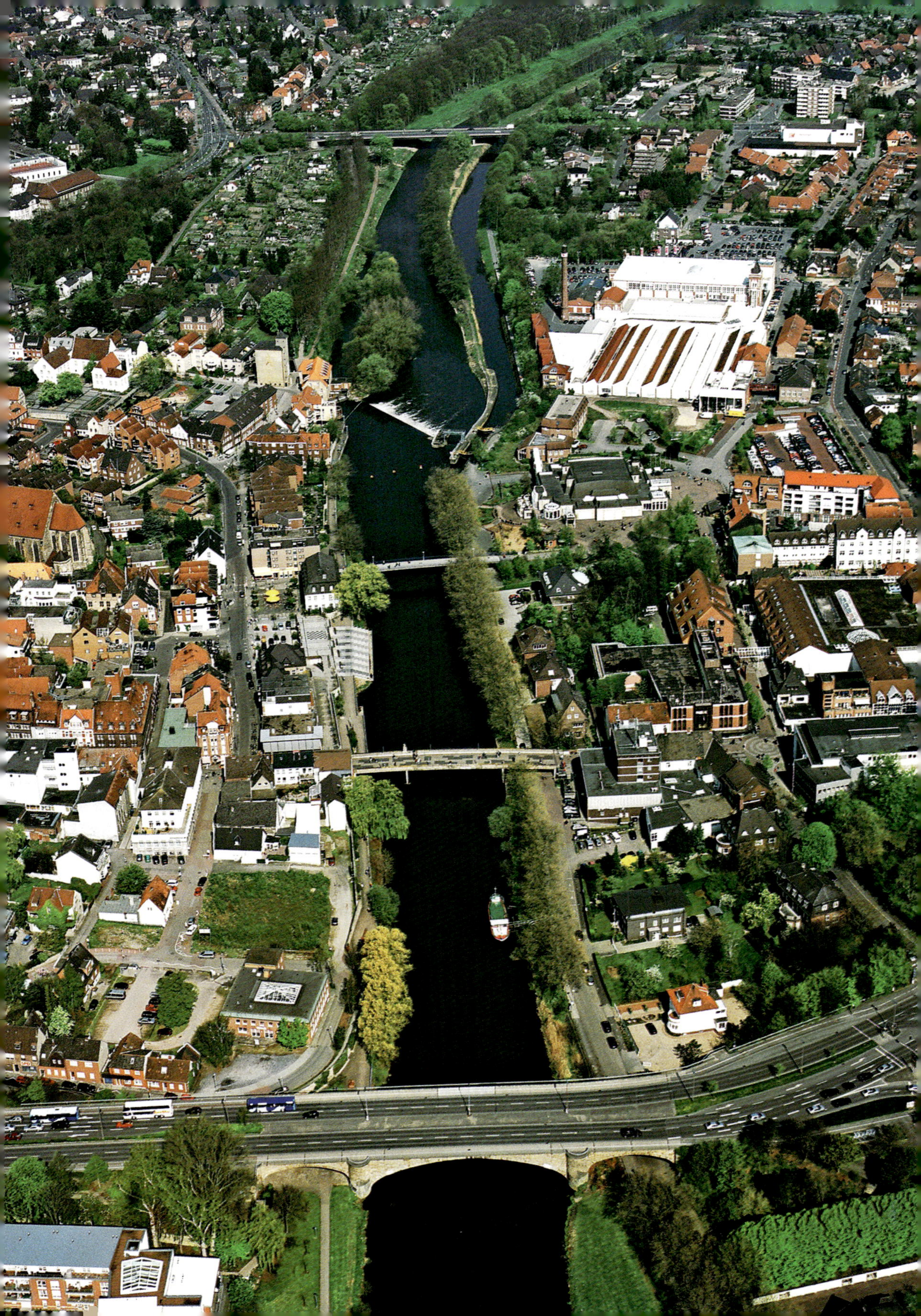

blieben wäre, dass auch hier der schlimmste rote Terror seine blutigen u(nd) wilden Orgien gefeiert hätte.

M(eine) H(erren), dass das nicht geschah, ist einzig und allein das Verdienst unserer Wehr. Und dadurch bildet sie eine rühmliche Ausnahme unter den vielen Einwohnerwehren, die da kläglich versagt haben. Dafür gebührt der Wehr der Dank nicht nur der Stadt Rheine, sondern auch des Wehrkreiskommandos u(nd) der Regierung. Ich habe keinen Auftrag, diesen Dank schon zu übermitteln. Aber meine Herren, als früherer Führer der (Einwohner-) Komp(anie) spreche ich dieser Komp(anie) meinen pers(önlichen) Dank aus für den großen Schneid u(nd) die nimmer nachlassende Wachsamkeit, für alle schweren Opfer, die sie gebracht hat. Lassen Sie nicht nach, meine Herren, in dieser steten Bereitschaft und Opferwilligkeit. Seien Sie, Mann für Mann, ohne Ausnahme geschlossen zur Stelle, so oft das Kommando Sie aufrufen muss. Sage keiner: „Ich schütze Haus und Hof bes(ser), wenn ich zu Hause bleibe!" Gegen einen einzelnen Dieb vielleicht, aber gegen organisierte Banden hilft nur eine organisierte Einwohnerwehr.

Und noch eins: Vergessen Sie das große Ziel nicht! Es ist die Erhaltung eines geordneten Staatswesens, worin alle Vaterlandsliebenden sich einig sind, wie verschieden auch ihre Ansichten über die Mittel und Wege dazu sein mögen. Dass die Einwohnerwehr durch die gemeinsame Arbeit für dieses gemeinsame Ziel versöhnend wirkt, Gegensätze ausgleicht, (dem) Deutschen (den) Deutschen wieder näher bringt, darin liegt letzten Endes ihre größte Bedeutung, ihr ethischer u(nd) erzieherischer Wert auch hier in Rheine.

Meine Herren! In diesem Sinne wollen wir alle in unserer Wehr weiter arbeiten zum Nutzen und Segen unserer Stadt u(nd) zum Wohle unseres geliebten Vaterlandes.

Vaterlandsliebe und blinder Hass

Man mag akzeptieren, dass der frühere Kompanieführer der Einwohnerwehr sich erleichtert darüber zeigt, dass es in Rheine gelang, auch in diesen spannungsgeladenen Wochen „Ruhe und Ordnung" zu bewahren, dass „Haus und Hof" geschützt wurden, dass die „Republik und ihre demokratische Verfassung", das „Deutsche Reich" tatsächlich „in riesengroßer Gefahr" waren, aber verteidigt werden konnten.

Man mag auch die nationale Grundorientierung Hoffmanns einordnen können, die „Vaterlandsliebe", die „Erhaltung eines geordneten Staatswesens", der er nach Krieg, Niederlage und Revolution einen besonderen Vorrang einräumt. Hofmann trat in den folgenden Jahren immer wieder als beliebter Redner etwa bei nationalen Gedenkveranstaltungen, z.B. an „Heldengedenktagen" auf.

Man nimmt zur Kenntnis, kann vielleicht auch nachvollziehen, dass Hoffmann stolz ist auf die im Vergleich zu anderen Städten gut funktionierende Bürgerwehr, dass er mit Verachtung auf die „feige(n) Ehrlose(n) hinter dem Ofen" blickt, die es gewagt haben, „mit nörgelnder Kritik die Wehr" herabzusetzen.

Erschrecken müssen aber Bezeichnungen der Arbeiter und ihrer Vertreter, die

Hoffmann mit übelster Polemik beschimpft als „organisierte Banden", als „Verbrechertum", das mit dem „schlimmste(n) rote(n) Terror seine blutigen und wilden Orgien gefeiert hätte". Und den politischen Gegner benennt Hoffmann nicht namentlich, sondern benutzt eine boshafte Wendung: „Der Herr mit dem dicken Pelz" – ein Klischee, das die Nazis später oft auf den angeblich bösen, ausbeuterischen jüdischen Unternehmer anwenden.

Nicht nur, dass wir uns nach dem Ursprung dieser unversöhnlichen Haltung fragen. Wir wissen heute, zu welchen Konsequenzen dieser blinde Hass großer Kreise des Bürgertums, dieser nach dem Ende des Kaiserreichs politisch „heimatlosen Schicht", geführt hat. Er hat dazu beigetragen, dass sich in den wirtschaftlichen und sozialen Krisen und bürgerkriegsähnlichen Auseinandersetzungen am Anfang der 30er Jahre zunächst autoritäre Regierungen, später das Nazi-Regime ohne großen Widerstand etablieren konnten. Und die Hitlerregierung erschien weiten Kreisen des konservativen Bürgertums als das kleinere Übel, nicht nur im Vergleich zu einer angeblich drohenden kommunistischen Diktatur, auch im Vergleich zur ungeliebten Weimarer Republik.

Johannes Hoffmann erlebte in den 20er Jahren noch die Willkür der belgischen Besatzungstruppen im Ruhrgebiet am eigenen Leib. Dadurch wurde er sicherlich in seiner nationalen Grundhaltung bestätigt. Aber es ist auch zu betonen, dass er keinesfalls ein Freund der Nazis war, dass er sogar kurz vor Hitlers Regierungsantritt in seinem engeren Umkreis vor den Nazis gewarnt hat.

Schließlich ist anzumerken, dass – wie in der Rede Hoffmanns vom April 1920 zu spüren ist – bis in die jüngere Zeit ein deutlicher Gegensatz in Rheine, ein nicht zu unterschätzendes Misstrauen bestand zwischen der Arbeiterschaft, die vor allem in den Werkssiedlungen auf der rechten Emsseite wohnte, und den eher bürgerlichen Einwohnern, vorwiegend ansässig im Stadtteil Rheine links der Ems. Diese noch vor wenigen Jahrzehnten stets wahrnehmbare Teilung der Stadt ist erst mit dem Rückgang der Textilindustrie, der neuen wirtschaftlichen Orientierung und der baulichen Aufwertung der Stadtviertel rechts der Ems verschwunden, so dass heute die Ems nicht mehr als Trennlinie gesehen wird.

Quellennachweis:
Johannes Hoffmann, Rede (April 1920), Transskript im Stadtarchiv Rheine, Hängemappe Arbeiter- und Soldatenrat (Notwendige Ergänzungen und erschlossene Wörter sind in Klammern gesetzt.)

Literatur:
Lothar Kurz, Die Zeit der Weimarer Republik, in: Chronik der Stadt Rheine, Rheine 2002
Lothar Kurz, Streiflichter eines Jahrhunderts, Rheine 1999
Lothar Kurz, 100 Jahre Ortsverein Rheine, in: Rheine. Gestern-heute-morgen 2/1998
Hermann Rosenstengel, Tagebuch, in: Heinrich Büld. Rheine a.d.Ems. Chroniken und Augenzeugenberichte 1430 – 1950, Rheine 1977
Weimarer Republik, 2003 (Informationen zur politischen Bildung 261) (Gut lesbarer Überblick)

Kartierung des Flechtenvorkommens in ausgewählten Arealen der Gemeinde Recke

Von Linda Robbe

Der folgende Beitrag ist die stark gekürzte Fassung einer Facharbeit, die im Fach Biologie am Privaten Bischöflichen Gymnasium der Fürstenberg-Schule in Recke erstellt wurde. Fachlehrer: Hans Hermann Schweiker

„Flechten? Was ist das denn?" Diese Frage war nur eine von den vielen Reaktionen, die ich während meiner Untersuchungen für die Facharbeit erlebte. Viele Menschen wissen nicht, dass Flechten auch in der Natur vorkommen. Unbewusst hat sie bestimmt jeder schon einmal wahrgenommen und wer darauf achtet, kann sie überall entdecken. Flechten leben z.B. auf Baumrinden, auf dem Erdboden, auf künstlichem Untergrund oder auf Gestein. Zunächst könnte man denken, dass es sich hierbei um Moose handelt, jedoch sind Flechten viel komplexere Gebilde, denn sie bilden eine aufeinander abgestimmte Lebensgemeinschaft zwischen Pilz und Alge. Aufgrund dieser Eigenschaft haben Flechten die Möglichkeit, sich auch an den Stellen anzusiedeln, an denen der Pilz bzw. die Alge alleine gar keine Chance zum Überleben hätte. Genau dieser Faktor macht dieses Lebewesen jedoch auch sehr anfällig gegenüber Veränderungen der Standortgegebenheiten, vor allem gegenüber Veränderungen der Luftqualität. Anhand des Vorkommens einer Flechte an einem gewählten Standort ist es möglich, die lufthygienische Belastung mit Hilfe bestimmter, teilweise recht unkomplizierter Verfahren zu ermitteln. Im Rahmen dieser Facharbeit habe ich in der Zeit vom 01. Februar bis zum 21. Februar 2007 das epiphytische (= auf Baumrinde lebende Arten) Flechtenvorkommen bestimmter Gebiete der in Nordrhein-Westfalen liegenden Gemeinde Recke mit Hilfe des Flechtenkartierungsverfahrens ermittelt, so dass ich Aussagen über die Luftqualität machen konnte.

Flechtenvorkommen sind überall auf der Welt zu entdecken. Allein in Deutschland findet man ein Zehntel der Arten des Weltflechtenvorkommens, das 160.000 Arten umfasst. Überleben können Flechten in extrem warmen Regionen, aber auch in Regionen, in denen die Temperaturen deutlich unter dem Gefrierpunkt liegen. Trotz extremer Temperaturen ist die Flechte in der Lage Fotosynthese, also den Prozess, durch den Pflanzen die Energie des Sonnenlichts nutzen, um Kohlenstoffdioxid mit Hilfe von Wasser in Zucker umzuwandeln, zu betreiben. Diese Toleranz ist auch im Bereich der Feuchtigkeit vorzufinden, denn für das Führen des Wasserhaushaltes sind viele Flechten weder auf Regen noch auf Tau angewiesen.

Stattdessen besitzen sie die Fähigkeit, den Wasserdampf aus der Umgebung aufzunehmen, nutzen hierfür somit die Luftfeuchtigkeit. Eine Regulierung ihres Wasserhaushaltes ist den Flechten allerdings nicht möglich, da sie keine echten Wurzeln und ebenfalls keinen Verdunstungsschutz (Cuticula) besitzen. Die Wasseraufnahme geschieht mittels des Flechtenkörpers, der das Wasser wie ein Schwamm aufnimmt. Die Eigenschaft, die für diese Toleranz verantwortlich ist, ist die Unfähigkeit ständig stoffwechselaktiv zu bleiben und das schadlos zu überstehen. Im Umkehrschluss bedeutet das, dass die Flechte dazu fähig ist in einen stoffwechselinaktiven, beinahe leblosen Zustand zu fallen, sobald sie nicht ausreichend mit dem für den Stoffwechsel bedeutenden Wasser versorgt wird.

Entscheidend für die Wahl des Standortes epiphytischer Arten ist der pH-Wert der Rinde. Einige favorisieren saure Rinden, wie die der Fichte, Birke oder Erle, andere bevorzugen eher basenreiche, wie beim Nussbaum, Spitzahorn oder Holunder. Eine weitere Rolle spielt die Art der Rinde, denn manche Flechten ziehen ein glattes Substrat (Nährboden), andere wiederum ein raues Substrat vor. Aufgrund der unterschiedlichen Bevorzugung der Licht- und Feuchtebedingungen findet auch hier eine Unterteilung in Licht- und Schattenarten statt.

Für das langsame Wachstum der Flechten sind zwei Faktoren entscheidend: Zum einen die oben genannte Wechselfeuchtigkeit und zum anderen die Symbiosenatur der Flechte.

Die Fotosynthese betreibende Alge, die lediglich 10 % der Flechte ausmacht, muss den Pilz mit einem wesentlich höheren Anteil der Flechte miternähren, so dass die für das Wachstum benötigte Menge an energiereichen organischen Verbindungen sehr klein ist. Dementsprechend kann man das Alter einer Flechte an der Größe des Flechtenlagers erkennen. Hier sollte jedoch angemerkt werden, dass es des Weiteren noch Unterschiede zwischen Krusten- und Blattflechten gibt, denn während die Ersteren in unserer Klimazone lediglich wenige Millimeter in einem Jahr wachsen, nimmt die Lagergröße der Blattflechten jährlich knapp einen Zentimeter zu.

Das langsame Flechtenwachstum ist aber im Hinblick auf die Rolle als Bioindikator durchaus auch positiv zu bewerten, denn so ist es möglich auch über längere Zeiträume Aussagen über die lufthygienische Belastung machen zu können. Dies ist allerdings nur möglich, da Flechten Lebewesen sind, die sehr direkte Wechselwirkungen zur atmosphärischen Umwelt zeigen. Solche Organismen bezeichnet man als Bioindikator, also als ein Lebewesen, das mit einer deutlichen und eindeutigen Veränderung bezüglich der Lebensfunktion reagiert. Die Ursachen für diese Fähigkeit sind vielfältig. Zuerst einmal die Tatsache, dass das fein ausbalancierte Stoffwechselgeschehen der beiden Lebenspartner Alge und Pilz sehr empfindlich ist und, dass die Flechte – ökologisch bedingt – direkt von der Luftqualität abhängig ist.

Ferner bewirkt das Fehlen von Spaltöffnungen einer schützenden Wachsschicht (Cuticula) und von Ausscheidungsorganen, dass die Flechte ihren Gasaustausch nicht selbst regulieren kann, Schadstoffe frei in das gesamte Flechtenlager eindringen können und es zu einer Anreicherung toxischer Spurenelemente kommt.

Die häufigsten Flechten innerhalb der Messfläche

Messfläche I: Bürgerpark

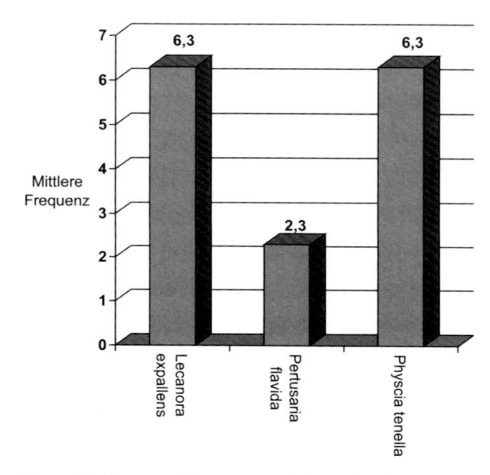

Flechtenart	Mittlere Frequenz
Lecanora expallens	6,3
Pertusaria flavida	2,3
Physcia tenella	6,3

Das Untersuchungsgebiet der im Rahmen dieser Facharbeit durchgeführten Flechtenkartierung stellt die nordrhein-westfälische Gemeinde Recke dar. Nordrhein-Westfalen ist klimatisch maritim geprägt, d.h. es gibt warme Winter und kühl-gemäßigte Sommer bei Westwindwetterlagen. Abhängig von der Höhe über Normalnull (NN) liegt die mittlere Jahrestemperatur zwischen 4° und 9°C. Das Münsterland zählt zu den wärmsten Regionen von NRW. Recke hat eine Gesamtfläche von 53,48 km^2 und eine Höhenlage über NN zwischen 45 – 125 Metern. Vom Mittellandkanal durchzogen, erstreckt sich das Gemeindegebiet von den Ausläufern des Teutoburger Waldes im Osten bis in die münsterländische Parklandschaft im Westen und vom Staatsforst Buchholz im Süden bis zum Landschafts- und Naturschutzgebiet des Recker Heidemoores im Norden.

Um die lufthygienische Belastung anhand von Flechtenvorkommen ermitteln zu können, wurden zwei verschiedene Flechten-Bioindikationsverfahren entwickelt und als Richtlinien des „Vereins Deutscher Ingenieure" (VDI) publiziert. Obendrein gibt es jedoch auch noch die Bestimmung der Toxitoleranzwerte, die eine weitere Möglichkeit zur Aufnahme von Flechten bietet. Alle drei Verfahren werden in den folgenden Abschnitten kurz erläutert.

Bei dem Flechten-Kartierungsverfahren (VDI-Richtlinie 3799, Blatt 1; 1995) wird der natürliche Flechtenbewuchs an Bäumen in einem Untersuchungsgebiet untersucht. Die Luftqualität des jeweiligen Standortes wird mit Hilfe der Analyse des Flechtenbewuchses ermittelt und die Ergebnisse werden anschließend in eine Karte eingetragen.

Bei dem Flechten-Expositionsverfahren (VDI-Richtlinie 3799, Blatt 2; 1991) exponiert man eine mittelempfindliche Flechtenart, die aus einem Gebiet mit geringer lufthygienischer Belastung stammt, in das Untersuchungsgebiet. Je nach Grad der Flechtenbeschädigung ist es möglich, die lufthygienische Belastung des Untersuchungsstandortes zu ermitteln.

Der Toxitoleranzwert beschreibt die Widerstandsfähigkeit der Art gegenüber Luftbelastungen der üblichen Art. Möchte man nun die Luftqualität ermitteln, muss man die von 1-9 reichenden Toxitoleranz-

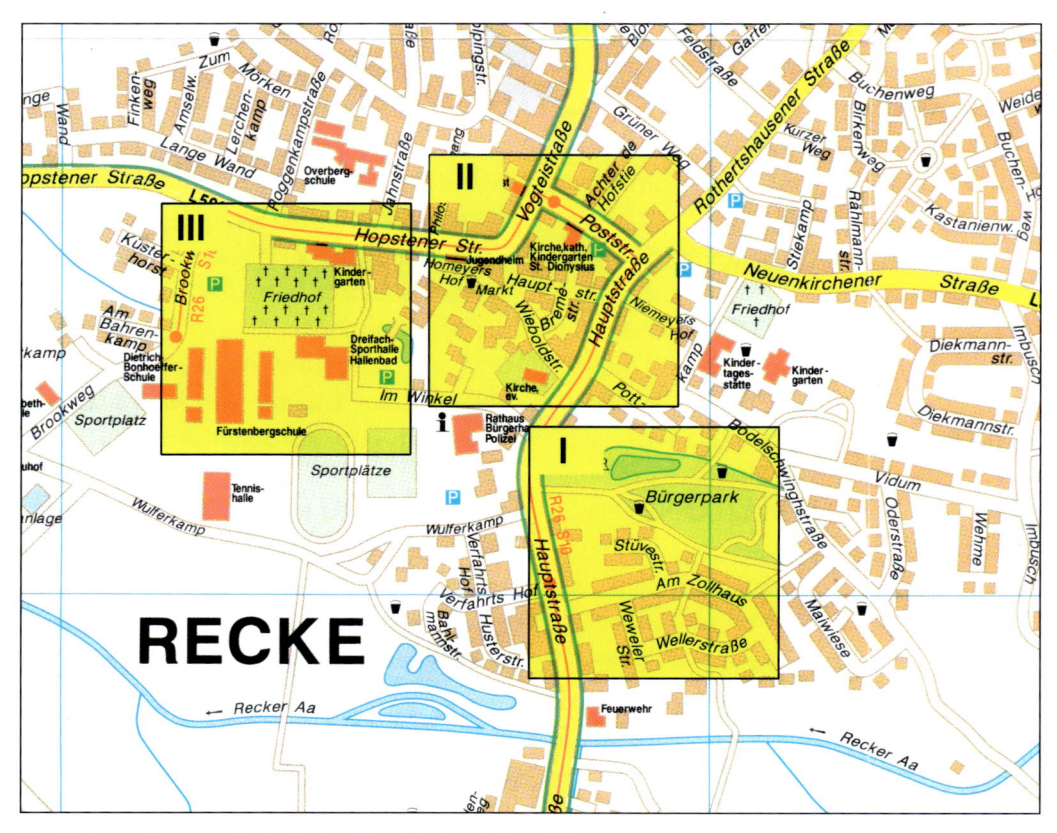

Das Untersuchungsgebiet mit den Messflächen I, II und III

werte der einzelnen Flechten bestimmen. Je mehr Flechten mit kleinem Toxitoleranzwert, desto geringer ist die lufthygienische Belastung des Untersuchungsstandortes. Allerdings gibt es auch Flechten, die einen hohen Toxitoleranzwert haben, aber trotzdem in Gebieten mit hoher Luftqualität wachsen. Dementsprechend ist diese Methode nur für eine grobe Einschätzung der Luftqualität zu verwenden.

Ausschlaggebend für meine Entscheidung, im Rahmen dieser Arbeit das Verfahren der Flechtenkartierung zu verwenden, waren zwei wesentliche Faktoren: Zum einen die Möglichkeit, ziemlich genaue Ergebnisse erzielen zu können, zum anderen auch die Möglichkeit, die lufthygienische Belastung der einzelnen Gebiete in eine Karte eintragen zu können, so dass auch Laien in der Lage sind die Ergebnisse einer Flechtenaufnahme zur Ermittlung der Luftqualität zu verstehen.

Bevor man mit der eigentlichen Flechtenaufnahme beginnt, muss das Untersuchungsgebiet in Messflächen eingeteilt werden. Ist das Untersuchungsgebiet eine Stadt oder ein Ballungsraum, empfiehlt es sich ein Messnetz von einem Kilometer zu wählen. Es ist jedoch auch möglich, dieses Messnetz zu verdichten, man verringert hierzu lediglich die Seitenlänge der Messflächen. In jeder Messfläche werden nun jeweils sechs Bäume auf ihren Flechtenbewuchs untersucht, diese nennt man Trägerbäume. Wählt man jedoch eine Seitenfläche, die kleiner oder gleich 250 m ist, so werden lediglich drei Bäume pro Messfläche untersucht.

Bei der von mir durchgeführten Flechtenkartierung habe ich mich grundsätzlich für eine Seitenlänge von 300 m entschieden. Bei der Messfläche V (Moor) musste ich die Seitenlänge jedoch auf 1 km verlängern. Der Grund hierfür war der Mangel an geeigneten Bäumen einer Artengruppe innerhalb der o.g. Messfläche. Hinzu kommt die Stellung der Bäume, denn diese befinden sich fast ausschließlich am Wegrand. Die Erfassung dieses Gebiets erschien mir jedoch wichtig, da das Moor als Naherholungsgebiet allgemein bekannt ist. Um einen Vergleich zu ermöglichen, habe ich in allen fünf Messflächen jeweils sechs Bäume einer Artengruppe erfasst.

Abgesehen davon, dass die VDI-Richtlinie nur für das mitteleuropäische Klima gilt, wird zudem die Auswahl der Trägerbäume streng vorgegeben. Um vergleichbare Bedingungen für Licht, Wind und Feuchtigkeit zu ermitteln ist Voraussetzung, dass alle Bäume freistehend sind. Aufgrund der unterschiedlichen Eigenschaften der Rinde soll ursprünglich auch nur ein und dieselbe Baumart gewählt werden. Da diese Bedingung kaum einzuhalten ist, hat man die Rinden mit ähnlichen Eigenschaften in Gruppen eingeteilt, von denen pro Kartierung auch jeweils nur eine Gruppe benutzt werden sollte.

Allerdings musste ich bei der Kartierung einzelner Flächen der Gemeinde Recke ein wenig von den Normen abweichen: Der Hauptgrund hierfür war die relativ kleine Fläche des Untersuchungsgebietes und der daraus resultierende Mangel an geeigneten Bäumen, die einer Artengruppe angehören. Um die Messergebnisse auch, z.B. für Einwohner der Gemeinde interessant zu machen, habe ich mich für einen Vergleich ortsbekannter Plätze, wie z.B. Ortskern, Schulzentrum, Bürgerpark etc., entschieden. Bäume der Messfläche II (Ortskern) und III (Schulzentrum) haben eine mäßig saure Borke, Bäume der übrigen Messflächen I, IV, V besitzen eine saure Borke. Diese Abweichung von der VDI-Richtlinie macht die Ergebnisse der Kartierung zur Überprüfung der Luftqualität der Gemeinde Recke nicht weniger repräsentativ. Grundsätzlich habe ich jedoch darauf geachtet, dass alle Bäume charakteristisch für das Untersuchungsgebiet sind und miteinander vergleichbare Bedingungen aufweisen.

Die Flechtenaufnahme ist wie die Trägerbaumauswahl streng reglementiert. Mit Hilfe eines Aufnahmegitters, das ich selbst angefertigt habe, wird die am stärksten bewachsene Seite des Stammes untersucht und die Zahl der Flächen, in denen eine Flechtenart vorkommt, mit Hilfe eines zuvor erstellten Aufnahmebogens festgehalten. Demzufolge ist die Häufigkeit einer Flechtenart auf zehn beschränkt. Um die Flechten bestimmen zu können benötigt man ein Flechtenbestimmungsbuch. Zusätzlich habe ich eine Lupe verwendet, denn mit dem bloßen Auge ist es teilweise schwer eine Flechtenart zu erkennen. Dieses Verfahren wird dann an jedem Baum angewendet.

An den Bäumen wurden Messgittter angebracht *Häufig festgestellte Flechtenarten*

Fotos: Linda Robbe

Um die Luftgütewerte zu ermitteln, wird die mittlere Frequenz (Häufigkeit) einer Flechtenart an den Trägerbäumen berechnet. Die Werte werden addiert, so dass die Frequenzsumme der Zeiger für den Luftgütewert ist. Die Luftgütewerte (LGW) werden nun Luftgüteklassen zugeordnet und anschließend kartografisch dargestellt.

Das Ergebnis der Kartierung

Messfläche I beinhaltet eine 300 m² große Fläche, und zwar den Bürgerpark, eine Grünanlage der Gemeinde Recke. Trägerbäume sind eine Schwarzerle, zwei Vogelkirschen und drei Stieleichen, die alle eine saure Borke besitzen. An diesen Bäumen habe ich insgesamt 14 verschiedene Flechten vorgefunden. Am häufigsten traten jedoch die drei Flechten *Lecanora expallens*, *Pertusaria flavida* und *Physcia tenella* auf. Der Luftgütewert beträgt 25,2, so dass diese Fläche der Klasse mäßig zugeordnet werden kann.

Messfläche II umfasst den 300 m² großen Teil des Ortskernes der Gemeinde Recke. Bei dieser Messfläche war es nicht möglich, genügend Bäume mit saurer Borke zu finden, so dass ich auf Bäume mit mäßig saurer Borke zurückgreifen musste. Somit habe ich als Untersuchungsobjekte eine Winterlinde, zwei Sommerlinden und drei Bergahorne ausgesucht. Insgesamt konnte ich an den Bäumen 13 verschiedene Flechtenarten feststellen, wobei die Flechten *Lecanora expallens*, *Physcia tenella* und *Xanthoria parietina* am häufigsten festzustellen waren. Der somit ermittelte Luftgütewert des Ortskerns liegt bei 31,4. Dementsprechend ist die lufthygienische Belastung innerhalb dieser Messfläche mäßig.

Messfläche III stellt das 300 m² große Gebiet des Schulzentrums dar. Auch bei dieser Messfläche musste ich auf Trägerbäume mit mäßig saurer Borke zurückgreifen. Trägerbäume sind hier fünf Bergahorne und eine Sommerlinde, auf denen insgesamt zehn verschiedene Arten gefunden werden konnten. Die häufigsten Flechten waren hier *Strangospora pinicola*, *Physcia tenella* und *Xanthoria parietina*. Der ermittelte Luftgütewert beträgt 30,3 und somit ist die lufthygienische Belastung auch innerhalb dieser Messfläche mäßig.

Messfläche IV umfasst eine 300 m² große Fläche der Bauerschaft Twenhusen. Dort konnte ich Trägerbäume mit saurer Borke auswählen, und zwar fünf Stieleichen und eine Schwarzerle. An diesen Bäumen fand ich sieben verschiedene Flechtenarten, die häufigsten waren *Buellia punctata*, *Physcia tenella* und *Xanthoria parietina*. Die Luftgüte hat einen Wert von 30,5, infolgedessen ist die lufthygienische Belastung innerhalb dieser Messfläche mäßig.

Messfläche V stellt einen 1 km² großen Teil des Recker Moores dar. Auch hier konnten sechs Trägerbäume mit saurer Borke gefunden werden, allerdings musste hierfür, wie bereits erwähnt, die Seitenlänge der Messfläche um 700 m verlängert werden. Fünf Stieleichen und eine Vogelkirsche stellen in diesem Gebiet die Trägerbäume, die insgesamt sieben verschiedene Flechtenarten aufweisen. An allen untersuchten Bäumen ist die Flechte *Physcia tenella* vorzufinden, häufig waren auch die Flechten *Xanthoria parietina* und *Xanthoria polycarpa* vertreten. Als Resultat ließ sich ein Luftgütewert von 38,9 ermitteln, so dass die hygienische Belastung der Luft, im Gegensatz zu allen anderen Messflächen lediglich gering ist.

In allen o. g. Gebieten konnte ich 22 verschiedene Flechtenarten bestimmen. Die niedrigste Luftqualität ist innerhalb der Messfläche I (Bürgerpark) berechnet worden, die höchste Qualität der Luft konnte die Messfläche V, das Naherholungsgebiet „Recker Moor", aufweisen.

Die Auswertung der Ergebnisse

Die von der Universität Bonn durchgeführte Flechtenkartierung des Bundeslandes NRW bestätigt meine erzielten Ergebnisse. Auch hier wird die durchschnittliche lufthygienische Belastung als mäßig eingestuft, wie man der Kartierung entnehmen kann. Bedeutend ist nun aber, wieso z. B. im Bürgerpark (Messfläche I) die geringste Luftqualität ermittelt wurde, obwohl dort das größte Spektrum an Flechtenarten vorzufinden ist. Eine mögliche Erklärung hierfür ist die unmittelbare Nähe der Hauptverkehrsstraße. Das Verkehrsaufkommen muss sich in den letzten Jahren stark erhöht haben, so dass die Frequenz der Flechten mit geringer Toxitoleranz (z.B. *Pertusaria flavida*) stark gesunken ist, allerdings noch einige Exemplare zu finden sind. Im Umkehrschluss muss die Frequenz der Flechten mit hoher Toxitoleranz (z.B. *Lecanora expallens*) gestiegen sein. Eine weitere Möglichkeit wäre die Landwirtschaft, die gar nicht so weit entfernt vom Bürgerpark vorzufinden ist. Diese beiden Faktoren gewinnen immer mehr an Bedeutung, denn das aus der landwirtschaftlichen Nutztierhaltung stammende Ammoniak und der Stickstoff locken Flechten mit hohen Nährstoffzahlen, wie z.B. *Xanthoria parietina* regelrecht an. Da diese Flechte jedoch in dieser Messfläche gar nicht vertreten ist, ist die Ursache der geringen Luftqualität wohl eher die Lage an der Hauptverkehrsstraße. Ähnliche Verkehrsbedingungen treten auch beim Ortskern (Messfläche II) auf, nur dass hier die berechnete Luftqualität bedeutend besser ist. Nicht umsonst wird die Flechte *Xanthoria parietina* als Verkehrszeiger bezeichnet. Genau dieser Verkehr lässt sich auch im Ortskern feststellen. Bis auf die relativ kleine Fußgängerzone kann man den Ortskern fast vollständig mit dem Auto befahren. Der Grund für die bessere Luftqualität ist die Frequenz der einzelnen Flechten, die in Messfläche II bedeutend größer ist. Bei Messfläche III (Schulzentrum) spielen Landwirtschaft und Verkehr eine Rolle. Zum einen liegt die Messfläche in unmittelbarer Nähe eines Busbahnhofes, zum anderen liegt sie am Ortsende, also in der Nähe landwirtschaftlicher Betriebe. Auch hier ist die Frequenz einzelner Flechten recht hoch, so dass eine mäßige lufthygienische Belastung ermittelt werden konnte. Ähnliche Bedingungen findet man bei der Bauernschaft Twenhusen (Messfläche IV), obwohl hier der landwirtschaftliche Faktor etwas ausgeprägter ist. Im Gegensatz zu den genannten Messflächen mit mäßiger lufthygienischer Belastung steht Messfläche V, das Moor. Da das Moor ein Naturschutzgebiet ist, liegt es fern von richtigem Verkehr und Landwirtschaft. Dementsprechend ist es einleuchtend, dass hier eine geringe lufthygienische Belastung festgestellt werden konnte.

Im Rahmen dieser Facharbeit konnte ich durchschnittlich eine mäßige lufthygienische Belastung innerhalb ausgewählter Areale der Gemeinde Recke feststellen. Allerdings geben die Ergebnisse einer Flechtenkartierung nicht die tatsächliche Luftbelastung wieder, da für die Einteilung in Luftgüteklassen lediglich die Häufigkeit einzelner Flechten fokussiert wird, die Toxitoleranz einer Flechte jedoch nicht mit eingebunden wird.

Huussiägen

Von Paul Baumann

Graut, o Hiär, is diene Macht,
üöwer me haoll trüe Wacht,
haoll me fast met starke Hand,
siägne Volk un Vaderland.

9/11

(‚Ground Zero', im November 2004)

die wunde
tief gerissen
schmerzt noch

es bleibt
von zäunen umgeben
die narbe

und wird bleiben
verbaut
am grund

Orangenmond

(Blues für Doro)

wir fanden uns
unter dem orangenmond
die nacht schmeckte
nach deinen küssen

wir liebten uns
unter dem orangenmond
in deinen armen
drehte sich die welt

wir starben
unter dem orangenmond
nie hatte ich
eine bessere nacht

Texte: Ralph Jenders

Foto: Karl-Heinz Wilp

Eule

der Wächter des Waldes
hier fangen ihre Augen
alles ein
jede Bewegung
jeden Lichtwechsel in der Dämmerung

ein ruhiger und gelassener Jäger
blitzschnell löst sich
ein harmloser Schatten aus den Bäumen
schlägt Beute in Sekunden
danach tönen monotone Rufe:
der Posten des Wächters
ist wieder besetzt

Fische

schwereloses Gleiten
fast spielerisch ändern
leichte Bewegungen die Richtung
gläsern geschlossene
farbenprächtige Wasserwelt

und doch herrscht
in scheinbarem Durcheinander
erkämpfte Ordnung
Hierarchie auf den zweiten Blick
Luftblasen im Paradies
markieren auch
Kontrahenten

Spatz

mit der Leichtigkeit im Gepäck
auf federnden Zweigen zu Besuch
den freien Flug nur unterbrochen
verschwunden vor dem Bruch des Tages

es bleiben mit der Erinnerung
an die Wärme und Weite eines Sommertages
winzige Bewegungen
flink und keck
so will ich es behalten

Texte: Karlheinz Seibert

Foto: Bernhard Volmer

Dr. Wilhelm Debbert aus Borghorst war ein Menschenfreund, der durch die Hölle ging

Von Dieter Huge sive Huwe

„To, nu kumm doch!" drängte die Mutter zur Eile. „Gif 't denn van Dage nix?", lautete daraufhin die irritierte Frage des Jungen. Und der sollte Recht behalten. Ohne das Borghorst-weit bekannte „Tapferbömsken" verließ keiner der kleinen Patienten die Praxis. Über Dr. Wilhelm Debbert, der im vergangenen Jahr 100 Jahre alt geworden wäre, waren sich die Borghorster einig: Er war ein Menschenfreund, wie man ihn nur sehr, sehr selten trifft. Und ganz besonders lagen ihm die Kinder am Herzen.

Die Gründe hierfür zu suchen, bedeutet auch, eine Vita zu beschreiben, die von der Medizin geprägt, aber auch von Jahren körperlicher und seelischer Schmerzen bestimmt war.

Dr. Wilhelm Debbert kam am 4. Februar 1905 zur Welt und wuchs in Freckenhorst auf dem elterlichen Hof auf. Dem Abitur 1925 folgte das medizinische Studium an sechs Universitäten, darunter auch in Österreich. Der Promotion und Approbation als Arzt folgten Jahre der Weiterbildung an Krankenhäusern, bevor sich Debbert am 1. Oktober 1935 als selbstständiger Arzt in Borghorst niederließ.

Mitte der dreißiger Jahre praktizierte neben dem Sanitätsrat Dr. Rickmann und Dr. Strothmann auch der Chirurg Dr. Schütz in Borghorst. Mit Schütz zusammen arbeitete Dr. Debbert, der ebenfalls eine chirurgische Ausbildung genossen hatte, auch in dem damaligen Belegkrankenhaus.

Das Leben des begabten und bei seinen Patienten beliebten Arztes wandelte sich radikal, nachdem er 1939 zur Wehrmacht eingezogen wurde. Debbert war später an der Ostfront eingesetzt, sah in Russland als Feldarzt und Chirurg unermessliches menschliches Leid bei den Soldaten und der Zivilbevölkerung.

Debbert war aber trotz allen Elends dafür bekannt, den Dingen auf den Grund zu gehen. So entdeckte er bei vielen seiner Patienten krankhafte Veränderungen in den Augen. Die Beobachtung ließ ihn nicht ruhen und so teilte er seine Beobachtungen und seinen Verdacht schließlich auch den verantwortlichen Stellen in Berlin mit. Daraufhin reiste eine Delegation aus der Reichshauptstadt an. Sie bestätigte Debberts Diagnose: Fleckfieber. Die Folge war, dass die gesamte Truppe im Osten geimpft wurde.

Im Sommer 1944 heiratete er während eines Heimaturlaubs. Stunden, Tage des Glücks inmitten eines unbarmherzigen Krieges. Debbert musste zurück an die Front. Martha würde er nie wiedersehen.

Debbert leitete als Stabsarzt eine Sanitätskompanie. Mit den ihm anvertrauten Soldaten versuchte er, sich bei Kriegsen-

Dr. Debbert musste ein Martyrium durchleben
Foto: Privat

de auf amerikanisch besetztes Territorium durchzuschlagen. Ein Federstrich der Geschichte, der Vertrag von Jalta, sollte dramatische Folgen für den damals 40-Jährigen und seine Soldaten haben.

Durch das Jalta-Abkommen wurde der amerikanisch besetzte Teil der Tschechoslowakei Russland zugeordnet. Debbert lehnte ein Angebot der Amerikaner, in deren Gefangenschaft zu bleiben, entschieden ab. Gemeinsam mit seinen Soldaten und 400 Verwundeten wurde er von den Russen abtransportiert. Ärzte, Sanitäter und Soldaten kamen in ein Kriegsgefangenenlager, die etwa 400 Verwundeten und Kranken wurden vermutlich einem furchtbaren Schicksal überlassen.

Seinem Freund Dr. Josef Höchst vertraute Debbert unter dem Siegel der Verschwiegenheit an, was er in russischer Gefangenschaft erlebte. Erst nach dem Tode Debberts wurde das Schicksal des Arztes bekannt. 1946 wurde der Mediziner von den Russen zu 25 Jahren Zwangsarbeit verurteilt und in ein Lager nach Sibirien gebracht. Die Unterbringung war hier anfangs sogar vergleichsweise gut. Debbert machte sich auch hier schnell einen Ruf als guter Arzt, wurde sogar verschiedentlich zur Behandlung erkrankter Arbeiter in Kolchosen der Umgebung gefahren.

Erstmals seit der Gefangennahme durfte er auch eine Karte schreiben. Drei Sätze, mehr waren nicht erlaubt. Die erste Nachricht, die Debbert daraufhin aus der Heimat erreichte, ließ ihn zusammenbrechen. Bei der Geburt ihres ersten Kindes war seine geliebte Frau Martha 1945 gestorben.

Und als wäre dies nicht schon schlimm genug, begannen die Russen, den Arzt ab dem Sommer 1948 zu verhören. Man beschuldigte ihn der antisowjetischen Hetze und nannte die Offiziersbaracke, in der Debbert untergebracht war, ein „übles Faschistennest". Der Gefangene sollte Namen verraten. Indes war Debbert ein durch und durch unpolitischer Mensch, gehörte auch nie der NSDAP oder einer ihrer Vereinigungen an.

Nach stundenlangen Verhören wurde der Arzt in die Baracke zurück gebracht. Einige Wochen später wurde er erneut geholt und zwei Wochen lang grob verhört, täglich mehrere Stunden. Ihm wurden Zwangsmaßnahmen angedroht.

Drei Monate später wiederholte sich die Prozedur. Diesmal waren die Verhörmethoden brutaler. Eine fensterlose Zelle, anderthalb mal zwei Meter groß, war sein Gefängnis zwischen den Verhören. Wasser und klebriges Brot waren die einzige Verpflegung in dieser Phase, während der Debbert oft nächtelang verhört wurde.

Das letzte dieser Verhöre dauerte ununterbrochene 24 Stunden. Dabei drückte man dem Arzt wiederholt die Pistole an den Kopf und drohte, ihn zu erschießen. Debbert versagten die Nerven. Er schrie, tobte und verlangte, erschossen zu werden. Und er blieb bei seiner Aussage, dass die Kameraden keine Hetze betrieben und keine Faschisten seien. Das Martyrium Debberts hatte aber immer noch kein Ende. Der Arzt wurde unter freiem Himmel in eine Stehzelle gesperrt. Diese war ohne Dach, Sitzen oder Liegen unmöglich; Öffnungen am unteren Ende der Metallwände dienten als Abfluss. 14 Tage verbrachte Debbert in dieser Zelle, anschließend wurde er – ein menschliches Wrack – in eine andere Baracke verlegt.

Die Schikanen hatten auch danach kein Ende. So wurde dem Häftling eines Tages im Herbst 1948 der Kopf kahl geschoren. Auf der Frisierstube raunte man ihm zu: „Von allen, die ich geschoren habe, hat man nichts mehr gehört." Doch Debbert blieb am Leben. Man führte ihn zum Bahnhof, und der Zug fuhr ohne ihn ab. Die gleiche Prozedur wiederholte sich ein Vierteljahr später nochmals.

Am 15. August 1949 schließlich wurde dem Häftling erneut der Kopf geschoren. Diesmal wurde sein Name am Bahnsteig aufgerufen. Doch Debbert wurde in seinen schlimmsten Befürchtungen nicht bestätigt, denn der Zug rollte gen Westen. In Frankfurt an der Oder wurde er aus russischer Kriegsgefangenschaft entlassen. Am 5. September traf er in seinem Heimatort Borghorst ein.

Doch was erwartete ihn dort? Seine Familie war tot. In seinem Wohnhaus mit ärztlicher Praxis hatten sich Evakuierte einquartiert, die ihm den Eintritt verweigerten. Debbert begab sich noch in gleicher Stunde zunächst zum Grab seiner Frau auf dem Friedhof in Borghorst. Danach ließ er sich zum Hof seiner Eltern in Freckenhorst fahren, wo er Aufnahme und Pflege fand.

Erst nach einer Zeit der Erholung kehrte er nach Borghorst zurück. Da er bei seinen ehemaligen Patienten in guter Erinnerung war, war der erneute Aufbau einer Praxis nicht schwer. Debbert kaufte das einst von Dr. Hoenhorst im Bauhaus-Stil erbaute Gebäude an der Münsterstraße.

Sein Ruf als hervorragender Arzt eilte ihm voraus. Die Zahl der Borghorster, die von ihm behandelt werden wollten, stieg stetig. Doch Debbert war sich nicht zu schade, wenn es sein musste, auch spätabends noch zu den Kranken zu kommen. Seine Hausbesuche wurden rasch legendär und es hieß, dass er wohl in jedem Haus der Stadt einmal einen kranken Patienten besucht hatte. Zeitzeugen berichten, dass er zu vielen Wohnungen älterer Patienten, die er oft über Jahre hinweg betreute, Schlüssel hatte. Wilhelm Debbert sprach ihre Sprache, war der Arzt, dem sie vertrauten.

Debberts ganz besondere Sorge galt allerdings den Müttern und vor allem den Kindern. Und für die gab es selbstverständlich nach dem Besuch beim Doktor das „Tapfer-Bonbon". Wilhelm Debbert starb am 30. Juli 1986 in Borghorst.

Die verborgene Welt der Elfen, Feen und Kobolde

Von Thomas M. Hartmann

Den meisten Menschen ist der Gedanke an Elfen und ähnliche Lebewesen völlig ungewohnt und ihre Existenz in unserer heutigen modernen Zeit nicht denkbar. Dennoch ist jeder schon einmal auf die eine oder andere Weise mit ihnen in Berührung gekommen, meist, ohne es zu bemerken. Wir glauben nicht nur an die Existenz von Elfen. In derselben verborgenen Welt leben die Feen, Zwerge, Gnomen, Hexen, Wichteln, Kobolde, Faune, Silvane und Trolle. Sie entscheiden selbst, ob sie uns an ihrer Welt, ihrem Leben und ihren Absichten teilhaben lassen oder nicht. Mitunter kann es geschehen, dass diese Wesen sich eines völlig willenlosen Menschen bemächtigen, um ihn für ihre Zwecke zu benutzen. Hüten wir uns vor der Vorstellung, dass all diese Wesen immer nur Gutes wollen. Von schrecklichen Erfahrungen einzelner Menschen wird noch zu berichten sein.

Die Beziehung der Menschen zur Welt der Elfen ist sehr kompliziert. Aber kann es anders sein, wenn diese Wesen ständig ihre Gestalt, den Zeitpunkt und den Ort ihres Erscheinens verändern? Wir müssen auch an völlig unvermuteten Stellen mit ihrem plötzlichen Auftauchen rechnen, ohne dass sie uns ihre Absichten gleich kund tun.

Aus der Mitte des 19. Jahrhunderts wird von einer Begebenheit berichtet, die über Generationen hinweg erzählt wurde, jedoch mit gedämpfter Stimme, in der immer eine Spur Erschrecken mitklang. In der Nähe des Ortes Steinbeck wohnte ein Schäfer mit seiner Familie in einer Kate in der Nähe eines Sees, den man schon seit Jahrhunderten das Heilige Meer nannte, kein Mensch weiß warum. An einem schönen Sommertag hörte sein ältester Sohn Jörgen eine wunderschöne Musik, die vom Heiligen Meer zu kommen schien. Da er so etwas Schönes noch nie gehört hatte, wollte er unbedingt wissen, woher die Klänge kamen und folgte ihnen. Sie ertönten aus der Tiefe des Wassers, das still wie ein großer Spiegel in der flachen Heidelandschaft lag. Jörgen setzte sich an das Ufer in den Schatten eines Baumes und lauschte. Als die Musik nach einer Weile verklungen war, bemerkte er voller Verwunderung, dass der Baum, unter dem er gesessen hatte, keine Blätter mehr trug. Er war vertrocknet und abgestorben. Daraufhin ging er nach Hause und fand sein Elternhaus völlig verändert vor. Es wirkte sehr viel älter, als er es verlassen hatte und war mit Efeu bewachsen. Ein fremder alter Mann stand in der Tür, grüßte ihn und fragte Jörgen, was er wolle. Jörgen antwortete überrascht, dass er das Haus und seine Eltern doch erst vor einer halben Stunde verlassen habe. Der alte Mann fragte ihn nach seinem Namen. „Jörgen" antwortete dieser. Da wurde das Gesicht des Alten bleich und er erwiderte: „Ich habe meinen Großvater, der dein Vater war, oft von deinem Verschwinden erzählen hören." Jörgen schaute den alten Mann mit erschrockenen Augen an. Dann zerfiel sein Körper auf der Schwelle des Hauses und es blieb von ihm nicht mehr als ein Häufchen Staub.

Rabke von Espel

Im Jahre 1839 machte sich der Pastor von Recke in sein Tagebuch folgenden Eintrag:

„Der Colon Laurenz Glasmeyer, von hier, berichtete vor seinem kürzlich erfolgten Hinscheiden von einem Erlebnis, das sich in der Bauernschaft Espel zugetragen hat. Glasmeyer hatte um Mitternacht des 11. November die als Rabkenhügel bekannte Erhebung etliche Male zu Fuß umrundet, als sich eine verborgene Tür in eben diesem Hügel auftat und den Blick in sein Inneres freigab. Glasmeyer behauptete, viele güldene Gegenstände sowie eine große Menge Goldstücke gesehen zu haben, auf denen ein alter Mann rücklings mit ausgestreckten Gliedern gelegen habe. Auf seinem Bauche habe ein gewöhnliches Rad mit hölzernen Speichen gelegen. Als Glasmeyer einen lauten Ruf des Erstaunens von sich gegeben habe, sei die geheime Tür unmittelbar verschlossen worden und auch keine Spur derselben übriggeblieben. Als er am nächsten Tage mit einem Spaten zum Hügel zurückgekehrt war, um diesen aufzugraben, da habe mit Macht eine unsichtbare Kraft mit solcher Heftigkeit auf ihn eingeschlagen, dass er alsbald die Besinnung verloren habe und zu Boden gestürzt sei. Als man ihn fand, war das Leben noch nicht ganz aus ihm gewichen, so dass er von seinem Erlebnis berichten konnte. Zu Hause fiel er jedoch in ein hohes Fieber, von dem er sich nicht erholte und nach Empfang der heiligen Sterbesakramente am übernächsten Morgen seinen Frieden fand."

Die schreckliche Geschichte sprach sich schnell herum und mancher Bewohner von Espel machte daraufhin einen großen Bogen um den Hügel, besonders in der Nacht. Ein Bauer namens König jedoch, der für seine Gier bekannt war, machte sich eines Abends auf den Weg nach Espel um zu erreichen, was dem Glasmeyer verwehrt worden war. Er nahm einen Spaten mit sowie zwei große Schäferhunde, von denen er sich Schutz versprach. Überdies glaubte er, dass sein Name einen gewissen Eindruck auf die Wesen der verborgenen Welt machen würde. Als er den Spaten am Hügel des Rabke angesetzt hatte, trat plötzlich eine alte Frau von hinten an ihn heran. Seine Hunde jaulten, zogen ihre Schwänze ein und liefen davon. „Sechs Kühe wirst du verlieren", sprach die Alte, „und zu sechs Beerdigungen wirst du gehen müssen, wenn du nicht von dem ablässt, was du vor hast!" Der Bauer nahm den Stiel seines Spatens in beide Hände, schwang ihn hoch über seinen Kopf, rief laut „Ich bin der König!" und drohte der Alten, sie zu erschlagen, wenn sie nicht augenblicklich verschwände. Die Frau versank in der

Geheimnisvoll, gespenstisch, manchmal fast bedrohlich wirkt das Wurzelwerk der mächtigen Bäume am Hexenpfad in Tecklenburg   *Foto: Christian Stamm*

Dunkelheit. Dann grub er weiter bis zum Morgengrauen, indessen ohne Erfolg. Als er nach Hause zurückkehrte, fand er seine sechs Kühe tot im Stall. Im Laufe des darauffolgenden Jahres starb seine ganze Familie.

Von einer anderen Begebenheit wird aus Halverde berichtet. Dort hatte der Bauer Thünemann eine junge, reiche Bauerntochter aus Schapen geheiratet, die ein erkleckliches Sümmchen Geld mit in die Ehe gebracht hatte. Um ihr ein standesgemäßes Wohnen zu bieten, wohl aber auch, um den anderen Bauern des Dorfes zu imponieren, ließ Thünemann das alte Wohnhaus niederreißen und mit dem Geld seiner Frau ein neues, prächtiges Fachwerkhaus an anderer Stelle des Hofes errichten. Die Fächer ließ er sehr eng bauen um dem Nachbarn zu zeigen, dass er sich das reichliche eichene Bauholz sehr wohl erlauben könne. In der Tat bot das Gebäude einen so großartigen und stolzen Anblick, dass es viele neidvolle Blicke auf sich zog. Doch schon bald nach dem Einzug verfluchte Thünemann seinen Entschluss, denn es war von nun an um seinen Schlaf geschehen. Nacht für Nacht rüttelte, polterte und klopfte es an der Deelentür und es war bis zum Morgengrauen ein solcher Lärm, dass niemand im Haus ein Auge zumachen konnte. So ging es eine erheblich lange Zeit und die junge Frau verwünschte den Tag, an dem sie nach Halverde gekommen war. Es reute sie das viele schöne Geld, das sie dem Thünemann gegeben hatte und sie wünschte sich nichts mehr, als nach Schapen zu ihren Eltern zurückzukehren. Ihr Mann schlief tagsüber beim Füttern im Stall oder beim Pflügen auf dem Feld vor lauter Müdigkeit ein und die ganze Wirtschaft kam auf den Hund. Es hätte alles ein schreckliches Ende gefunden, hätte nicht die steinalte Großmutter der jungen Frau einen Rat gegeben. Sie versicherte, dass das neue Bauwerk auf einem Elfenweg stehe und riet, die Deelentür und die gegenüberliegende Haustür des Nachts offen zu lassen. Augenblicklich kehrte Ruhe ein, denn die Elfen konnten nunmehr wieder ungehindert auf ihrem alten Weg umherreisen. Auch kehrte das eheliche Glück alsbald zurück, die Bauerei brachte wieder Gewinn und übers Jahr wurde ein Hoferbe geboren.

Nachbemerkung

Derlei Begebenheit, wie die oben geschilderten, kennt man vielleicht auch von anderswo. Jedoch scheint das Tecklenburger Land besonders günstige Existenzbedingungen für die Wesen der verborgenen Welt zu bieten. So habe ich im Laufe der Zeit viele Geschichten zusammengetragen, die sich allesamt in dieser Gegend zugetragen haben und die deutliche Hinweise für das regelmäßige Erscheinen dieser Wesen vermitteln.

Allein diese Erzählungen mögen bei den einen unglaubliches Staunen erzeugen und bei den anderen unverständliches Kopfschütteln. Bei manchen jedoch bewirken sie große Nachdenklichkeit. All diesen Menschen sei gesagt: Mögen die Geschichten auch nicht in jedem Fall wirklich passiert sein, so sind sie dennoch die Wahrheit.

Viktor Lutze
Mitläufer oder aktive Mittäter

Von Catharina Sophia Offenberg

Im Rahmen einer „Besonderen Lernleistung" im Leistungskurs Geschichte am Kopernikus-Gymnasium Rheine habe ich eine Arbeit über Viktor Lutze geschrieben. Die gesamte Arbeit umfasst 33 Seiten, so dass hier nur Ausschnitte und Zusammenfassungen wieder gegeben werden können.
Viktor Lutze war ein Sohn meiner Heimatstadt, Bevergern. Noch heute ist er bedingt durch seinen damaligen Wohnsitz und das alte Amtsgebäude auch in der jüngeren Bevölkerung bekannt. Besonders seine Zwiespältigkeit, die Verehrung durch einige ältere Menschen und die kritische Betrachtung durch jüngere Bevergerner, waren für mich Anlass, diese Ausarbeitung in Form einer „Besonderen Lernleistung" vorzulegen.
Fachlehrer: Hartmut Klein

Der Bevergerner Viktor Lutze wurde am 28. Dezember 1890 im westfälischen Bevergern geboren. Sein Vater, August Lutze, war hier Schuhmachermeister und verheiratet mit Sophie aus Ibbenbüren-Esch. Mit seiner Ehefrau hatte August Lutze zwei Söhne, Karl und Viktor.

Viktor Lutze besuchte, nachdem er in Bevergern zur Katholischen Volksschule gegangen war, die Rektoratsschule in Ibbenbüren (das heutige Goethe Gymnasium) und das Gymnasium Dionysianum in Rheine, wo er das Abitur bestand. In Rheine begann er auch eine Lehre bei der Post. In dieser Zeit wohnte er in Rheine bei dem jüdischen Ehepaar Rosa und Julius Rosenberg, die er nach unbestätigten Aussagen während seiner Zeit als Stabschef besucht haben soll.

Viktor Lutze trat am 1. Oktober 1912 der preußischen Armee bei und wurde Soldat im Infanterie Regiment in Höxter. Während des Ersten Weltkrieges stieg er bis zum Adjutant und Oberleutnant auf. Er wurde vier Mal verwundet, durch einen Minensplitter verlor er sein linkes Auge. Viktor Lutze heiratete am 9. November 1918 seine Ehefrau Paula. Sechs Jahre später wurde sein ältester Sohn Viktor und 1925 seine Tochter Inge geboren. 1936 bekam das Ehepaar noch ein drittes Kind, Adolf-Hermann. Im April 1919 wurde Viktor Lutze auf eigenen Antrag aus dem Heer verabschiedet. Danach trat er in den Postdienst in Elberfeld ein. 1921 wurde er Geschäftsführer als Kaufmann in Schwelm. 1919 wählte Viktor Lutze die Mitgliedschaft im „Deutschvölkischen Schutz- und Trutzbund". Gleichzeitig wurde er Gründer und Führer der „Kameradschaft Schill".

Am 21. Februar 1922 stieß Lutze zur NSDAP und wurde Mitglied der SA. Als 1923 französische und belgische Truppen das Ruhrgebiet besetzten unter dem Vorwand, Deutschland sei mit seinen Reparationslieferungen im Rückstand, beteiligte er sich am Ruhrkampf.

Von Juli bis September 1925 war Lutze Gauleiter des Gaues Rheinland-Nord. Vom 1. März 1928 leitete er den Großgau Ruhr. Nach der Löschung der NSDAP Mitgliedschaft trat er erneut am 22.März 1926 dieser Partei bei. Von September 1930 bis zu seinem Tod 1943 war Viktor Lutze Abgeordneter der NSDAP im Reichstag. Viktor Lutze hat das Ende des Dritten Reichs nicht erlebt, so dass er nicht mehr zur Rechenschaft gezogen werden konnte. Am 1. Mai 1943 verunglückte er in der Nähe von Potsdam mit einem Teil seiner Familie auf der Fahrt von Hannover nach Berlin.

Eine von Hitler gewährte Dotation verwendete Viktor Lutze zum Ankauf der Fläche zum späteren Gut „Saltenhof" in Bevergern. Einen weiteren Gutshof baute Viktor Lutze in Ostenwalde, der „Luisenhof" genannt wurde. Nach dem Zweiten Weltkrieg wurde das Eigentum der Familie Lutze von den Engländern konfisziert, nach 1948 aber wieder zurückgegeben.

Nach der Machtergreifung durch die Nationalsozialisten 1933 erwartete die SA als Lohn für ihre aktive Unterstützung größeren politischen Einfluss. Die militärischen Ambitionen des Obersten SA-Führers Ernst Röhm stellten nach der Machtergreifung der SA einen wachsenden Destabilisierungsfaktor dar. Dabei empfand die traditionsbewusste Reichswehr die Annäherungsversuche der SA als wachsende Gefahr. Am 27. Juni 1934 berichteten Reichswehrminister Blomberg und Reichswehrgeneral Reichenau Hitler von einem angeblichen Befehl Röhms an die SA, sich zu bewaffnen. Auch Lutze war bei diesem Gespräch anwesend. Hitler flog am 30. Juni 1934 nach München, zusammen mit Goebbels, Lutze und einigen anderen, um dort die SA-Spitze um Röhm in Bad Wiessee in der Pension Hanselbauer verhaften zu lassen.

„Der Führer persönlich leitete die Aktion und zögerte keinen Augenblick selbst den Meuterern gegenüber zu treten und sie zur Rechenschaft zu ziehen.", so der Völkische Beobachter von 1934. Hitler, Lutze und Begleitung sollen, wie der Spiegel 1984 aus den Tagebüchern Lutzes berichtet, mit gezogener Waffe in die Pension eingedrungen sein. Manche, darunter auch Röhm, wurden exekutiert. Viele andere brachte man in das Konzentrationslager Dachau.

Am 30. Juni 1934 gab Adolf Hitler im Münchener Braunen Haus den versammelten politischen Leitern und den SA-Führern die Verhaftung Röhms und die Ernennung Viktor Lutzes zum neuen SA-Stabschef bekannt. Lutze reagiert mit seinem „Aufruf des neuen Stabschefs". In seiner sehr kurz gefassten Anordnung an die SA nennt er seine „unverbrüchliche Treue zum Führer" und fordert von seinen SA-Männern, „Unbedingte Treue! Schärfste Disziplin! Hingebenden Opfermut!"

Daraus zieht Lutze folgendes Resümee: „So wollen wir, die wir Nationalsozialisten sind, gemeinsam marschieren."

In dieser kurzen Anweisung zeigte der neue Stabschef, dass er dem NS-Regime blind folgen wolle. Als kritischer, nicht nationalsozialistischer Ideologe folgender Person, hätte er den Mord an seinem

Die eine Seite des Viktor Lutze:
Er war ein leidenschaftlicher Jäger

Vorgänger, als verwerfliche nicht rechtsstaatliche Tat erkennen müssen und somit den Posten des SA-Chefs nicht übernehmen dürfen. Doch seine politische Überzeugung und sicher auch sein Machthunger ließen ihn alle Skrupel ignorieren. Aus dieser Betrachtungsweise muss sein angeblich kritischer Ansatz zur Judenvernichtung und zum Zweiten Weltkrieg unglaubwürdig erscheinen.

Lutze war eine zwiespältige Person. Das äußerte sich auch in den Meinungen der Menschen, die ihn noch gekannt haben. Wie die meisten Menschen in ganz Deutschland wollte auch die Bevergerner Bevölkerung nicht wahr haben, dass das NS-Regime für den grausamen Mord von sechs Millionen Juden und weiteren Menschen verantwortlich war. Die wenigen Bevergerner, die in ein KZ eingeliefert worden sind, waren entweder nicht besonders beliebt (siehe Hilckman) oder man ging darüber hinweg.

Da Viktor Lutze schon vor Auflösung des NS-Regimes gestorben war, kam das Gefühl auf, dass ein direkter Zusammenhang zwischen den mörderischen Taten des NS-Regimes und ihm nicht vorhanden war. Die meisten Menschen aus Bevergern und den Nachbarorten hatten ihn persönlich gekannt als charmanten, attraktiven Jungen, der in Berlin Karriere gemacht hatte. Daher war in den 1950er und 1960er Jahren kaum jemand bereit Lutze kritisch zu beurteilen oder ihn negativ darzustellen. Viele sahen Lutze nun als Opfer und nicht als Täter. Der zuvor angesehene Stabschef wurde auf einmal zum Objekt von Hitlers Machenschaften. Auch die Verbindung zu den Judenmorden in den Konzentrationslagern wurde von vielen Bekannten und Freunden Lutzes geleugnet. Mittlerweile ist jedoch bekannt und belegt, dass der Stabschef auch den Vorsitz über die Emslandlager hatte, diese auch besuchte und damit die Gräueltaten persönlich sah.

Besonders auffällig und pressewirksam ging 1989 ein Bevergerner Hobbyfilmer mit der Aufarbeitung der Geschichte Viktor Lutzes um. In filmischen Interviews bat er ältere Zeitzeugen vor laufender Kamera, über Viktor Lutzes Leben zu reden. Daraus setzte er einen Spielfilm zusammen, den er offiziell in Bevergern vorführte. Zu Recht fragt die Redaktion einer Regionalzeitung in einer Sonderseite: „Was

Bevergern am 7. Oktober 1934
Fotos: Archiv des Heimathausees Bevergern

soll das alles? Brauner Propagandafilm oder sinnvoller Diskussionsstoff?" und im Text weiter schreibt J. Bank: „Viele Bevergerner vermuteten ein braunes Machwerk ... Als dann auf den Ankündigungsplakaten in fetten Lettern der Name des Bevergerner „Ehrenbürgers" und SA-Stabschef Viktor Lutze stand, war für viele klar: Dieser Film fördert nur das Negativimage des schönsten Dorfes im Kreis."

Der Filmautor vertrat die Meinung: „Die Leute ab 40 sind fast alle sehr positiv gegenüber dem Film eingestellt." Bei den jüngeren war kein Optimismus angebracht, denn laut Filmautor hatten sie keine Kenntnisse. Viele fragten sich, was der Filmemacher mit der Mischung aus Propaganda, Originalaufnahmen, Dönkes und einem Durcheinander aus Heimatbildern überhaupt bezwecken wollte. Die Reaktion der Älteren war eher positiv, ihnen gefiel es, alte Bilder zu sehen. Die nach dem Krieg geborenen Bevergerner verweigerten in der Regel den Besuch, um das Machwerk nicht hoch zustilisieren.

Auch nach vielen Stunden Recherche bleibt Viktor Lutze eine nicht ganz klar zu einzuordnende Person. Sein Machtstreben und seine zu mindestens in den 1930er Jahren aktive Rolle und Unterstützung des NS-Regimes sind klar auszumachen. Beim so genannten Röhm-Putsch war er aktiv beteiligt. Als Präsident von Hannover war er 1934 Oberster Verwaltungschef der KZ in Niedersachsen, so dass ihm diese Existenz bekannt war. Anfang 1933 wurde Viktor Lutze SA-Gruppenführer. Damit war er verantwortlich für die durch die SA verübten Aufmärsche und Gewaltaktionen. Gleichzeitig unterstützte die SA den Bau der KZ. Beim Novemberpogrom 1938 haben insbesondere die SA-Männer die Synagogen angezündet.

Nach 1934 verlor die SA ihre Macht, so dass die vorher begangenen Gräueltaten dieser Einheit die SS übernahm. Trotzdem war die SA nicht ohne Schuld, die von Viktor Lutze direkt oder indirekt sanktioniert wurde. Die besondere Hingabe und Aufopferung zum Regime und zu Adolf Hitler wurde von seinem Eingangsbefehl 1934 besonders gefordert. Im Gegensatz dazu stehen seine nicht überprüfbaren Tagebucheintragungen, die ihn rehabilitieren könnten. Auch die Information, dass Lutze seine Wirtsleute, Rosa und Julius Rosenberg aus Rheine, vor dem KZ bewahrt haben soll, ist nicht belegt.

Fasst man zusammen, zählen nur die nachgewiesenen Taten, Äußerungen und Begebenheiten, so dass Viktor Lutze aus heutiger Sicht nicht nur als Mitläufer, sondern auch als aktiver Mittäter angesehen werden muss.

Literaturhinweise
Das umfangreiche Literaturverzeichnis ist im Archiv des Heimathauses Bevergern einzusehen.

Überlegungen zur frühmittelalterlichen Siedlungsgeschichte am Beispiel Ladbergens

Von Christof Spannhoff

Von der siedlungsgeschichtlichen Forschung und in der von dieser beeinflussten heimatkundlichen Literatur wurde bisher der fast unumstößliche Lehrsatz vermittelt, dass die ersten Siedlungsansätze der für das Münster- und Osnabrücker Land typischen Drubbelsiedlung um die sogenannten Eschfluren herum lagen. Die archäologischen Untersuchungen der letzten Jahre haben aber Anlass dazu gegeben, über dieses Dogma nachzudenken. Gleichfalls müssen sich die siedlungsgeschichtlichen Ergebnisse der Orts- und Flurnamenforschung aufgrund der Grabungsfunde einer kritischen Überprüfung stellen.

Auch wenn archäologische Fundkarten ein nur unzureichendes Gesamtbild einer zeitlich begrenzten Siedlungslandschaft bieten können, da derartige Grabungen nur punktuell und nicht flächendeckend erfolgen können, so erlauben sie doch, bisherige Theorien der sich mit Siedlungsgeschichte befassenden Forschungsdisziplinen zu relativieren. Es ist also lohnenswert, sich den Gang der siedlungsgeschichtlichen Entwicklung unseres näheren Raumes aufgrund der neuen Erkenntnisse einmal zu vergegenwärtigen. Dies soll anhand von Beispielen auf dem Gebiete Ladbergens überprüft werden.

In der älteren heimatkundlichen Literatur wurde nur allzu oft – allein schon durch die sukzessive inhaltliche Abfolge der ortschronikalischen Darstellung von vor- bzw. frühgeschichtlicher und geschichtlicher Zeit – eine Kontinuität der Besiedlung von den frühesten Siedlungsspuren bis heute suggeriert. Jedoch ist diese Annahme nicht haltbar. Vielmehr muss mit unterschiedlich lange andauernden Siedlungsunterbrechungen gerechnet werden. Die Gründe für eine immer wiederkehrende Besiedlung ein und desselben Ortes mag in seinen besonderen geographischen Gegebenheiten begründet sein.

In einem Gebiet, das im Osten bei Warendorf/Milte, im Süden von der Lippe und im Westen von dem großen Moorstreifen nördlich von Haltern begrenzt ist, brechen die Besiedlungspuren aus der römischen Kaiserzeit recht früh ab. Bevor sächsische Siedler das Gebiet des heutigen Westfalens von Norden her kommend im 6./7. Jahrhundert besiedelten, war dieser geographische Raum für mindestens einenhalb Jahrhunderte siedlungsarm bzw. siedlungsleer. Das in den schriftlichen Quellen stets mit kriegerischen Auseinandersetzungen verbundene Vorrücken der Sachsen, das eine dichte Besiedlung des eroberten Landes voraussetzen würde, lässt sich somit durch die Ausgrabungsfunde nicht bestätigen. Die Funde aus der Zeit der sächsischen Landnahme in Westfalen deuten auf eine Herkunft der Siedler aus dem Oldenburger Raum hin, was auch durch einen dortigen Siedlungsabbruch in dieser Zeit bestätigt zu werden scheint. Die Einwanderer zogen wohl über alte Fernwege mit ihrem Vieh in ihre neuen Siedlungsgebiete. Ihre Wohnstätten legten sie in der Nähe von Bach- und Flußauen hochwasserfrei auf leichten Erhöhungen an. Ihre hölzernen Behausungen hatten zunächst einen rechteckigen Grundriss und erhielten erst später die typische schiffsförmige Gestalt (vgl. den rekonstruierten „Sachsenhof" bei Greven). Neben dem Hauptgebäude gehörten zu einem sächsischen Hof mehrere Nebengebäude, sogenannte Grubenhäuser, in denen handwerkliche Tätigkeiten ausgeübt wurden.

Die Nähe der Gehöfte zu den Bachläufen diente weniger, wie früher angenommen, der Wasserversorgung, als der Weide des Viehes in den Auen, was auch trotz Wassernähe die Anlage von Brunnen im Bereich des Hofraumes beweisen. Die Hauptnahrungsgrundlage scheint also für die sächsischen Einwanderer zunächst die Viehhaltung gewesen zu sein. In einer späteren Phase begann man dann mit dem Ausbau des Ackerbaus. Die ersten Fluren, wahrscheinlich Blockfluren, die in der Nähe des Hofes lagen, wurden über den Hofraum hinaus erweitert. Somit wurden die Haupt- und Nebengebäude der Hofstellen verlegt. Dieser Prozess konnte sich durchaus mehrmals ereignen, bis die ackerbaulich und wirtschaftlich beste Lage der Hofstellen und Ackerfluren erreicht worden war. Es entstand so die typische Drubbel- oder Eschrandsiedlung. Die ältesten Siedlungen lagen also oftmals unter den späteren Eschfluren. Der Volksmund, der für das nordwestfälische Gebiet die Aussage kennt: „De aulen Hüöwe ligget unnern Esk", war, nach den hier beschriebenen archäologischen Ergebnissen, der Geschichtswissenschaft anscheinend weit voraus.

An diese Ausführungen schließt sich eine weitere Frage an, die auch für Familien- und Hofesgeschichtsforscher von großem Interesse ist: Ab wann darf man eine Kontinuität der Lage der Hofstätten annehmen? Bisher ging man davon aus, dass die ältesten Höfe – die sogenannten Vollerbenhöfe – auf die Zeit um und ggf. auch vor 800 n. Chr. zurück gingen. Jedoch dürfen aufgrund der oben beschriebenen Hofverlegungsprozesse Zweifel an dieser Annahme angebracht sein. Die Befunde der Ausgrabungen auf dem Hof Averbeck bei Glane/Bad Iburg ergaben, dass der älteste Vorgängerbau an gleicher Stelle in das 11. Jh. zurückreicht. Ähnliche Untersuchungen in Westfalen bestätigen dieses Ergebnis. D.h. also, dass man eine Beständigkeit der Hofstelle erst ab dem 10. oder 11. Jahrhundert annehmen darf. Auffälligerweise fallen in diese Zeit auch die ersten schriftlichen Erwähnungen von Höfen mit identifizierenden Namen in den unterschiedlichen grundherrlichen Abgabenverzeichnissen. Dies könnte bedeuten, dass vor dem 11. Jh. eine Art obrigkeitlicher Bodenordnung stattgefunden hat.

Im Zusammenhang mit der Kontinuität von Hofstellen ist freilich noch ergänzend zu bemerken, dass einige Hofstellen, besonders solche, die an wichtigen Verbindungswegen lagen, im Dreißigjährigen Kriege eine Verlagerung von der gefahr-

Der „Sachsenhof" bei Greven, Rekonstruktion eines sächsischen Gehöftes nach archäologischen Befunden.
Foto: Christof Spannhoff

bringenden Wegetrasse weg erfahren haben sollen. Der Flurname „Up'n aulen Huowe" u.ä. scheint diese Überlieferung zu bestätigen.

Wie lassen sich nun diese allgemeinen Ergebnisse auf den speziellen Fall Ladbergens übertragen? – Die Fundchronik des Kreises Steinfurt verzeichnet vier Fundstellen von frühmittelalterlichen Siedlungsresten auf dem Gemeidegebiet, die in das 8.-11. Jahrhundert datiert werden (vgl. Karte). Drei dieser Fundstellen liegen in der näheren Umgebung des Mühlenbaches auf dem Gebiet des „Großen Esches". Ein weiterer Fundort liegt nördlich des Aa-Baches in der Nähe des Hofes Kohnhorst am sogenannten „Heidesch". Die Lage der frühmittelalterlichen Siedlungsspuren in Ladbergen scheint also die zuvor beschriebenen archäologischen Erkenntnisse zu bestätigen. Auch hier liegen die alten Siedlungen unter den Eschfluren. Die recht ungenaue Datierung der Siedlungsspuren in einen Zeitraum, der mehr als drei Jahrhunderte umfasst, veranlasst zu fragen, wann sich die auch für Ladbergen typische Siedlungsform der Eschrandsiedlung ausgebildet hat. Die aus dem 11. Jahrhundert überlieferte Abschrift eines Heberegisters des Klosters Freckenhorst, dessen Vorlage aufgrund von sprachlichen Merkmalen auf die Zeit um 950 datiert wird, gibt einen Anhaltspunkt. Während die schriftlichen Quellen dieser Zeit und zuvor, welche bäuerliche Abgaben und Besitzungen verzeichnen, immer nur nicht näher identifizierte Hofstätten in einer bestimmten Siedlung nennen (nach dem

Schema: X besitzt einen Hof im Kirchspiel X), bestimmt das Freckenhorster Heberegister die abhängigen Höfe näher. Aus der Fülle der mittelalterlichen Höfe und Ortschaften, die in dem Register überliefert werden, können Ladbergen eindeutig die Höfe des Azelin, des Athelbrath und des Mannikin zugeordnet werden (Cod. trad. Westf. I, S. 46, 48 u. 49). Letzterer darf wohl mit dem Hof Manecke in Hölter identifiziert werden. Dieser Hof lässt sich also bis in das 10. Jahrhundert kontinuierlich zurückverfolgen. Auch diese Erkenntnis deckt sich mit den o.g. Ergebnissen der Ausgrabungen auf dem Hof Averbeck in Glane.

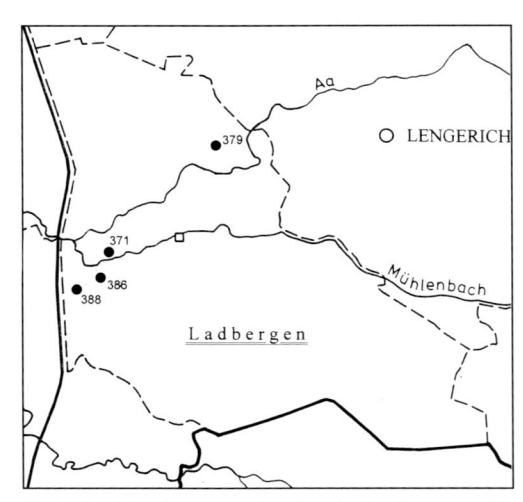

Frühmittelalterliche Fundstellen in Ladbergen. Die Zahlen beziehen sich auf die Nummerierung der Fundchronik im Kreis Steinfurt.

Ausbildung der Eschsiedlung abgeschlossen

Unter dem Vorbehalt zukünftiger archäologischer Ausgrabungen und Funde darf somit vielleicht die Vermutung gewagt werden, dass die Ausbildung der typischen Eschsiedlung in Ladbergen und in den angrenzenden Gebieten im 10. Jahrhundert zu einem Abschluss gekommen ist und somit die ältesten noch heute bestehenden Höfe in diese Zeit zurückreichen mögen. Weitere Ausgrabungsfunde könnten das Bild vervollständigen. Es wäre also wünschenswert, wenn bei zukünftigen größeren Bauvorhaben und landschaftlichen Umgestaltungen auch behutsam auf die Spuren geachtet wird, die seit Jahrhunderten in der Erde ruhen und so wichtige Zeugen der Vergangenheit ihrer Umgebung sind.

Literatur:

Finke, Walter, Frühmittelalterliche Siedlungen im Münsterland, in: Archäologie in Nordrhein-Westfalen. Geschichte im Herzen Europas, hrsg. v. Hansgerd Hellenkemper u.a., Mainz 1990 (Schriften zur Bodendenkmalpflege in Nordrhein-Westfalen; 1), S. 282-285.

Finke, Wolfgang, Zur frühmittelalterlichen Siedlungsgeschichte im Münsterland, in: Münsterland und angrenzende Gebiete, hrsg. v. Alois Mayr u. Klaus Temlitz, Münster 1993 (Speiker. Landeskundliche Beiträge u. Berichte; 36), S. 51-55.

Friedlaender, Ernst (Hrsg.), Die Heberegister des Klosters Freckenhorst nebst Stiftungsurkunde, Pfründeordnung und Hofrecht, Münster 1872 (Codex traditionum Westfalicarum I).

Grünewald, Christoph, Die Siedlungsgeschichte des Münsterlandes vom 7. bis 10. Jahrhundert aus archäologischer Sicht, in: 805: Liudger wird Bischof. Spuren eines Heiligen zwischen York, Rom und Münster, hrsg. v. Gabriele Isenberg u. Barbara Rommé, Münster 2005, S. 31-42.

Saatkamp, Friedrich, Ladbergen. Aus der Geschichte und Gegenwart des 1000jährigen Dorfes, 2. Aufl., Ladbergen 1975.

Simon, Wilhelm, Der Hof Averbeck. Zu den Ergebnissen archäologischer Grabungen, in: Averbeck-Stiftung 1994-2004, hrsg. v. Vorstand der Averbeck-Stiftung, Bad Iburg 2004, S. 46-71.

Zepezauer, Maria-Anna, Fundchronik Kreis Steinfurt, Münster 2000 (Ausgrabungen und Funde in Westfalen-Lippe, Beiheft; 4), S. 67-71.

Eva Maaser
Kulturpreisträgerin 2006

Von Elisabeth Roters-Ullrich

Der Knabe im Moor:
„O schaurig ist's übers Moor zu gehen,
wenn es wimmelt vom Heiderauche ......"

Im Drosteland die große Dichterin mit ihrer 1841 erschienenen Ballade zu zitieren, geschieht nicht ohne Grund. Ein halbes Jahrhundert früher siedelt Eva Maaser ihre Moorgeschichte an:

Umgeben von nebelumwaberten Sumpf- und Moorlandschaften der Venne und des Daverts bei Münster, begleitet vom Tosen eines Jahrhundertsturms, erblickt Jan Droste Tomberge zu Zeiten Napoleons das Licht der Welt. Jan ist ein Spökenkieker, er sieht nicht nur die Gestalten der gruseligen Legenden des Moors leibhaftig vor sich stehen, sondern blickt auch auf diffuse und verwirrende Weise in die Schrecken der Zukunft.

Gerade die detailgetreue Beschreibung des bäuerlichen Alltags auf dem Drostehof zeigt, wie einsam Jan mit seiner Gabe ist und wie sehr er sich nach Befreiung vom vermeintlichen Fluch und nach Normalität sehnt.

Betrachten wir das bisherige Gesamtwerk der Autorin, so wird klar: Eva Maaser lässt sich nicht auf ein Genre festlegen. Die Verschiedenheit der Gattungen und die Vielfalt der literarischen Möglichkeiten bereiten ihr Freude.

So wundert es nicht, dass ihr Werk die historischen Romane „Der Moorkönig", „Der Paradiesgarten" und „Die Astronomin" umfasst. Gleichwertig daneben stehen die so genannten „Steinfurt Krimis" und aktuell der kunsthistorische Krimi „Der Clan der Giovese".

Eva Maaser studierte Kunstgeschichte, Theologie und Pädagogik, sie arbeitete als Restauratorin, Antiquitätenhändlerin und Lehrerin.

Aus diesem fundierten Wissen, gepaart mit intensivster Recherche, erklärt sich der bewundernswerte und faszinierende Faktenreichtum ihrer Romane.

Ihre Geschichten werden zu Seismographen der jeweiligen Gesellschaft, von den Lesern mit Spannung und Freude nachgezeichnet. Die Protagonisten der ersten drei Romane haben etwas gemeinsam. Sie ringen um ihre Freiheit im Leben und im Denken.

Jan Droste Tomberge ist ein wissbegieriger Junge. Er kämpft gegen Aberglaube und die Enge des bäuerlichen Lebens.

Christoph, der Gärtnerjunge bei den Benediktinern am Tegernsee, ist süchtig nach Schönheit. Er macht sich auf die Suche nach dem Garten „Eden".

Auch die 1750 geborene Caroline Herschel wollte ein Leben führen, das geistige Anforderungen stellte. Diese kämpferische Frau wurde die erste Astronomin, die legendäre „Kometenjägerin".

Eva Maaser lässt uns miterleben, welchen Mut, aber auch wie viel Verzicht es als Frau zu dieser Zeit brauchte, um aus dem Schatten eines Mannes herauszutreten und ein selbstbestimmtes Leben zu führen.

Die Heimat als Handlungsraum für eine Kriminalgeschichte hat ihren Reiz. Was kann eine Region einem Krimi geben, um ihn lesenswert, spannend und interessant zu machen? Lokalkolorit allein kann es nicht sein, vom Schlüssellocheffekt profitieren nur wenige. Für diese bedeutet es Spaß, wenn sie Vertrautes wieder erkennen, selbst wenn ihnen der Spiegel vorgehalten wird.

Der Regionalkrimi erzählt davon, wie die in Unordnung geratene Heimat wieder in Ordnung gebracht wird. So ist er geeignet, um das gesamte Umfeld, regional und sozial mit all seinen Problemen in den Blick zu rücken. Doch auch Ortsfremde lassen sich gern zu einer Lektüre verführen, zu einer Kopfreise zu dem beschriebenen Ort. Wenn leise Ironie mitschwingt, wenn mit den Klischees über eine Region gespielt wird, dann wird Steinfurt zum Synonym für Landschaften in der Provinz, der Bagno zum bizarren Ort der Verbrechen und das kleinstädtische Leben zum Kaleidoskop menschlicher Eigenarten und Schwächen, Leidenschaft und Wahn.

Der Leser, dessen Denk-, Seh- und Rezeptionsgewohnheiten zunehmend von Film und Fernsehen geprägt oder polemisch ausgedrückt – von den Medien in eine Zwangsjacke gesteckt werden – dieser Leser verlangt von einem guten Krimi, dass er mit literarischen Mitteln die Oberflächlichkeit zerstört, gebrochene, aber stringente Charaktere zeigt, ungewöhnliche Plots findet.

In kurzen Sätzen, mit viel wörtlicher Rede, vermag es Eva Maaser, ihre Charaktere fein zu zeichnen, realitäsnah und menschlich. Das zeigt sich an den persönlichen Eigenschaften der Ermittler, wie sie sich in ihrem Team entwickeln. Der Autorin gelingen Verhaltensstudien. Die Akteure werden zu Vertrauten.

Die Zusammenarbeit im Team ist nie unproblematisch, die Reaktionen der Beteiligten selten vorhersehbar. Von Krimi zu Krimi erkennt der Leser weitere Facetten der Persönlichkeiten. In jedem Krimi leuchtet die Autorin eine Figur genauer aus, bis der Leser danach fast einen detailgenauen Steckbrief schreiben könnte.

Karl Rohleff: „Die erste Stunde im Büro schnauzte er herum, bis er sich im Griff hatte." Rohleff, 52 Jahre, ist ruhig, sachlich, leicht depressiv, fährt, wie im Münsterland nicht unüblich, mit dem Fahrrad zur Polizeiwache und nach Dienstschluss gern in seine Laube, um abzuschalten. Er besitzt Intuition und Einfühlungsvermögen, aber wirkt rüde, über seine Gedanken und Gefühle spricht er kaum. Vor diesem Hintergrund entwickelt sich die grausame Geschichte des „Puppenkindes", in der es um die Präparation einer Kinderleiche, Kindsentführung und den Wahn einer Mutter geht.

Harry Groß ist ein Kunstliebhaber mit Sinn für die schönen Dinge des Lebens. Er besucht Konzerte, tanzt Tango.

Er und Rohleff halten Distanz zueinander, sie trauen einander nicht. Auch

Landrat Thomas Kubendorff überreicht Eva Maaser den Kulturpreis 2006 *Foto: Dorothea Böing*

Eifersucht auf Sabine ist im Spiel. Als Experte für Spurensicherung ist er ein akribischer Arbeiter, der aber auch Anerkennung seiner Leistung verlangt. In „Tango finale" recherchiert er auf eigene Faust, macht sich höchst verdächtig.

Lilli Gärtner ist eine tüchtige Frau, untersetzte, kräftige Gestalt, kurze pflegeleichte Haare. Sie ist verheiratet mit einem Lehrer, „so dass kaum mit Dienstausfällen zu rechnen war". Sie ist Mutter zweier Mädchen. In „Kleine Schwäne" steht sie im Mittelpunkt, der Fall wird aus ihrer Perspektive geschildert. Kindesmissbrauch, Vergewaltigung und Tötung von Kindern, sind entsetzlich, sie selbst, aber auch ihre Ehe zerbricht fast daran und ist auch im vierten Krimi noch nicht wieder gekittet. Lilli hat Angst um ihre Töchter.

Patrick Knolle ist ein junger Ermittler, ganz im Ländlichen verwurzelt, aber mit Träumen vom Leben auf seinem BMW-Motorrad. Er ist verheiratet, seine Frau schwanger, was mit seinen Träumen kollidiert. In „Die Nacht des Zorns" werden seine Handlungen und Motive für seine Teamkollegen undurchsichtig, er verfolgt verbissen, eigenwillig und unvernünftig eine Motorradgang. Der Leser weiß nicht, ob Knolle schuldig geworden ist.

Mehr möchte ich zum Inhalt der Krimis nicht verraten. Nur, dass Eva Maaser konsequent auf das Ende des Teams und damit der Krimireihe hinarbeitet. Einsichtig, aber traurig für ihre Krimifans.

Eva Maaser wendet sich einem neuen Krimigenre zu. Mit „Der Clan der Giovese" hat sie sich ein Thema vorgenommen, das sie als Kunstexpertin kennt, versteht und durchschaut. Sie liefert in ihrem neuen Roman ein subtiles Psychogramm über Macht und die verhängnisvollen Deformationen, die Macht auslöst. Dabei fängt alles ganz harmlos an und entwickelt sich zu einem höchst spannenden und zugleich sehr realistischen, dann wieder fast fantastischen Krimi. Es gibt keine Ermittler im üblichen Sinn, ein undurchsichtiger Kunsträuber, Carlo Meier, mit dubiosen Absichten, eine Kunsthistorikerin und Expertin für Kunstfälschungen, Dr. Nilla Mellon, die sich von Carlo Meier verwirren lässt und immer stärker vom Strudel der Ereignisse mitgerissen wird. Kein simpler „who done it"-Roman, sondern ein komplexes Gebilde.

Eva Maaser lässt uns Leser hinter die Kulissen blicken, auf Kunstraub, Fälschungen, auf Besitzgier, Macht und Geld. All dies in einem präzisen literarischen Stil, der einfängt und nicht mehr loslässt.

Dass die Kunstraube zunehmen und immer dreister werden, muss die Autorin uns nicht erklären, das erfahren wir ständig durch die Medien. Dass wir aber in Gedanken mit der Autorin durchspielen, ob wir vielleicht nur noch von Fälschungen umgeben sein könnten, das ist das literarische Können. Gemeinsam mit ihr erahnen wir die jeweils kriminellen, gewalttätigen, verbrecherischen Dimensionen. Die Krimiliteratur ist die Literatur, die diesen Umstand programmatisch im Titel führt und daraus etwas Produktives macht, literarisch und ästhetisch, in der Wortwahl, Grammatik, in den Dialogen, in Charakterzeichnungen und Bildern.

Sehr geehrte Frau Maaser: „Herzlichen Glückwunsch zu der verdienten Ehrung mit dem Kulturpreis des Kreises Steinfurt."

Sunnendage

Von Coleta Spaning

Dat Fröhjaohr kümp, is schü nao manks,
löpp unnern Wind de Hiëge lanks,
knippeigt vergnögt de Sunne to
un stiält sick in de lichten Schoo.

Danzt üöwer't wiede Wischkenpand,
streiht Blomen ut met vulle Hand
un maolt de Sunn üör Speigelbeld
in't gröëne Krut, kinn Tall se tellt.

Up huolle Stiëlkes „Sünnkes" bleiht
bäs dat de Wind üör Saot verweiht.
Kumm to, du schöne Maiëntiet,
gi Sunnendage witt un wiet.

Die St. Kalixtus Pfarrkirche Riesenbeck ist eine architektonische Besonderheit

Von Francis Kroll und Werner Paetzke

„Sei gegrüßt im Kranz der Linden, schönes, trautes Gotteshaus!" heißt es im Riesenbecker Heimatlied.

Seit vielen Generationen ist die Pfarrkirche St. Kalixtus religiöser Mittelpunkt des dörflichen Lebens in Riesenbeck. Wenn auch die Riesenbecker Pfarre nicht als Urpfarrei angesprochen werden kann, so darf man ihre Gründung noch in die Epoche kurz nach der Missionierung unserer Heimat annehmen. Sie ist bereits im 10. Jahrhundert als eigene Pfarrei von der Urpfarrei Ibbenbüren abgezweigt worden und dem heiligen Kalixtus geweiht.

Die heutige Riesenbecker Pfarrkirche zeigt drei wesentliche bauzeitliche Besonderheiten: Den ältesten Bauteil mit dem unteren Teil des Turmes und dem überwölbten Turmraum um 1400, den großen klassizistischen Saalbau von 1807 und die klassizistische Turmaufstockung mit dem Zwiebelturm um 1850.

Die baugeschichtliche Besonderheit der Riesenbecker Pfarrkirche ist, dass der mächtige klassizistische Saalbau bereits 1807 bis 1809 errichtet wurde. Das war für die damalige Zeit richtungweisend, bedenkt man, dass die meisten klassizistischen Kirchen in unserer Umgebung erst dreißig bis vierzig Jahre später gebaut wurden. Ein Beispiel ähnlicher Bauweise befindet sich in Gimbte bei Münster. Der dortige klassizistische Saalbau entstand um 1836 und ist in den Grundzügen mit der Riesenbecker Kirche vergleichbar. Der Einfluss des preußischen Staates auf die Architektur wird an der klassizistischen Bauweise erkennbar, denn die Säkularisierung erreichte ihren Höhepunkt um 1800.

In der Riesenbecker Chronik ist vermerkt: „Riesenbeck gehörte bis 1803 zum Bistum Münster, wurde am 3. August 1803 durch General Blücher für Preußen in Besitz genommen, der mit seinen Husaren hier Winterquartier bezog. Im Jahr 1807 begann der Kirchenbau." Damit wird deutlich, dass die Architektur „modern, klassizistisch, preußisch" bestimmt wurde. Bei der Vorgängerkirche handelte es sich vermutlich um eine kleine Kirche auf kreuzförmigem Grundriss gotischer Architektur. Diese Kirche wurde der schnell wachsenden Gemeinde Riesenbeck nicht mehr gerecht, nach mehreren Erweiterungen durch Flügelbauten und Abdächer entschied man sich für den jetzigen Neubau.

Die Entscheidung über den Abriss der alten Kirche wurde durch gravierende Risse in Gewölben und Strebepfeilern, die sich ständig vergrößerten, notwendig. Auf Anordnung der königlichen Regierung zu Münster ist die alte Kirche zur Fastnacht des Jahres 1807 geschlossen worden.

Die Gottesdienste wurden unter dem Turm abgehalten, schreibt die Chronik. Das ist so zu verstehen, dass wohl um den Turm herum Notbauten in Form von Schutzdächern entstanden.

Baumeister Thiele zu Mettingen wurde mit dem Abbruch der alten Kirche beauftragt. Zugleich wurde ihm der Auftrag für die Errichtung einer neuen Pfarrkirche nach einem Entwurf von Baudirektor Müser erteilt.

Zum Preis von 9.000 Taler und der Zusage von Hand- und Spanndiensten seitens der Kirchengemeinde übernahm Baumeister Thiele aus Mettingen den Auftrag. Die Kirchengemeinde verpflichtete sich außerdem, für den Neubau Holz, Kalk, Sand, Steine und Dachziegel zu liefern.

Am 19. Mai 1807 wurde feierlich der erste Grundstein zum Fundament des Kirchenbaus gelegt. Bereits zwei Jahre später, am 26. November 1809, erfolgte die Einweihung der Kirche durch den Weihbischof Caspar Max Freiherr zu Droste Vischering von Münster. Am Ende sollen sich die Gesamtbaukosten auf rund 40.000 Taler belaufen haben.

Der klassizistischen Vorliebe für klare Bauformen und Proportionen mit schlichten geometrischen Grundformen und dem Verzicht auf Bauzier entsprechend wurde der Riesenbecker Kirchenneubau errichtet. Er entsprach den Vorbildern der „klassischen" griechischen und römischen Tempel mit ihrer klaren Gliederung.

An der Riesenbecker Kirche hat der Architekt, Baudirektor Müser, in bezeichnender Weise sehr konsequent den klassizistischen Baustil umgesetzt. Er verzichtet außen fast gänzlich auf Architekturgliederungen wie Gesimse, Strebepfeiler, Fensterarchivolten mit anderen Profilierungen. Er zieht die Fensterebenen sehr weit in die äußeren Mauerflächen ohne tiefe Laibungen, das Maßwerk ist auf einfache Zirkelschläge reduziert und schmückt nicht alle Fenster. Das weit auskragende, reich profilierte Traufgesims und vier kleine Zierteller an der Süd- und Nordseite über den Eingängen (der nördliche Eingang wurde später geschlossen) sind der einzige äußere Schmuck neben den profilierten Eingangsgewänden.

Müser hat die gesamten, erheblichen Gewölbelasten ohne äußere Strebepfeiler in das Mauerwerk des Saalbaus abgeleitet. Dafür musste er sehr tragfähige, stabile Wände errichten. Die mächtigen, fast fugenlos gefügten großen Sandsteinquader aus Riesenbecker Sandstein zeugen von dieser konsequenten Konstruktion. Mit einer intelligenten Lösung verstärkte er die Mittelteile der Langhauswände durch einen nur außen erkennbaren, ca. 30 cm starken Versprung der Wände. Im Innenraum leitete er die Lasten der Gurtbögen des großen Gewölbes über innen liegende, vortretende Pilaster mit einfach profilierten Kapitellen ab. Der tiefe, polygonale Chor gibt dem Gotteshaus andächtige Ruhe.

Der große Saalbau mit dem gewaltigen Gewölbe besteht aus fünf Jochen mit mächtigen Gurtbögen und misst ohne Chor und Turmraum 38 Meter. Mit einer Spannweite von ca. 16 Metern kommt das Gewölbe ohne Stützen aus, das ist für die damalige Zeit einmalig. Die gesamte Innenarchitektur mit der Ausstattung ist klassizistisch nüchtern gehalten, die großen Fenster in den tiefen Laibungen geben

Riesenbecker Pfarrkirche als Saalbau   *Fotos: Dorothea Böing*

dem Raum helle, lichtdurchflutete, diametrale Würde.

Das Orgelprospekt deutet Spätbarock an und scheint auf den ersten Blick nicht für den Kirchenbau bestimmt. Die von Albertus Grußen aus Groningen in den Niederlanden 1779 erbaute Orgel ist eine Stiftung der gebürtigen Riesenbeckerin Frau Schindler, geb. Oechtering, die nach Amerika auswanderte.

Die Ausstattung der Kirche reduziert sich auf wenige Figuren, die nach Fertigstellung des Kirchenschiffs Ende des 19. Jahrhunderts aufgestellt wurden. Das Chorgestühl, der Hochaltar und die Kommunionbänke wurden nach dem Zweiten Vatikanischen Konzil bei der Renovierung 1968 entfernt. Das Triumphkreuz und der Kreuzweg sind Bildwerke im Nazarener-Stil um 1903. Der Taufbrunnen mit einfacher Profilierung aus einem Sandsteinmonolith geschlagen, wohl ursprünglich für die Wandaufstellung geschaffen, wirft hinsichtlich seines Ursprungs Fragen auf. Sicher scheint jedoch zu sein, dass der Taufbrunnen um 1400 entstand.

Auf der Orgelbühne wurde der Torso des auferstandenen Christus von dem Barockbildbauer Johann Gröninger witterungsgeschützt aufgestellt, da der Baumberger Kalksandstein mittlerweile so stark verwittert war, dass die Skulptur zu zerfallen drohte.

Bis zum Kirchenneubau im Jahre 1807 befand sich in der Riesenbecker Kirche ein Grab der Ortsheiligen Reinhildis (Sünte Rendel), die der Legende nach auf dem Knüppenhof in Westerkappeln mit Mutter und Stiefvater aufwuchs, wegen ihrer Frömmigkeit und Großherzigkeit den Armen gegenüber von ihrer Mutter auf Geheiß des Stiefvaters ermordet wurde, um an ihr Erbe zu gelangen. Wundersame Gotteszeichen sollen in dem Zusammenhang geschehen sein. Schließlich sei ihr Leichnam auf einem Ochsenkarren, von Engels Hand geführt, selbständig nach Riesenbeck gebracht worden. An dem Ort, wo die Ochsen stehen blieben, entsprang eine Quelle und dort wurde Reinhildis begraben. Dass es sich nicht ausschließlich um eine Legende handelt, zeigt der historische Hintergrund, denn der Eigentümer des Knüppenhofes in Westerkappeln hatte sich Jahrhunderte hindurch verpflichtet, für die Beleuchtung der Grabstätte in Riesenbeck zu sorgen, als Sühnegeschenk für den Mord. Heute befindet sich der Sarkophagdeckel aus dem 12. Jahrhundert über dem Eingang zur Turmkapelle. Der Sarkophagdeckel ist ein einmaliges Zeugnis romanischer Bildhauerkunst von überregionaler Bedeutung. Das lässt sich daran ablesen, dass das Provinzialmuseum in Münster und das Germanische Museum in Nürnberg Gipsabdrücke dieses Sarkophagdeckels besitzen.

Zur Würdigung als Gesamtkunstwerk sind das Äußere und der Kirchenraum der Riesenbecker Pfarrkirche als gelungene Symbiose unterschiedlicher Baustile zu betrachten. Selbst der kleine Dachreiter von 1920 auf dem Chor mit der so genannten „Pängelglocke" fügt sich harmonisch in das Gesamtbild der Pfarrkirche ein.

Die Kirche aus dem warmtönigen Riesenbecker Sandstein, der höchst qualitätsvoll verarbeitet wurde, mit ihrem roten, über vierzig Meter hohen Tonziegeldach prägt das Riesenbecker Ortsbild maßgeblich.

Zur Verleihung des Wanderpreises 2006
„Hanna Schmedt, es ist gut für uns alle, dass es Dich gibt!"

Von Christof Spannhoff

„Zuaschau'n kon I net" – Dieser Titel aus der berühmten Operette „Im weißen Rößl" könnte im positiven Sinne auch auf Hanna Schmedt übertragen werden. Das Gegenteil davon, aktives Handeln nämlich, ist für sie bis zum heutigen Tage charakteristisch. Seit über einem halben Jahrhundert im Dienst der Heimat- und Brauchtumspflege unserer Region wurde sie dafür jetzt als 18. Trägerin mit dem Wanderpreis des Landrates für besondere Verdienste geehrt. Ihren Werdegang rief Heinz Thofern anlässlich der Feierstunde am 18. April 2007 im Lienener „Haus des Gastes" in seiner Laudatio ins Gedächtnis der zahlreich erschienenen Gratulanten.

In Lengerich geboren und aufgewachsen, besuchte sie später das Oberlyzeum in Osnabrück und machte dort auch 1938 ihr Abitur. Schon damals war es ihr Wunsch, Lehrerin zu werden. Der zweite Weltkrieg versagte ihr jedoch dieses Vorhaben zunächst. Stattdessen arbeitete Hanna Schmedt als Berufsberaterin in Dortmund und Rheine. 1945 heiratete sie den jungen Lehrer und späteren langjährigen Kreisheimatpfleger und Rektor Friedrich Schmedt, dessen flammendes Interesse an Heimat- und Volkskunde auch auf sie überging.

Nach einigen Jahren in Holzhausen, wo Friedrich Schmedt seine erste Lehrerstelle antrat, zogen beide 1950 nach Lienen. Hier gründete Hanna Schmedt über den Musikverein und später Heimatverein einen Volkstanzkreis, mit dem sie auf zahllosen Festen und Veranstaltungen im Kreisgebiet auftrat. Dies ist der Beginn ihres aktiven Wirkens in der Brauchtumspflege.

Dem besonderen Interesse ihres Mannes für die Auswanderung aus dem Kreis Tecklenburg, das schon durch seinen Tecklenburger Lehrer Dr. Gustav Korspeter geweckt worden war, verdankte Hanna Schmedt ihre ersten Kontakte zu den Nachkommen der Auswanderer aus dem Tecklenburger Land. So führten ihre ersten Reisen schon früh über den Atlantik. Viele Male stand ihr Haus Gästen aus Übersee offen, die hier in der Heimat ihrer Vorfahren nach ihren geschichtlichen Wurzeln suchten.

Als im Jahre 1962 Paul Mikat als Kultusminister des Landes Nordrhein-Westfalen dem Lehrermangel durch einen Aufruf an alle pädagogisch Vorgebildeten abzuhelfen versuchte, sah Hanna Schmedt ihre Chance gekommen, sich ihren Jugendwunsch zu erfüllen und doch noch Lehrerin zu werden.

Bis heute ist sie der Musik sehr verbunden. Selbst in ihrer Jugend am Klavier ausgebildet, gründete sie mit ihren Schülern ein Orchester mit Orffschen Instrumenten und unterrichtete von 1978 bis 1983 an der Musikschule Tecklenburger Land. Zu ihrem 80. Geburtstag erfüllte sie sich den Wunsch, das Saxophon spielen zu erlernen und nimmt bis heute noch Unterricht.

Nach dem Tode ihres Mannes im Jahre 1984 sah sie es als ihre Pflicht an, seine Arbeiten weiterzuführen. Einen Höhepunkt in diesen Bemühungen stellt sicherlich die Fortsetzung des Buches: „Lienen in alten Ansichten" dar, das ihr Mann 1978 herausgegeben hatte. Der zweite Band unter dem gleichen Titel, den Hanna Schmedt 1998 veröffentlichte, gibt mit 116 historischen Abbildungen und fundierten Kommentaren Einblick in die Geschichte Lienens in der ersten Hälfte des 20. Jahrhunderts.

Sie begann zu schreiben – zunächst in plattdeutscher Sprache. In ihren amüsanten Artikeln, in denen sie bis heute unter dem Pseudonym „Gustchen" agiert, verarbeitet sie nicht nur kurzweilige Begebenheiten zu sogenannten „Döhnkes", sondern setzt sich oftmals auch kritisch mit dem aktuellen politischen Geschehen auf lokaler Ebene auseinander.

Die Förderung der plattdeutschen Sprache liegt ihr sehr am Herzen. Sie gründete 1984 einen plattdeutschen Lese- und Singkreis über den Heimatverein Lienen, den sie nun in die Hände von Christa Gerseker abgegeben hat. Sie wirkt aber immer noch gern tatkräftig mit, wenn es darum geht, das in diesem Kreis erarbeitete Repertoire für Veranstaltungen des Heimatvereins auf der Bühne in Szene zu setzen.

Gleichzeitig stand Hanna Schmedt von 1984 bis 2002 dem „Plattdeutschen Kreis" an der Volkshochschule Lengerich vor, den ihr Mann bis zu seinem Tode geleitet hatte.

Später wagte sie sich auch an historische und volkskundliche Themen der Region. An sechzehn der mittlerweile einundzwanzig Jahrbücher des Kreises Steinfurt wirkte sie als Autorin mit. Bei all ihren Beiträgen steht nicht ein komplexer und abgehobener Sachverhalt im Vordergrund, sondern immer der Mensch.

Dieses Interesse an anderen Menschen ist es auch, das Hanna Schmedt immer wieder umtreibt. Es ist der Antrieb ihrer Schaffenskraft. Bei den Reisen nach Brasilien in den 1990er Jahren stellte sie eine Verbindung zwischen den brasilianischen Volkstänzern und den Laggenbecker KAB-Volkstänzern her und erreichte die Teilnahme der Brasilianer an den internationalen Volkstanztreffen in Laggenbeck.

Ebenfalls schmückt ihre Unterschrift die Urkunde über die Partnerschaft der Gemeinden St. Marys, Ohio und Lienen, die vom „Vater der Städtefreundschaften" Arnold Meckstroth auf den Weg gebracht wurde. Auch in dem in diesem Zusammenhang gegründeten Förderverein zur Vertiefung der Freundschaft zwischen beiden Gemeinden war Hanna Schmedt eine Frau der ersten Stunde. Denn nur „zuaschau'n" kann sie nicht.

Hanna Schmedt hat eine verheiratete Tochter, die ebenfalls engagierte Lehrerin ist, und vier Enkelkinder.

Wie mag man nun eine solche Vielseitigkeit an Aktivität am Besten würdigen? Die Worte des Laudators Heinz Thofern beinhalten eigentlich alles: Dank, Anerkennung und Respekt: „Hanna Schmedt, es ist gut für uns alle, dass es Dich gibt!"

Der gewichtige Wanderpreis wurde Hanna Schmedt vom Landrat Manfred Hannig überreicht
Foto: Ute Peters

Der Militärflugplatz Hopsten-Dreierwalde Vergangenheit und Zukunft

Von Frederik Vos

Dieser Beitrag ist als erweiterte Hausaufgabe im Grundkurs Geschichte 13 am Kopernikus-Gymnasium Rheine entstanden. Fachlehrer: Hartmut Klein

Der „Fliegerhorst Hopsten" hat eine lange Geschichte, die weit in das letzte Jahrhundert zurückreicht. In diesem Bericht wird die Historie, die sich hinter dieser militärischen Einrichtung verbirgt, knapp dargestellt und ein kurzer Einblick in die mögliche Zukunft des Areals gegeben.

Begonnen hat alles in der NS-Zeit mit dem Entschluss, zur „Reichsverteidigung" einen Fliegerhorst im Münsterland zu erschaffen. Die militärische Führung des „Dritten Reiches", entschloss sich 1938, zunächst auf Dreierwalder Gebiet einen damals nur ca. 200 Hektar großen Fliegerhorst zu errichten.

1939 wurde der Fliegerhorst fertig gestellt, doch ein banales Problem kam auf, mit dem niemand gerechnet hatte: Die Bürger des Ortes Dreierwalde verweigerten ihren Dorfnamen als Namen gebendes Element des Fliegerhorstes, so dass der Flugplatz eine Zeit lang praktisch „namenlos" war. Erst mit dem weiteren Ausbau in den Jahren 1940 bis 1945 und der somit entstandenen Angrenzung an Hopsten erhielt der Flugplatz den Namen „Fliegerhorst Hopsten".

Nach offizieller Indienststellung des Militärstützpunktes am 25. Oktober 1939 spielte der Fliegerhorst Hopsten zunächst nur eine zweitrangige strategische und militärische Rolle. Zwar wurde der Flugplatz von 1939-1944 als Basis für verschiedene Geschwader, Verbände und Einheiten genutzt, doch kam ihm erst ab Sommer 1944 strategisches Interesse zu.

Durch die immer weiter in die Defensive gedrängte Wehrmacht und die vorrückenden Westalliierten wurde der Fliegerhorst Hopsten zum Dreh- und Angelpunkt der Aufrechterhaltung der „Reichsverteidigung". Von dort aus wurden Angriffe auf verschiedenste Ziele geflogen wie z.B. auf Stützpunkte in Belgien und auf die Rheinbrücke bei Remagen. Im Laufe des Krieges wurde die alliierte Lufthoheit jedoch so stark, dass die hier stationierten Geschwader stark dezimiert wurden.

Gegen Ende des Krieges wurde der Hopstener Fliegerhorst ein häufiges Ziel alliierter Luftangriffe, doch durch gute Tarnung, weit verstreute Flugzeughangars und durch den Einsatz von zeitweise bis zu 500 Flugabwehr-Geschützen blieb der Flugplatz bis Kriegsende einsatzbereit.

Berichte gehen auseinander in der Frage, wer den Flugplatz und dessen Einrichtungen zerstört haben soll, ob nun abziehende deutsche Truppen oder das britische Militär. Fakt ist: Am 6. April 1945 wurde der zerstörte Flugplatz kampflos den alliierten Kräften übergeben. Nach der Schreckensherrschaft des „Dritten Reiches" wurde das wieder zur landwirtschaftlichen Nutzung freigegeben.

Nach 14-jähriger Pause wurde von dem gerade erst relativ jungen Bundesministerium für Verteidigung im Jahre 1959 der Entschluss gefasst, den Fliegerhorst Hopsten wieder aufzubauen und gleichzeitig Unterkünfte für die Soldaten in Rheine zu errichten. Der Flugplatz wurde nach den neuesten NATO-Standards gebaut und nahm eine Fläche von 306 Hektar ein. Der alte Name „Fliegerhorst Hopsten" blieb er-

Der Flugplatz Hopsten-Dreierwalde am Flugtag 1962 *Foto: Stadtarchiv Rheine*

halten. Am 12. Dezember 1961 wurde der Flugplatz quasi ein zweites Mal in Dienst gestellt, doch diesmal unter Schirmherrschaft der Nato.

Der Fliegerhorst Hopsten hatte nach den Höhen und Tiefen des Zweiten Weltkriegs von nun an eine ruhige Zeit mit kleinen Höhepunkten wie verschiedenen Flugshows und Tagen der offenen Tür. Ein Höhepunkt war sicherlich die Genehmigung eines eigenen Wappens für das hier stationierte Jagdbombergeschwader 36, das „Westfalen-Geschwader", das durch dieses Wappen seine Verbundenheit mit dem Westfalenland zeigen wollte.

Das Wappen zeigte das springende Westfalenross auf rotem und blauem Grund. Der blaue Grund symbolisierte den Himmel und der rote Grund die Erde Westfalens. Das Geschwader änderte sich zwar im Laufe der Jahre, doch das Wappen blieb erhalten.

Aus militärischer Sicht war ein weiterer Höhepunkt vom 12. bis 24. Juni 1963 das „Tactical Weapons Meeting", eine aufwändige Luftwaffenübung der NATO, die erstmals auf deutschem Boden stattfand und eine besondere Herausforderung für den Fliegerhorst Hopsten darstellte. Als Ausrichter dieser Übung, an der sechs NATO-Mitglieder teilnahmen, konnte sich das noch junge Geschwader erstmalig beweisen und erhielt den Ruf herausragender Einsatzbereitschaft.

Bis 1990 gab es kaum Veränderungen und Ereignisse, jedoch nach dem Fall der Mauer kam es zu erheblichen Umstrukturierungen auf Bundesebene und auch auf dem Fliegerhorst. Das Jagdbombergeschwader 36 wurde in das Jagdgeschwader 72 umbenannt und sollte eigentlich als erste Einheit mit dem Eurofighter ausgerüstet werden, doch dann kam alles anders als erwartet. Im Zuge der in den Einigungsverträgen 1990 zugesagten „Friedensdividende" baute die Bundesrepublik Deutschland ihr Militär ab und beschloss, das Westfalengeschwader im Laufe dieser Abbaumaßnahmen in den Ruhestand zu schicken.

Am 15. Dezember 2005 fand daher das so genannte „Flyout" statt: Die letzten Flugzeuge verließen den Flugplatz, bis auf wenige alte Flugzeuge, die eine Woche später folgten. Die abschließende Räumung begann am 2. Januar 2006. Am 30. September 2006 verließen die letzten Wachen das Gelände und der Schlüssel wurde „ein letztes Mal umgedreht". Mehrere tausend Arbeitsplätze gingen dem Münsterland somit im Zuge der Umstrukturierung der Bundeswehr verloren.

Die Zukunft für das leer stehende Areal ist weiterhin unsicher, jedoch haben drei Unternehmen aus der Region den Anfang gemacht und die Vorzüge des Geländes entdeckt. Die Firma Krone aus Spelle, der Behälter- und Gerätebau Josef Jasper aus Hopsten und das Forum Fahrsicherheit aus Recke wollen das Gelände vorerst provisorisch nutzen.

Krone hat eine große dreigeteilte Halle gemietet, um ein Schulungszentrum darin einzurichten. In ihm sollen Landwirte in der Bedienung landwirtschaftlicher Maschinen unterwiesen werden. Eine weitere Halle wird von der Firma Jasper zur Lagerung und Vorfertigung genutzt. Der dritte im Bunde ist Hans Niemann vom Forum für Fahrsicherheit. Er will in Dreierwalde Fahrsicherheittrainings für Privat- und Geschäftskunden anbieten, vom Motorrad- bis zum Lastkraftwagensicherheitstraining soll alles ermöglicht werden. Weitere Unternehmen aus der Region haben auch Interesse gezeigt.

Alles in allem lässt sich auf dieser provisorischen Planung aufbauen. Obwohl eine gewisse Planungsunsicherheit besteht, sind alle diese Vorhaben ein Schritt in die richtige Richtung. Die Zukunft wird zeigen, ob der Wegfall dieses wichtigen wirtschaftlichen Sektors Bundeswehr in seinen negativen Auswirkungen gedämpft oder sogar kompensiert werden kann.

(Stand: März 2007)

Quellen:
– http://www.etnp.de
– http://www.airshow-world.de/report-rheine2001.htm
– http://www.westfalengeschwader.org
– Münsterländische Volkszeitung (1. Dezember 2006)

Aobendgebäd

Von Helene Diekel

Mö sin ik un gao nao Bär,
bliew bi mi, du laiwe Häer,
wak üöwer mi de heele Nacht,
suorglos slaop ik dann un sacht.

Wat ik Unrecht daon un sägt,
baig dine Laiw wiër liek un trächt,
döt mi leed, sai mi dat nao,
Mensken sind so köpsk un drao.

Rössen laot düör dine Hand,
de mi laiw sind of vöwandt.
Alle Mensken graut un minn
slut in min Gebäd ik in.

Kranken niëm de laige Pien,
hatte Hiärten den Vönien.
Giw söten Draum, wel truet of grint
un siäng dat öllernlosse Kind.

Bewar de Wiält met Mensk un Diër
un usse Huus vüör Daiw un Füer.
Belöchten laot de Maon de Är
un slaopen aals in Ruh un Friär.

Sage um den Kirchturmbau von Sankt Lamberti in Ochtrup

Von Ludger Ernschneider

Im Jahre 2003 erlebte Ochtrup die 800-Jahrfeier der ersten St. Lamberti-Kirche, die zu den Urpfarreien des Bistums Münster zählen soll. Dieses Jubiläum wurde mit vielen Vorträgen zur Geschichte der Kirche festlich begangen und mit einem Ausblick auf Gegenwart und Zukunft verbunden. In der Rückblende machte man sich Gedanken, unter welchen Bedingungen damals die Kirche gebaut wurde. Eine Sage zu dieser Kirchengründung wurde schon früh erzählt.

Unter dem Sammelbegriff „Volkserzählungen" gibt es diese Sage, die im „Großen Brockhaus" unterschiedlich unterteilt wird, und zwar in dämonische oder Glaubenssagen, in historische oder Wissens- und Erklärungssagen. Das deutsche Wort „Sage" betont das Weitersagen, die mündliche Überlieferung eines ursprünglich glaubwürdigen Ereignisses. Mit den Brüdern Jacob und Wilhelm Grimm beginnt die Erforschung der Sage. Im Vergleich stellen die Brüder Grimm Märchen und Sage gegenüber, indem sie dazu schreiben: „Das Märchen ist poetischer, die Sage historischer". Die Sage ist an Personen, Orte und Ereignisse gebunden.

Wer nach Bad Bentheim in den Ortsteil Gildehaus kommt, wird überrascht sein, wenn er auf dem Höhenrücken der westlichen Ausläufer des Teutoburger Waldes den dreißig Meter hohen Kirchturm mit einem quadratischen Grundriss von etwa zehn Metern Seitenlänge dreißig Meter entfernt von der Kirche stehen sieht. Der Volksmund hatte zu solch ungewöhnlicher Bauweise seine Erzählungen in einer Sage abgefasst.

Seit langen Zeiten konnten die Gildehauser Steinbauern in der Grafschaft Bentheim und die Ochtruper „Pottbäcker" sich nicht leiden. Einerseits brauchten die Gildehauser die Ochtruper „Pöttker" mit ihren Tongruben und die Ochtruper die Gildehauser Torf- und Sandsteinbauern. Da die Ochtruper Nutzungsrechte an der Brechte für den Ton für Ziegeleien und Töpfereien besaßen, hatten sie versucht, die benachbarten Bentheimer Kirchspiele von der Nutznießung auszuschließen.

Seit dem Jahr 1584 gab es endlose Prozesse und blutige Auseinandersetzungen mit den Bentheimer und Gildehauser Bauern. Denn Ochtruper sollen die Redewendung formuliert haben: „Lieber den Himmel verloren, als die Brechte verloren!" Mit dieser Formulierung wird deutlich, wie verbissen der Kampf geführt wurde.

Wahrscheinlich steht die nachstehende Sage von Heinrich Specht in „Die gläserne Kutsche" (Bentheim, 1984) im Zusammenhang mit diesen Auseinandersetzungen:

Die Kirche und der Kirchturm von Gildehaus liegen auseinander und lieferten den Stoff für die Sage
Foto: Ludger Ernschneider

„Die Ochtruper saßen ratlos um den Saaltisch. Ein bedrückendes Schweigen herrschte im ganzen Raum. Nach jahrelanger, saurer Arbeit stand endlich ihre Kirche fertig da. Heilige Glaubenskraft hatte sie aufgerichtet. Nun fehlte nur noch der Turm. Alle hätten ihn gar zu gern. Er gehörte zum Dorf wie die Eiche zum Bauernhof. Aber woher zum Bau das Geld nehmen? Sichtlich sank der Opfermut der Bürger. In diesem Augenblick zeigte sich hinter dem Pfeiler ein pfiffiges Gesicht!

Schon seit einer ganzen Weile hatten daraus zwei listige Äuglein über die flachsblonden Köpfe der Westfalen hinweggesehen. Jetzt reckte sich der bewegliche Mann zu voller Höhe empor, trommelte vernehmbar auf einen Krugdeckel und sagte kurz: „Den Turm, liebe Ochtruper, besorge ich euch in kurzer Frist!" Alles horchte bei diesen Worten auf und sah gespannt nach dem Redner hinüber. Dieser hob das spitze Kinn ein wenig, so dass der kecke Hut mit der langen Hahnenfeder nach hinten rückte, und fuhr fort: „Ich setze euch kostenlos einen schmucken Turm hin, und ihr nehmt dafür, das ist meine einzige Forderung, den einen meiner Freunde zum Pastor und den anderen zum Küster."

Hinter dem Angebot witterten die biederen Ochtruper nichts Arges. Sie erklärten sich mit dem Pakt einverstanden, holten schnell den Dorfschreiber herbei, und bald standen Namen und Siegel unter dem Vertrag. Als sich Bauern und Bürger unter erregten Gesprächen verlaufen hatten und der Teufel sich noch ganz allein im Saal befand, schlug er sich ausgelassen aufs Knie und lachte übermütig. „Feines Geschäft!", meinte er. „Nun haben die Ochtruper nächstens einen gestohlenen Kirchturm und einen richtigen Teufelspastor. Meine Sache steht hier dann nicht schlecht!" Draußen spannte er blitzschnell zwei große Fledermausflügel aus und flog in die Nacht. Feuer und Rauch wirbelten hinter ihn drein.

In Gildehaus lag Groß und Klein im tiefen Schlaf. Selbst der strebsame Bürgermeister hatte das Licht gelöscht. Durch die Straßen strichen die Eulen mit weichem Flügelschlag. – Um Mitternacht bewegte eine vermummte Gestalt leise den kompletten Kirchturm. Plötzlich durchdrang ein beängstigendes Reißen und Rollen die Stille. Der Turm schwankte erst ein wenig um seine Achse und glitt dann ruhig in Rich-

243

tung Ochtrup fort, wohl vierzig Schritt. Schon rutschte er oben auf dem Bergrücken. Da stürzte am Fuß des Turmes plötzlich ein blitzender Gegenstand auf die Steine. Ein paar Funken sprühten ins Dunkle, und der Kirchturm stand augenblicklich wieder still. Erbost eilte der Teufel, der hier am Werk und gerade im Begriff war, den Gildehauser Kirchturm nach Ochtrup zu verschieben, vor die Südseite. Oh Schreck! Vor dem Turm lag das geweihte und eben herabgestürzte heilige Kreuz von der Spitze.

Mit allen Mitteln versuchte der Teufel nun, die Bahn frei zu machen und den heiligen Gegenstand wegzuräumen, probierte auch, den Turm um das Kreuz herumzuwenden. Stunde um Stunde verstrich. Es war alles vergebens. Der Turm rührte sich nicht. Da krähte ganz unten im Dorf ein früher Hahn. Über der Brechte ertönte ein frohes Lerchenlied und weckte das Leben und die Mächte des Lichts. Den schwitzenden Teufel packte ohnmächtige Wut. Er riss die Spitze vom Kirchturm, nahm Steine von der oberen Brüstung und warf sie in die Heide auf Ochtrup zu. Sein hinterlistiger Plan war durch das Kreuz vereitelt worden.

Ochtrup bekam einstweilen keinen Kirchturm, blieb aber auch von den Teufelsdienern verschont. Gildehaus behielt seinen Turm. Allerdings steht er bis zum heutigen Tag auf dem Fleck, wohin ihn der Böse in jener Nacht geschoben hatte, und in der Heide erinnern noch jetzt große, rundliche Steinbrocken an seinen nächtlichen Zorn."

De Kraniche treckt

Von Willi Kamp

Usse Öllern saggen Krunekranen,
jede Hiärwstiet treckt se üöre Bahnen.
Haug an'n wieten Hiëmel glitt de Kiel,
hän nao'n Süden geiht't met graute Iel.

Ju Geluut, een' schmöden weeken Sang.
Jue wiete Fahrt mäck de nich bang?
Pat et kiemt in mi een lieset Roopen:
Niëmit mi met in jue lechten Troopen.

Nachens häör ick hall dat sinnig Locken.
Lüd't nich so de giënsten Kiärkenglocken?
Wecket up in mi verliëdne Tieten,
mi verlangt all lang nao früemde Wieten.

Wiete Reisen brengt alltiet Gefaohr,
pat tohuse wett in di nicks klaor.
Wiet un hauge moss du't Liäben waogen,
süss verküms in warm' un drüge Schlaogen.

Literarischer Zirkel in Metelen um 1800 mit Familie Dankelmann und Pfarrer Wernekink

Von Reinhard Brahm

Um 1800 hatte sich in Metelen eine literarische Öffentlichkeit etabliert, ausgehend von der Familie Dankelmann und dem Ortsgeistlichen Franz Karl Wernekink. Die Bedeutung des Lesens fand, zwar noch nicht beim Mittelstand, aber doch bei der kleinen ortsansässigen bürgerlichen Oberschicht einen Widerhall.[1]

Dankelmanns und Pfarrer Wernekink verfügten nachweislich über eine eigene umfangreiche Bibliothek. Dass Goethes Werke dazu gehörten, zeigt ein Zusatz im Titel eines Gedichtes Wernekinks von 1816: „Der Mäusefänger und sein Hannchen nach Göthes Romanze". Auch theologische Neuerscheinungen wie „Geschichte der Religion Jesu" von Stollbergs wurden in die private Bibliothek des Pfarrers aufgenommen.

Wernekink, häufig Gast bei Dankelmanns, war nicht nur Leser, sondern auch eifriger Poet. Wir kennen ihn als Subskribenten einer Münsteraner Buchhandlung. Als er 1814 „Demoiselle Bernhardine Dankelmann" und ihren Bräutigam Joseph Carl Triep aus Legden traute, widmete er den jungen Leuten das Gedicht „Rheinbundlied"[2] und ließ es in der Wochenschrift „Der Zuschauer" veröffentlichen. Interessant ist der Titel des Gedichtes. Leider konnte das Gedicht selbst noch nicht ausfindig gemacht werden. Wir dürfen aus dem Titel vorsichtig schließen, dass es sich bei Dankelmann, Wernekink und ihren Gästen um einen Freundeskreis, einen Diskutier- und Lesekreis handelte, der auch die aktuelle politische Lage in Deutschland und Europa diskutierte.

Im näheren Umkreis von Metelen erschienen literarische Zeitschriften, die auf die Hebung bürgerlicher Bildung zielten:
– in Burgsteinfurt „Der Unbefangene",
– in Coesfeld „Der Zuschauer",
– in Dorsten die „Thusnelda"
– in Münster der „Merkur".

Sie veröffentlichten auch zahlreiche literarische Texte Wernekinks.

Die Zeit um 1800 ist in Bezug auf Metelen eine unerhört interessante Zeit. Es ist einerseits das Metelen der hart um ihre Existenz ringenden Schicht der Leinen- und Nesselweber, deren wirtschaftliche Existenz der Griff Napoleons nach der Vorherrschaft in Europa in Gefahr brachte. Besonders die Textilproduzenten litten unter der Kontinentalsperre.

Andererseits bildete sich in dieser Zeit eine kleine bürgerliche Oberschicht mit einem Lebensgefühl, das das selbstgenügsame Leben eines kleinen Stiftsortes hinter sich ließ. Die Mitglieder dieser Gruppe verdienten ihren Lebensunterhalt als Kaufleute und als Produzenten und Vertreiber von Tuchen und Leinwand. In der Architektur zeigt sich dieses neue Lebensgefühl im Marktbereich.

Das Stadtbild wandelte sich nach dem Brand von 1815. Beispiele für die architektonischen Veränderungen sind die Neubauten der Familien Cruse, Dankelmann und Schründer, um nur einige zu nennen. Das Haus des Rentier Cruse bzw. seiner Witwe, nimmt französische Einflüsse der Stadtvillen auf, das Haus der Kaufmannsfamilie Dankelmann knüpft an die Tradition regionaler Patrizierhäuser an, mit spätbarocken Elementen, und das Haus der Tuchmacherfamilie Schründer gibt die Bauweise der lichtarmen giebelständigen Metelener Häuser auf. Schründers errichten ein langgestrecktes Traufenhaus.

Noch vor dem Stadtbrand heiratete 1814 Joseph Carl Triep in die Kaufmannsfamilie Dankelmann ein, ließ sich aber in Legden nieder, wo auch die Kinder Clementine, Engelbert, Franziska, Bernhard und Julius geboren wurden. Der angehende Fabrikant war ein Sohn des Kaufmanns Hermann Triep aus Legden und seiner Ehefrau Catharina Elisabeth Vocke. Die zukünftige Ehefrau des jungen Triep war Maria Clara Sophia Josepha Bernardina, Tochter des Kaufmanns Hermann Bernhard Dankelmann und seiner Ehefrau Maria Anna Busch.

Es galt in Westfalen noch immer das Gesetzeswerk des Code Napoleon der Franzosenzeit. Dies spiegelt sich insbesondere im Standesamtswesen von 1814 wider. Die Trauung der beiden Brautleute vollzog nämlich der Bürgermeister Bernhard Georg Hüesker im „Gemeindehaus"

Das Haus Dankelmann wurde 1815/16 im Stil regionaler Patrizierhäuser erbaut
Quelle: Stadtarchiv Metelen

am 29.8.1814. Die kirchliche Trauung nahm am 30.8.1814 der Freund der Familie Dankelmann, Pfarrer Franz Karl Werneking vor, Pastor und Poet in Metelen. Zuvor war am 2. und 3. Sonntag im August zweimal öffentlich vor dem Haupteingang des Rathauses das Heiratsaufgebot verlesen und in einem Aushangkasten angeschlagen worden.

Bürgermeister Hüesker sprach den heiratswilligen jungen Leuten das die Ehe „abhandelnde 6. Kapitel des Code Napoleon vor" und „befragte beide einzeln, ob es ihr wahrer Ernst sei, sich gegenseitig ehelich zu verbinden". Nachdem beide mit Ja geantwortet hatten, erklärte er sie „im Namen des Gesetzes für wirkliche Eheleute" und nahm über diesen Verwaltungsakt die vorgeschriebene Urkunde auf.

Einen ersten Einblick in die Beschaffenheit des Kreises um Dankelmann und Wernekink gibt uns das schriftstellerische Wirken des Pfarrers. Wir können davon ausgehen, dass bestimmte Themen seiner literarischen Arbeiten auch im Freundeskreis diskutiert worden sind.

Franz Karl Wernekink wurde am 4. Januar 1756 in der Pfarrei Stockkämpen geboren, „nahe bei dem Schmisingchen[3] Gute Tatenhausen in der ehemaligen Grafschaft Ravensberg". Er „studierte in Münster Theologie und wurde 1780 zum Priester geweiht. Nachdem er drei Jahre zu Telgte in der Seelsorge gewirkt, erhielt er 1783 die Pfarrstelle zu Metelen. Von 1790 bis zur Auflösung der Diakonate war er auch commissarius archidiaconus zu Ochtrup, Wettringen und Langenhorst." In Wernekinks Amtszeit fällt die Aufhebung der geistlichen Stifte und Orden im Zuge der Säkularisierung, der Tod der letzten gewählten Äbtissin (1805) des Metelener Damenstifts, Anna Elisabeth von Droste Hülshoff, die Einsetzung einer französischen Äbtissin 1808 und die endgültige Aufhebung des Stifts Metelen 1811. Pastor Wernekink zählte zu den etwa 20 Personen, die 1812 gemeinschaftlich aus ehemaligem Stiftsbesitz den Falkenkamp, eine Weidefläche auf der „Hasselt", erwarben.

Er verstarb in Metelen am ersten Oktober 1829. Noch am Tage seines Ablebens verfasste Kaplan Fenslage einen Bericht an den Bischof. Darin heißt es: „Heute am 1. October (1829), des Morgens um 11 Uhr starb hier der Hochwürdige Herr Pastor Franz Wernekink, im 74ten Jahre seines Lebens und 45ten Jahr seines Pfarr-Amtes, an den Folgen einer gänzlichen Entkräftung. Er war christlich vorbereitet, und die Gemeinde trauert um ihn.

                Fenslage Caplan".

Die am 15. Dezember 1829 abgeschlossene Inventarisierung des Wernekinkschen Nachlasses endet mit der „Anmerkung: Die vorhandenen Bücher konnten nicht inventarisiert werden, und sind daher nicht mit aufgenommen, solche werden ersterer Zeit meistbietend versteigert, und der Ertrag wird nachgetragen werden.

Womit denn gegenwärtiges Inventar geschlossen und von den Erben und Excekutoren unterschrieben ist.

    Metelen den 19. Dec(ember). 1829
    (gez.) Fenslage   (gez.) B. Wernekinck
    (gez.) Wessedorff   (gez.) G. Homering"

Fenslage war zu dieser Zeit Kaplan, Wessendorf Vikar in Metelen. Bei Bernhard Wernekink handelte es sich um den Bruder und Haupterben Wernekinks aus Coesfeld, G. Homering war Armenrendant in Metelen.

In den Bestand der Pfarrbücherei ist, wie das Protokoll ausweist, die private Bibliothek Wernekinks nicht übernommen worden. Bücher und Zeitschriften, in denen die kleineren literarischen Arbeiten des Pfarrers und Schriftstellers Franz Karl Wernekink zum Abdruck gekommen sind, sind uns so verloren gegangen.

Bezeugt ist das literarische Interesse Wernekinks u.a. durch den Eintrag seines Namens in die Liste der Subskribenten des von Christian Friedrich Rassmann herausgegebenen „Taschenbuch für 1814". Der Pfarrer betätigte sich auch selbst schriftstellerisch. Seine einzige selbständige Veröffentlichung, eine theologische Darstellung, befasste sich mit dem Theologen von Stolberg und trägt den Titel „Als der 1. Band der Stolberg'schen Geschichte der Religion Jesu erschien". Verschiedene literarische Texte Wernekinks wurden in Zeitschriften und Sammlungen veröffentlicht.

In dem in Burgsteinfurt verlegten Organ „Der Unbefangene" veröffentlichte er mehrere Texte, so:

1805, in Nr. 28: „Abendgedanken am 19. September. An Cl. und D."
1806, in Nr. 8: „Das Wäldchen";
In Nr.11: „An meine abwesenden Freunde";
in Nr. 19: „Die ländliche Hütte";
in Nr. 22: „Gedanken am 19. Sept.",
in Nr. 35: „Der Friede, an Cl + D.";
in Nr. 38: „Erwiderung„
in Nr. 43: „An die Marodeure im Rücken der Kriegführenden Heere";
in Nr. 47: „Das alte und das neue Deutschland".

In der „Thusnelda" von 1816 erschienen sein Triolett[4] „Klärchen" (Nr. 84) und das Gedicht „Der Mäusefänger und sein Hannchen, nach Göthes Romanze".

Der „Zuschauer" von 1813 brachte „Das Rheinbundlied", eine Widmung an die Brautleute Carl Triep aus Legden und Bernardine Dankelmann aus Metelen, die Pfarrer Wernekink am 30. August 1814 in der Metelener Stiftskirche traute.

Das „Gedicht an Ecker" erschien in der Sammlung B.J. Ecker, Telynische Versuche, Münster 1808, Seite 193.

Beiträge von Wernekink erschienen auch in dem von Grote herausgegebenen „Münsterländischen poetischen Tagebuch",1818:

„An das Münsterland", S. 1
„Der Klausner", S. 153-156
„Menschenleben", S. 157
„Des Weibes Würde", S. 158-163
„Die Stimme im Gewitter", S. 163.165

Im „Westphälischen Archiv", 1812, erschienen die „Empfindungen eines Vredener Bürgers kurz nach dem Brande am 19. August 1811" (Nr. 56) und „Der Zweifler" (Nr. 84).

Friedrich Raßmann veröffentlichte in seiner „Sammlung triolettischer Spiele" zwei Trioletts aus Wernekinks Feder (S. 21. und 45).

Raßmann druckte 1821 in seinem „Rheinisch-westphälischen Musenalmanach" das Gedicht „An die Deutschen" ab.

„Winfrieds Nordischer Musenalmanach" veröffentlichte 1821 das Gedicht „An die Sterne" und 1822 das Gedicht „An Flora".

Leider hat die bisherige Recherche nur einige wenige Gedichte Wernekinks zu Tage gefördert. Die Buchbestände der Wernekinkschen Bibliothek wurden nicht, wie erwähnt, in Metelen inventarisiert und in die Pfarrbücherei übernommen, sondern in einer Versteigerung unter Kaufinteressenten verstreut. Geschlossene Sammlungen der Wochenschriften, in denen die Gedichte zum Abdruck kamen, sind nicht vorhanden bzw. sind nicht in Inventarverzeichnissen erfasst. Die in biographischen Nachschlagewerken aufgeführten Gedichttitel ermöglichen es, bestimmte Themenkreise zu erschließen, denen Wernekinks Interesse galt. Hierzu zählen aktuelle politische und moralische Fragen, Freundschaftskult, und ländliche Idylle.

Portrait der Bernhardine Dankelmann *Quelle: Klostermuseum Jerichow*

Mit dem Tode Wernekinks 1829 versiegt eine wichtige Quelle, die uns einige Einblicke in das kulturelle Leben Metelens gestattete. An dieser Stelle soll noch einmal der Überlieferungsfaden aufgenommen werden, der an die Familie Dankelmann geknüpft ist. Noch in Legden hatte sich das Ehepaar Triep/Dankelmann malen lassen. Durch Zufall sind die Portraits von Joseph Carl Triep und Bernardine Dankelmann/Triep kürzlich bekannt geworden. Sie scheinen anlässlich der Silberhochzeit des Ehepaares um 1839 entstanden zu sein, wie das Frauenbildnis vermuten lässt.

Auf den familiären Anlass weisen das gesetzte Alter und die silberne Spitzenhaube der Bernardina Triep hin. Die Originale befinden sich im Klostermuseum[5] Jerichow. Es handelt sich um Ölgemälde, 49 x 67 cm, mit Rahmen 67 x 81 cm. Die Rückseite des Männerporträts trägt die Aufschrift: „ Carl Triep, geb. in Legden 17.7.1786, verheiratet in Metelen am 30.8.1814." Das Frauenporträt ist nicht beschriftet. Da beide Bilder gleiche Größe und gleichen Stuckrahmen haben, ist anzunehmen, dass es sich um die Ehefrau des Carl Triep handelt, Bernardina Dankelmann.

Um 1849 siedelte die Familie nach Metelen über, wo Carl Triep eine Seidenweberei und eine Stockfabrik errichtete.

Allem Anschein nach übernahm die rheinische Firma Meckel und Co. um 1862 die Seidenweberei. Bernhardina führte nach dem Tode ihres Mannes als Inhaberin die Stock- und Schirmfabrik weiter. Sie gehört damit zu dem kleinen Kreis von Metelener Frauen des 19. Jahrhunderts mit unternehmerischer Tatkraft:

- Wwe. B. A. Kock als Verlegerin und Kauffrau mit Handelsbeziehungen in die Niederlande
- Klara Moddemann als Bleicherin mit einem Kundenkreis bis Bentheim
- Klara von Oer, ehemalige Stiftsdame, mit landwirtschaftlicher Ausrichtung
- „Madame" Kruse als Eigentümerin eines erheblichen Grundbesitzes.

---

[1] Der folgende Beitrag kann nur als ein erster Einstieg in die Darstellung des kulturellen Lebens in Metelen um 1800 angesehen werden.

[2] Militärbündnis 1806 in Paris unter Druck Napoleons geschlossen. Die Mitglieder dieses Fürstenbundes traten aus dem Heiligen Römischen Reich Deutscher Nation aus. Der Rheinbund endete 1813 nach der Vielvölkerschlacht bei Leipzig. Positive Momente: Ende der Kleinstaaterei, Aufbruch in die Moderne, bürgerliche Rechte.

[3] Der Familie von Schmising zu Tatenhausen entstammte das Metelener Stiftsfräulein Theodora Ferdinandina, geboren 1731, die das Stift 1752 verließ. Vgl. dazu „Das Stiftsfräulein Theodora Ferdinandina" in: Beiträge aus dem Stadtarchiv Metelen, Band 6 neu, Seite 273f.

[4] Das Triolett ist eine einstrophige Gedichtform mit acht jambischen oder trochäischen Versen. Die erste Verszeile wiederholt sich als vierte und siebte, die beiden ersten Verse wiederholen sich als siebter und achter Vers. Das Reimschema folgt dem Muster aba aab ab. Das Triolett hat seinen Name von der dreimaligen Wiederholung der ersten Zeile.

[5] Ehemaliges Prämonstratenser-Stift mit Schwerpunkten (Bau)Geschichte des Klosters Jerichow, Erforschung der mittelalterlichen Backsteinarcitektur des Elbe-Havel-Raumes.

Zum Tode von Fritz Pölking
Mit den Tieren auf Du und Du

Von Willi Rolfes

Dass ausgerechnet in einem Buch, das sich in seinem Jahresthema mit den Tieren beschäftigt, der Nachruf auf den wohl renommiertesten deutschen Tier- und Naturfotografen unserer Zeit erscheinen muss, ist eine bittere Ironie des Schicksals.

„Besonders wichtig ist für mich die Zeit, die ich mit den Tieren verbringe." Fritz Pölking im Juni 2007 mit einem Murmeltier im Naturpark Hohe Tauern.
Foto: Willi Rolfes

Fritz Pölking verstarb am 16.07.2007 im Alter von 71 Jahren nach kurzer Krankheit. Pölking wurde 1936 in Krefeld geboren. Er erlernte den Beruf des Konditors und erlangte im Jahr 1961 den Meisterbrief. Da er „… nicht immer nur Berliner backen wollte", machte er sein Hobby zum Beruf. 1968 wurde er Fotografenmeister, zwei Jahre später gründete er den Kilda-Verlag. Zusammen mit seiner Frau Gisela führte es bis 1992/93 Fotostudios in Münster und Greven.

Im Jahr 1992 übertrug er seine verlegerischen Aufgaben an den Tecklenborg Verlag und widmete sich ausschließlich der Naturfotografie, was immer auch das Schreiben und Reflektieren darüber beinhaltete.

Fritz Pölking war ein Fotograf aus Leidenschaft. „Ein Leben ohne Naturfotografie kann ich mir gar nicht vorstellen", sagte er. Seit 1951 ist er mit der Kamera unterwegs, um die Natur in all ihren vielfältigen Facetten künstlerisch abzulichten.

Angefangen hatte alles im heimischen Garten. „Als ich 14 Jahre alt war, sah ich bei mir zuhause einen Star, der sich immer nur die reifen Kirschen unten am Baum holen kam, ein kleiner schwarzer Vogel mit roten Beeren in seinem Schnabel", erzählt er in einem Interview. „Und da dachte ich, das musst du fotografieren, das sieht wunderschön aus, eine grüne Rasenfläche und ein schwarzer Vogel mit roten Beeren im Schnabel. Das habe ich dann fotografiert." Auf seiner weltweit beachteten Homepage zeigt das letzte von ihm am 2. Juli 2007 eingestellte „Bulletin 102" ebenfalls einen kleinen schwarzen Vogel an roten Beeren im eigenen Garten.

Zwischen den beiden vorgenannten Fotos aus dem heimischen Garten liegen Jahre des fotografischen Schaffens rund um den Globus. Fritz Pölking widmete sich der Naturfotografie mit enormem Enthusiasmus, egal, ob er zu den Fischadlern nach Schweden, den Geparden nach Kenia oder Pinguinen in die Antarktis flog. Er hatte eine Maxime: „Fotos sind nur dann gut, wenn sie beim Betrachter Emotionen wecken." In seiner Arbeit als Naturfotograf arbeitet er konsequent in der kreativen Spannung zwischen Journalismus und Kunst, zwischen dem Abbild der Welt und ihrer Interpretation. Doch dabei ist ihm nicht jedes Mittel Recht. Es beschrieb es so: „Ich betrachte meine Art die Natur zu fotografieren als ein Dokument, das bezeugt und beschreibt – für mich ist ein Naturfoto die Einheit von Ort, Zeit und Ge-

Zwölf Fotofreunde beobachteten die See-Elefanten auf den Falkland-Inseln. Nur einer sah diese David- und Goliath-Situation mit dem Uferwipper. Dieses Foto von Fritz Pölking wurde mehrfach prämiert.

schehen in der Natur". Dabei ging es Fritz Pölking stets um Wahrheit. Leidenschaftlich setzte er sich dafür ein, dass die Naturfotografie ihr höchstes Gut, die Glaubwürdigkeit, nicht durch Manipulationen, gleich ob digital oder durch Eingreifen in die Situation, aufs Spiel setzt.

„Das Geheimnis ist ganz einfach, aber zugegeben, lästig und unbequem: Es heißt Ausdauer." So erklärt es sich auch, dass er oftmals denselben Ort viele Male aufsucht, um zur rechten Zeit am rechten Ort zu sein. Im Vorwort zu seinem Buch „Am Plus des Lebens" beschrieb er es so: „Besonders wichtig ist für mich die Zeit, die ich mit den Tieren verbringe. Erst wenn die Tiere den Fotografen nicht mehr beachten, bekomme ich die Fotos, die ich haben möchte."

Pölking zählte auch international zu den ganz Großen. Er erhielt den Fritz-Steiniger-Preis für Verdienste um die Naturfotografie, war Mitbegründer der Gesellschaft Deutscher Tierfotografen (GDT wurde 1977 „Wildlife Photographer of the Year" in England und drei Mal Naturfotograf des Jahres in Deutschland. Weltweit wurden weitere 40 Bilder in Wettbewerben prämiert. Pölking veröffentlichte regelmäßig in renommierten Naturmagazinen, erhielt zahlreiche Fotopreise und veröffentlichte einige Dutzend Bücher.

Fritz Pölking verlegte die erste Zeitschrift für Naturfotografen, die sich bis heute unter dem Namen „Naturfoto" zum führenden Magazin für Naturfotografie etabliert hat. Eine Vielzahl von Büchern, die in seinem Kilda-Verlag erschienen sind, zeugen von dem Anspruch den Pölking hatte. Er wollte mit seinen Werken den Betrachtern das Geheimnis der Welt nahe bringen. Er wollte Bilder nicht nur zeigen, sondern zum Nachdenken, zum Urteilen und zum Handeln aufrufen. So versteht sich sein Schaffen als Fotograf und Verleger auch als ein aktiver Beitrag zur Bewahrung der Schöpfung. Darüber hinaus gab Fritz Pölking sein Können und Wissen auch in seinen zahlreichen Fotolehrbüchern weiter und motivierte unzählige Nachwuchsfotografen. Er war bereits im siebten Lebensjahrzehnt, als er sich der digitalen Naturfotografie widmete. Er schrieb das erste deutschsprachige Buch darüber und vermittelte sein Wissen in Workshops, die er mit seiner Frau Gisela und Tochter Petra in Europa und Afrika veranstaltete.

Fritz Pölking war kein Einzelkämpfer. Er suchte den kreativen Austausch und die Teamarbeit. Auf seine Anregung hin gründete sich 1998 die Gruppe „blende4", die gemeinsam fotografierte, Arbeiten kritisch reflektierte und Buchprojekte entwickelte.

Fritz Pölking war ein Visionär: Mit seiner Phantasie und seinem Optimismus ist es ihm gelungen, Menschen zu begeistern für die Natur und für die Fotografie.

Die Gesellschaft Deutscher Tierfotografen schreibt: „Eine Ikone der Naturfotografie ist von uns gegangen. Wie kein Zweiter hat Fritz Pölking die Naturfotografie in Deutschland geprägt.

Klaus Bothe, der Inhaber des bundesweit tätigen Fotofachgeschäftes „Isarfoto" sagte: „Sein grenzenloser Optimismus, seine ruhige und verständnisvolle Art zeichneten ihn als großen Menschen aus. Er wird uns immer Ansporn und Vorbild bleiben, wir werden in seinem Sinne versuchen, seine Ideen weiter zu tragen."

Autorenverzeichnis mit Seitenverweisen A – P

177, 209
Paul Baumann
Amselstraße 13
48268 Greven

8, 53
Günter Benning
Wiesenerskamp 28
49477 Ibbenbüren

174
Gottfried Bercks
Wemhöferstiege 18
48565 Steinfurt

158/159
A. Bielachowicz-Holtzmer
36 Rue des Noistiers
F-57310 Guenange

245
Reinhard Brahm
Sonnenheide 15
48163 Münster

135
Josef Brinker
Kreispolizeibehörde Steinfurt
Liedekerker Straße 70
48565 Steinfurt

145
Claudia Czichosz
Schleptruper Strang 84
49565 Bramsche

241
Helene Diekel
Hohenhorst 56
48341 Altenberge

55
Marina Dölling
Dahlienweg 9
49536 Lienen

242
Ludger Ernschneider
Krummer Weg 40
48607 Ochtrup

179
Bernward Gaßmann
Ochtuper Damm 1
48629 Metelen

59
Barbara Gaux
Schöppinger Straße 15
48612 Horstmar

168
Herbert Göcke
Vogtshof 13
48493 Wettringen

173
Rita Harbecke
Kirchstraße 14
48496 Hopsten-Schale

215
Thomas M. Hartmann
Alte Bockradener Straße 10
49497 Mettingen

129
Robert Herkenhoff
Huster Straße 8
49509 Recke

174
Günter Hilgemann
Vorsundern 31
48565 Steinfurt

82
Heinz-Peter Hochhäuser
Niedern 5
48612 Horstmar

212
Dieter Huge siwe Huwe
Dreiningfeldstraße 16
48565 Steinfurt

49
Volker Innemann M.A.
Danziger Straße 1
48268 Greven

16
Prof. Dr. Anton Janßen
Lerchenweg 7
48612 Horstmar

210
Ralph Jenders
Wildgrund 32a
48282 Emsdetten

122
Achim Johann
Salinenstraße 150
48432 Rheine

70, 244
Willi Kamp
Lange Straße 18
48282 Emsdetten

192
Pater Donat Kestel
Sunderstraße 15
49497 Mettingen

141
Otto Kimmel
Freiherr-vom-Stein-Straße 13A
49479 Ibbenbüren

196
Hartmut Klein
Taubenweg 11
48429 Rheine

41
Kay-Uwe Kopton
Westerkappelner Straße 8
49497 Mettingen

60
Sebastian Kreyenschulte
Westfalenring 115
48485 Neuenkirchen

231
Francis Kroll
Bevergerner Straße 9
48477 Hörstel

71
Dr. Lothar Kurz
Werseweg 4
48431 Rheine

100
Franz Lüttmann
Erlenstiege 14
48369 Saerbeck

148
Michael Meenen
Am Mühlenberg 10
47669 Wachtendonk

104
Horst Michaelis
Berg up Sonn 23
49497 Mettingen

80/81
Hans-Jörg Modlmayr
Graf-Landsberg-Straße 4
46325 Gemen

86
Norbert Niehues
Bammeltring 36
48366 Laer

11
Thomas Niemeyer
Gertrud-Luckner-Straße 6
49134 Wallenhorst

219
Catharina Sophia Offenberg
Herrenstraße 20
48477 Hörstel

35, 82
Dr. Klaus Offenberg
Herrenstraße 20
48477 Hörstel

231
Werner Paetzke
Emsdettener Straße 39
48477 Hörstel

166
Dipl. Sozialpädagogin Manuela Petzel
Engelings Haar 19
48565 Steinfurt

Sehr beunruhigend sind die Anzeichen eines weltweiten Klimawandels, der uns 2007 allerdings neben vielen Wetterkapriolen und Katastrophen auch einen märchenhaften und sehr frühen Frühling bescherte.
Weniger beunruhigend ist dagegen die Tatsache, dass dadurch auch die Redaktion Jahrbuch früher als üblich aus dem Winterschlaf erwacht ist und demzufolge dieses Buch früher fertigstellen konnte.
Höchst erfreulich ist es, dass auch die Autorinnen und Autoren wieder einmal so engagiert an dieser Ausgabe mitgearbeitet haben. Ihnen allen sei herzlich gedankt.
Geradezu beglückend aber ist es, dass Sie liebe Leserin und lieber Leser, unser aller Bemühen durch Ihr Interesse und den Erwerb dieses Buches derart honorieren.
Bitte bleiben Sie uns gewogen und empfehlen Sie uns weiter.

Foto: Dorothea Böing   Ihre Redaktion Jahrbuch

Autorenverzeichnis mit Seitenverweisen Q – Z

22
Dr. Hermann Queckenstedt
Große Domsfreiheit 10
49074 Osnabrück

57, 120
Hedwig Reckert
Ahlintel
48282 Emsdetten

120, 121
Georg Reinermann
Schoppenkamp 9
48282 Emsdetten

38
Heinz Rinsche
Diemshoff 96
48282 Emsdetten

202
Linda Robbe
Nelkenstraße 20
49509 Recke

251
Willi Rolfes
Marschstraße 25
49377 Vechta

60
Carl Ross
Kreyenburg 15
48485 Neuenkirchen

64
Manfred Rosenthal
Ostlandweg 1
49545 Tecklenburg

227
Elisabeth Roters-Ullrich
Friedrich-Ebert-Straße 8
45956 Gladbeck

30
Barbara Rübartsch
Pagenstraße 6
49545 Tecklenburg

111
Hanna Schmedt
Auf der Höhe 1
49536 Lienen

184/185
Angelika Scho
Meerstiege 1
48356 Nordwalde

86
Gerhard Schröer
Kopernikusweg 4
48366 Laer

76
Heinz Schröer
Gerstkamp 7
49492 Westerkappeln

121, 157
Herbert Schürmann
Sperberstraße 6
48485 Neuenkirchen

153
Dr. Peter Schwartze
Bahnhofstraße 71
49545 Tecklenburg

211
Karlheinz Seibert
Kasernenstraße 20
48432 Rheine

230
Coleta Spaning
Ahlintel 2
48282 Emsdetten

223, 235
Christof Spannhoff
Schwalbenweg 1
49536 Lienen

171
Friedrich Wilhelm Spelsberg
Steinstraße 14
48565 Steinfurt

98
Karl-Heinz Stening
Bahnhofstraße 13
48341 Altenberge

190
Irmgard Tappe
Hauptstraße 38
48607 Ochtrup

94
Christa Tepe
Gartenstraße 26
48496 Hopsten

80
Pfarrer Bernhard Volkenhoff
Am Perrediek 31
48282 Emsdetten

238
Frederik Vos
Schulstraße 18
48477 Hörstel

15, 40
Theo Weischer
Ludgerusstraße 21
48432 Rheine

186
Horst Wermeyer
Am Steinkamp 2
49545 Tecklenburg

160
Heinrich Wilmer
Esch 35
48366 Laer

97
Horst Zemella
Am Ring 39
49545 Tecklenburg-Ledde

Bildautoren im Auftrag

43, 47, 103, 189, 193, 195, 229, 233, 255
Dorothea Böing
Pressereferat Kreis Steinfurt
48565 Steinfurt

7
Annett Grumblat
Münsterstraße 71
48268 Greven

141, 143, 211
Bernhard Volmer
Rheiner Landstraße 82
49078 Osnabrück

58, 83, 159, 167, 185, 210
Karl-Heinz Wilp
Johanniterstraße 77
48565 Steinfurt

Verlag: Kreis Steinfurt, Landrat-Schultz-Straße 1, 49545 Tecklenburg
Telefon: 05482/703452, Fax: 05482/703778, E-Mail: post@kreis-steinfurt.de
Redaktion: Heinz Thofern, Zu den Klosterteichen 4, 48496 Hopsten-Schale
Telefon: 05457/933940, E-Mail: heinzthofern@aol.com + ht@fotostudio-greven.de